메가 드라이브
컴플리트 가이드

레트로 게임 동호회 지음 | **최다움** 옮김

With 마크 III

라의눈

차례

메가 드라이브 컴플리트 가이드 with 마크III

메가 드라이브 편

1988년 …… 008쪽	1991년 …… 034쪽	1994년 …… 102쪽
1989년 …… 009쪽	1992년 …… 058쪽	1995년 …… 122쪽
1990년 …… 016쪽	1993년 …… 080쪽	1996년 …… 128쪽

메가-CD 편

1991년 …… 130쪽	1993년 …… 138쪽	1995년 …… 160쪽
1992년 …… 132쪽	1994년 …… 150쪽	1996년 …… 160쪽

슈퍼 32X 편

1994년 …… 164쪽
1995년 …… 166쪽

칼럼

015쪽	079쪽	128쪽	162쪽	190쪽
032쪽	101쪽	131쪽	165쪽	209쪽
033쪽	120쪽	149쪽	184쪽	
057쪽	121쪽	159쪽	189쪽	

세가 마크III 마이카드 마크III 편

1985년 …… 186쪽   1987년 …… 195쪽
1986년 …… 188쪽

하드 소개

메가 드라이브 …… 004쪽		슈퍼 32X …… 006쪽
메가-CD …… 005쪽		세가 마크 III …… 182쪽

세가 마크III 골드 카트리지 편

1986년 …… 188쪽	1988년 …… 202쪽
1987년 …… 195쪽	1989년 …… 209쪽

광고지 컬렉션 / SG-1000 소프트 컬렉션

광고지 컬렉션 …… 170쪽
SG-1000 소프트 컬렉션 …… 210쪽

본 서적의 표기 기준 등에 대해

- 메가 드라이브는 MD란 약칭으로도 표기됩니다. 다른 기종의 경우도 약칭으로 표기될 수 있습니다(예: 패미컴→FC, 슈퍼 패미컴→SFC, PC엔진→PCE, 게임보이→GB, 세가 새턴→SS, 플레이스테이션→PS, 닌텐도 DS→DS 등).
- 일부 메이커를 약칭으로 표기하는 경우도 있습니다. (예: 일렉트로닉 아츠→EA, 빅터 엔터테인먼트빅터→VE 등)
- 본 서적에서는 작품 타이틀의 가독성 및 인지도를 중시하기 때문에 정식 명칭이 영문이더라도 한글로 표기하는 경우가 있습니다.
- 설명서, 공급 매체, 사이드라벨의 측면(메가-CD의 경우에만), 게임 타이틀 화면에서 타이틀명이 상이한 것들이 다수 확인되었습니다만(서브타이틀의 유무나 디자인상 어쩔 수 없다고 생각되는 것들), 전부 기재하면 읽기 어려워지므로 생략한 경우가 있습니다.

기타

- 소프트 소개 페이지에 게재된 작품은 일반적인 유통 루트로 판매된 것만 다루었습니다.
- 진위가 확실하지 않은 이야기, 출처가 불분명한 이야기는 기본적으로 제외했습니다.
- 비공인 소프트는 윤리적인 관점에서 일부를 제외하고는 취급하지 않았습니다.

MEGA DRIVE
HARDWARE

MEGA DRIVE COMPLETE GUIDE with MARK III

MEGA DRIVE Hardware

메가 드라이브

발매일 / 1988년 10월 29일
가격 / 21,000엔

아케이드에서의 이식작이 속속 등장하면서 게이머를 위한 하드로!

일본 가정용 게임기 최초로 16비트 CPU를 탑재한 『메가 드라이브』. (세계적으로 보면 마텔사의 『인텔레비전』(1982년)이 먼저 나왔다.) CPU는 MC68000을 탑재. 메인 CPU로 가는 부담을 줄이려는 목적으로 음원 등의 처리를 담당하는 또 하나의 CPU인 Z80A도 탑재. 이 듀얼 CPU 구성은 1985년에 세가가 개발한 아케이드 기판인 「세가 시스템16」에도 채용되었는데, 아케이드의 고품질 게임을 기존의 머신보다 훨씬 간편하면서 높은 재현도로 이식할 수 있게 되었다.

아케이드에서의 이식이 중심이 된 부분도 있어서, 세끼 밥 먹는 것보다 게임을 좋아하는 코어 층이 집결했다. 3대 하드(PC엔진과 슈퍼 패미컴 포함) 중에서는 일본 내 판매량이 가장 적지만 이는 인기 장르인 RPG 작품이 적은 것에도 영향을 받았다. 하지만 타협하지 않는 자세가 공감을 불러일으켜, 본 기기는 순수한 게이머가 애용하는 하드로서의 입지를 확고히 했다.

기본 스펙

CPU / MC68000 + Z80A
메모리 / 64KB
해상도 / 320 x 224도트
발색 수 / 512색 (동시 발색 가능 64색)
사운드 / FM 음원 6음 + PSG 3음 + 비프음 1음

메가 드라이브 2

발매일 / 1993년 4월 23일
가격 / 12,800엔

음원 램프나 헤드폰 단자를 배제하는 형태로 소형화한 염가판. 부속 AV 케이블은 모노 사운드 사양이었기 때문에 스테레오 접속을 위해서는 전용 케이블을 별도 구입해야 했다.

메가 제트

메이커 / 세가
발매일 / 1994년 가격 / 15,000엔

세가와 일본항공의 공동 개발품으로, 컨트롤러 일체형 MD. 일본항공 국제선의 기내 서비스로 대여되던 것을 이후에 일반 판매. 메가 어댑터, 메가 모뎀, 메가-CD와는 접속이 불가능하다.

MEGA DRIVE Hardware

메가-CD

메이커 / 세가
발매일 / 1991년　가격 / 49,800엔

경쟁 제품을 압도하는 고사양으로 등장한 메가-CD

라이벌 중 하나였던 PC엔진 진영은 본체 발매 전부터 CD-ROM도 구상하고 있던 것에 반해, 메가 드라이브 진영은 CD-ROM을 탑재할 생각이 없었다고 한다. 그래도 다양한 구상이 있었고, 최종적으로 『메가-CD』가 발매되었다. CD-ROM2는 CLV 방식을 채용했지만, 메가-CD는 랜덤 엑세스 성능이나 데이터를 읽고 쓰는 속도에서 CLV보다 우위인 CAV 방식을 적용했고 에러 보정 기능까지 겸비해서, 말하자면 본격파 CD-ROM이었다.

또한 본체 내부에 6메가인 버퍼 RAM이 탑재되었고, 슈퍼 패미컴의 특징이었던 확대 축소 처리 기능이 보다 강화된 형태로 탑재되었다. 그뿐 아니라 메가 드라이브보다 고속인 68000 CPU를 탑재하는 등, 수많은 최첨단 기술이 담겨 있었다.
하지만 서드 파티의 대부분이 비용 문제 등으로 소프트 개발에 소극적이었고, 후세에 전해지는 명작도 몇 가지 탄생했지만 보급되지는 못했다.

기본 스펙

CPU / 68000 + Z80A
메모리 / 64KB
해상도 / 320 x 224도트
발색 수 / 512색 (동시 발색 가능 64색)
사운드 / FM 음원 6음 + PSG 3음
　　　　+ 비프음 1음

원더 메가 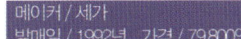 (세가 Ver.)

메이커 / 세가
발매일 / 1992년　가격 / 79,800엔

메가 드라이브와 메가-CD가 일체화 되어 팬들이 매우 탐내는 걸작이지만 가격은 매우 비싸다.

메가-CD2

메이커 / 세가
발매일 / 1992년　가격 / 29,800엔

메가 드라이브2의 발매에 맞춰서 등장한 메가-CD2. 각종 부품을 재검토하면서 저가가 되었다. 초대 메가-CD는 메가 드라이브 본체 밑에서 받침대처럼 사용되었지만, 메가-CD2는 메가 드라이브를 옆에 두는 형태로 변경.

메가 드라이브2와 메가-CD2 장착 이미지(광고지에서)

| MEGA DRIVE Hardware

슈퍼 32X

발매일 / 1994년 12월 3일
가격 / 16,800엔

거인의 사정에 휘둘려 참담한 결과를!

'세가 오브 아메리카'에 의해 기획. 메가 드라이브를 16비트에서 32비트로 대폭 파워업 해주는 주변기기가 바로 『슈퍼 32X』이다. 일본에서는 이보다 한발 빠르게 차세대 기기인 『세가 새턴』이 발매되어, 라이벌인 플레이스테이션 진영보다 먼저 100만대를 돌파할 정도의 상승 기류를 타고 있었다. 차세대 기기는 호조를 보이고, 메가 드라이브의 보급률은 낮은 상태에서 슈퍼 32X가 확산될 리 없었고, 마지막까지 매출은 지지부진했다.

한편, 미국은 일본에서 새턴이 성공했다는 소식을 듣고 새턴 발매 일정을 앞당기는 계획을 발표한다. 발매가 4개월이나 앞당겨지면서 북미 시장에서 새턴을 런칭할 충분한 시간이 없었고, 거기에다 극히 일부 소매점에서만 한정 판매한다는 정책을 채택했기 때문에 소매점의 반발을 사는 결과를 부른다. 게다가 32X 개발을 중단하고 새턴으로 돌아서는 개발사도 잇따르면서 32X 소프트도 공급되지 않는 최악의 전개를 맞이하고 말았다.

기본 스펙

CPU / HITACHI SH2 (23MHz) x 2
메모리 / RAM (2Mbit), VRAM (2Mbit)
발색 수 / 32,768색 (동시 발색 가능 256색)
사운드 / PWM음원

메가 드라이브
메가-CD
슈퍼 32X 모두 장착!!

압도적인 박력을 자랑하는 통칭 「메가 타워」

모든 메가 드라이버가 동경하는 것이 이 메가 타워. 당시에 이를 정가로 구비한 사람은 평생 자랑스러워해도 좋다. 물론 지금은 저가로 구비할 수 있다. 인생사 모든 것이 헛되다는 교훈이...

MEGA DRIVE
CARTRIDGE

MEGA DRIVE COMPLETE GUIDE
with MARK III

MEGA DRIVE 1988

슈퍼 썬더 블레이드

●발매일 / 1988년 10월 29일
●가격 / 5,800엔
●퍼블리셔 / 세가

전년도에 발매된 아케이드용 체감 게임을 이식한 것. 전투 헬기를 조작해서 적을 쓰러뜨려 가는 슈팅게임이지만, 메가 드라이브 판은 유사 3D 스테이지가 중심이 되었다.

스페이스 해리어 II

●발매일 / 1988년 10월 29일
●가격 / 5,800엔
●퍼블리셔 / 세가

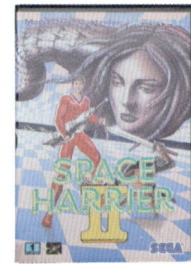

세가의 아케이드용 체감 게임으로 인기를 모았던 『스페이스 해리어』의 속편. 전작과 같은 백뷰 스크롤 유사 3D 슈팅 게임이다.

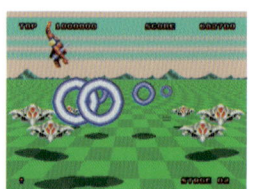

수왕기

●발매일 / 1988년 11월 27일
●가격 / 5,800엔
●퍼블리셔 / 세가

세가의 아케이드용 횡스크롤 액션을 이식. 초기에는 약한 주인공이 스피리트 볼을 획득하면서 체격이 우람해지고, 최종적으로는 수인화 해서 특수한 능력을 습득한다.

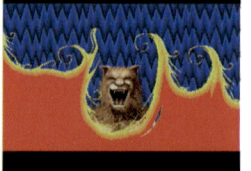

오소마츠 군 엉망진창 극장

●발매일 / 1988년 12월 24일
●가격 / 5,500엔
●퍼블리셔 / 세가

메가 드라이브 첫 오리지널 타이틀로, 장르는 횡스크롤 액션이다. 하지만 게임 내용의 평가가 매우 저조하고, 스테이지도 3개밖에 안 된다.

MEGA DRIVE 1989

판타시 스타II 되돌아오지 않는 시간의 끝에서

● 발매일 / 1989년 3월 21일 ● 가격 / 8,800엔
● 퍼블리셔 / 세가

RPG 매출이 하드를 견인하던 시대에 세가는 이 장르의 게임이 약하다는 평가를 받고 있었다. 그런 악평을 불식시키기라도 하듯이 본 작품은 지금도 회자되는 명작 RPG로서 메가 드라이브 초기의 유저에게 사랑받았던 게임이다. 전작에 이어서 SF 세계를 무대로 하고 고양이 귀 캐릭터를 등장시키는 등, 플레이어의 평가를 꽤 의식한 작품이기도 하다. 하지만 방대한 던전 등 난이도가 매우 높아서 당시 플레이어들을 매우 골치 아프게 한 게임이다.

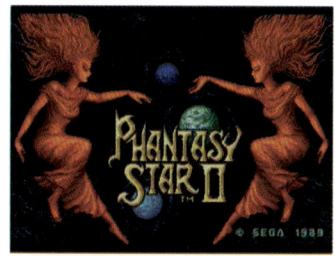
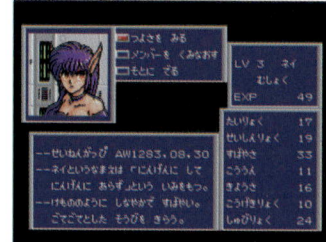
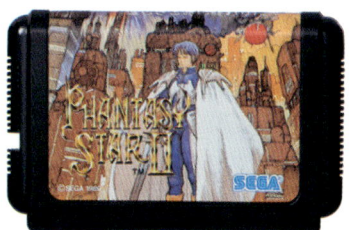

슈퍼 대전략

● 발매일 / 1989년 4월 29일 ● 가격 / 6,800엔
● 퍼블리셔 / 세가

시스템 소프트에서 발매된 전략 시뮬레이션을 이식. 당시에 이런 장르는 PC 전용의 매니악한 게임이 대부분이었지만, 가정용 소프트에서도 충분히 성공할 수 있음을 증명한 작품이기도 하다. 플레이어는 미국, 소련, 영국, 일본 등의 생산 타입을 바탕으로 병기를 맵 위에 전개해서 적의 수도 점령을 목표로 한다. 본 작품에서는 히든 커맨드로『애프터 버너』나『갤럭시 포스』의 기체들을 등장시킬 수 있는 메가 드라이브판만의 한정 특전을 제공한다.

MEGA DRIVE 1989

썬더 포스 II MD

- 발매일 / 1989년 6월 15일 ●가격 / 6,800엔
- 퍼블리셔 / 테크노 소프트

테크노 소프트에서 개발한 인기 슈팅 게임으로, 메가 드라이브 최초의 서드 파티제 게임이다. X68000에서 이식된 작품으로 탑뷰 8방향 스크롤 스테이지와 사이드뷰 횡스크롤 스테이지가 혼재되어 있다. 전자는 적 요새 파괴가, 후자는 적 보스 파괴가 목적이다. 플레이어의 기체는 아이템을 획득해서 복수의 무기를 장비할 수 있고, 버튼 설정을 취향에 맞게 변경할 수도 있다. 실수하면 무장을 전부 잃는 등, 난이도가 낮지 않으며 모에 게임의 측면도 보이는 작품이다.

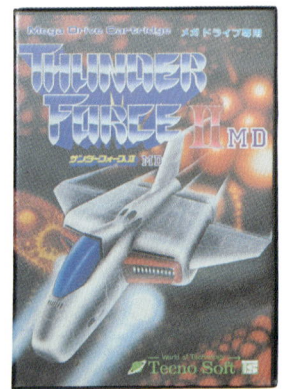

대마계촌

- 발매일 / 1989년 8월 3일 ●가격 / 6,800엔
- 퍼블리셔 / 세가

캡콤에서 개발한 대히트 액션 게임을 이식. 시리즈 최초로 가정용 하드로 이식되어 플레이어의 주목을 받았다. 용량 문제로 오프닝과 배경이 편집되는 등의 문제가 있지만 전체적으로 양호한 이식이라 할 수 있다. 또한 가정용답게 히든 커맨드로 난이도나 스테이지를 선택할 수 있어서 유저 친화적인 부분도 있다. 메가 드라이브로 발매된 소프트들이 다소 약했기 때문에 본 작품이 초기 하드를 견인하는 존재가 되었고, 『대마계촌』을 플레이하기 위해 하드를 구입했던 팬도 많았다.

MEGA DRIVE 1989

알렉스 키드 천공마성

●발매일 / 1989년 2월 10일
●가격 / 5,500엔
●퍼블리셔 / 세가

소닉이 등장하기 전에 세가의 마스코트 캐릭터였던 알렉스 키드가 주인공인 사이드뷰 액션. 블록을 파괴할 수 있는 『블록권』을 이용해 총 10개의 스테이지 클리어를 목표로 한다.

슈퍼 리그

●발매일 / 1989년 4월 22일
●가격 / 5,800엔
●퍼블리셔 / 세가

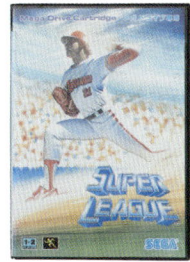

메가 드라이브의 첫 스포츠 게임. 일본 프로야구를 모티브로 한 게임이지만, NPB의 허가를 받지 않았기 때문에 팀명이나 선수 이름은 가명으로 되어 있다.

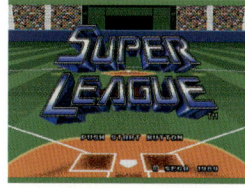
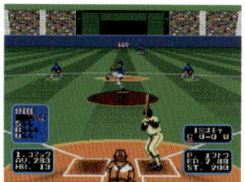
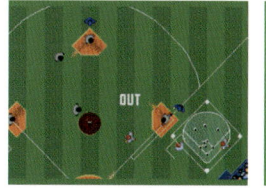
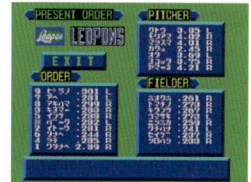

북두의 권 신 세기말 구세주 전설

●발매일 / 1989년 7월 1일
●가격 / 6,000엔
●퍼블리셔 / 세가

인기 만화 『북두의 권』을 원작으로 한 횡스크롤 액션. 필드의 맵 위를 이동해서 임의의 스테이지를 공략해 나간다. 피가 흩뿌려지는 등 잔혹한 표현이 『북두의 권』답다는 평가를 받았다.

월드컵 사커

●발매일 / 1989년 7월 29일
●가격 / 5,500엔
●퍼블리셔 / 세가

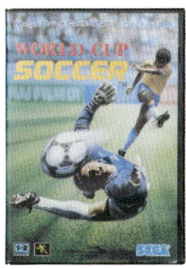
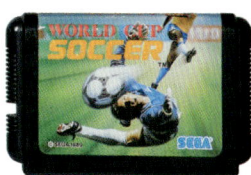

탑뷰 축구 게임으로, 24개국 중에서 1개 팀을 선택해 토너먼트 게임을 진행한다. 선수는 실명이지만 화면에 나오는 필드가 좁고, 반칙이 없는 등의 문제점이 있다.

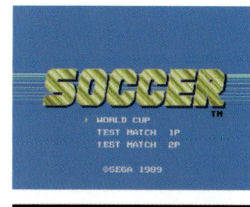
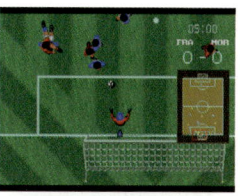

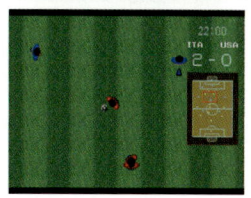

MEGA DRIVE 1989

오자키 나오미치의 슈퍼 마스터즈

●발매일 / 1989년 9월 9일
●가격 / 6,000엔
●퍼블리셔 / 세가

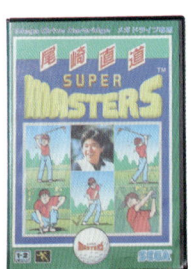

오자키 3형제 중의 셋째인 프로 골프 오자키 나오미치 씨의 이름을 내건 골프 게임. 총 12개 스테이지에 상금 왕을 목표로 하는 토너먼트 모드가 메인이며, 오자키 씨가 캐디도 되어준다.

슈퍼 하이드라이드

●발매일 / 1989년 10월 6일
●가격 / 7,900엔
●퍼블리셔 / 아스믹

PC에서 대인기였던 『하이드라이드』 시리즈의 3번째 작품을 이식. 공복이나 장비의 중량 같은 개념을 도입해서 리얼함을 고집한 작품이지만, 반대로 그것이 번거롭게 느껴지기도 했다.

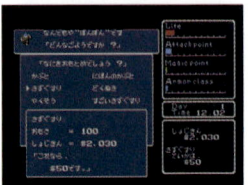 

슈퍼 행온

●발매일 / 1989년 10월 6일
●가격 / 6,000엔
●퍼블리셔 / 세가

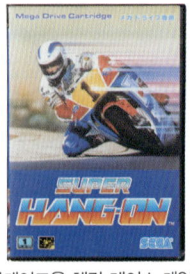

아케이드용 체감 레이스 게임을 이식한 작품. 아케이드 모드뿐 아니라 오리지널 모드로도 플레이할 수 있다. 후자는 플레이어가 레이스에서 승리해서 상금을 모으고 차량을 개조할 수 있다.

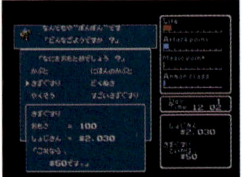 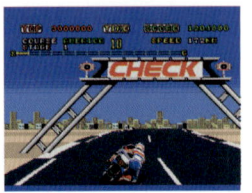

람보 III

●발매일 / 1989년 10월 21일
●가격 / 5,500엔
●퍼블리셔 / 세가

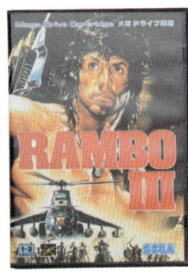
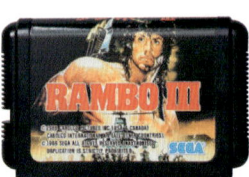

동명의 인기 영화를 바탕으로 한 슈팅 게임. 머신 건 이외에 활 등의 특수 무기를 사용해서 전진해 나간다. 전투 헬기와 싸우는 장면에서는 유사 3D 슈팅이 된다.

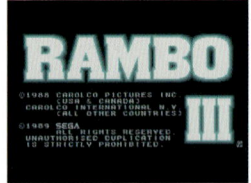 

MEGA DRIVE 1989

포가튼 월드

●발매일 / 1989년 11월 18일
●가격 / 6,000엔
●퍼블리셔 / 세가

캡콤에서 개발한 아케이드용 슈팅 게임 『로스트 월드』의 이식작. 주인공의 주변을 떠다니는 「새틀라이트」를 회전시켜서 슈팅 방향을 바꾸는 것과 함께 새틀라이트를 배리어 대용으로 사용할 수 있다.

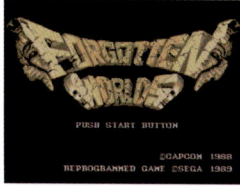

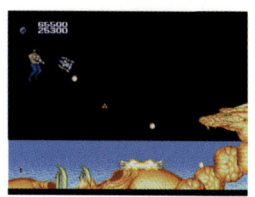

공작왕 II 환영성

●발매일 / 1989년 11월 25일
●가격 / 6,000엔
●퍼블리셔 / 세가

주간 영점프에서 연재되던 「공작왕」을 모티브로 한 횡스크롤 액션. 주인공의 무기는 4종류에서 선택할 수 있고, 기를 모아 공격하면 위력이 강해진다.

더 슈퍼 시노비

●발매일 / 1989년 12월 2일
●가격 / 6,000엔
●퍼블리셔 / 세가

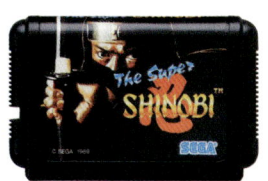

세가에서 발매한 아케이드용 게임 『시노비(SHINOBI)』의 속편에 해당하는 횡스크롤 액션. 초기 판에서는 스파이더맨, 고질라 같은 판권 캐릭터가 등장하지만, 후기 판에서는 교체되었다.

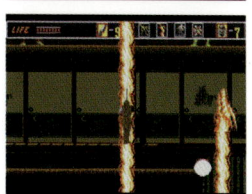

타수진

●발매일 / 1989년 12월 9일
●가격 / 6,000엔
●퍼블리셔 / 세가

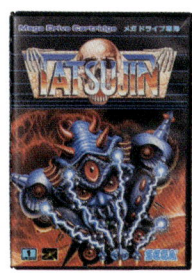

토아 플랜에서 개발한 아케이드용 종스크롤 슈팅을 이식. 3종류의 무기는 각각 2단계까지 파워업 할 수 있고, 투하 후에 바로 무적 시간이 있는 달인 봄도 사용 가능하다.

MEGA DRIVE 1989

마작 COP 롱 백랑의 야망

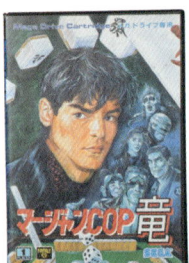

- 발매일 / 1989년 12월 14일
- 가격 / 5,500엔
- 퍼블리셔 / 세가

어딘가에서 본 적이 있는 듯한 캐릭터와 싸우는 패러디 마작 게임. 대전 상대를 자유롭게 선택할 수 있는 대국 마작 이외에도, 어드벤처 게임의 요소가 가미된 오리지널 모드를 플레이할 수 있다.

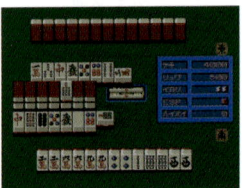

헤르쪼크 쯔바이

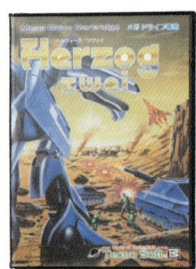

- 발매일 / 1989년 12월 15일
- 가격 / 6,800엔
- 퍼블리셔 / 테크노 소프트

테크노 소프트가 개발한 PC 게임 『헤르쪼크』의 속편에 해당. 변형 가능한 전투기와 로봇을 조작하고, 유닛을 생산해서 싸우는 리얼 타임 전략이며, 2명의 대전 플레이도 가능하다.

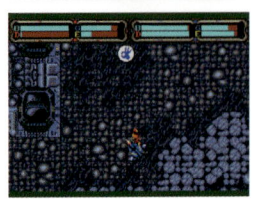
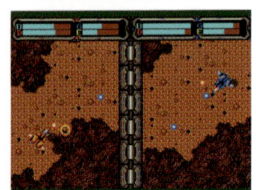

버밀리온

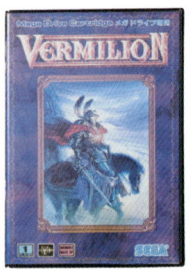

- 발매일 / 1989년 12월 16일
- 가격 / 8,500엔
- 퍼블리셔 / 세가

세가가 개발한 액션 RPG. 맵 상을 이동하며 적과 접촉하면 전투 화면으로 돌입한다. 전투는 검으로 하는 공격과 마법을 사용해서 싸우는 액션 게임으로 구성되어 있다.

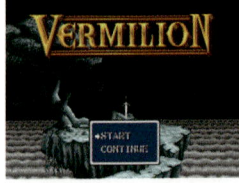

커스

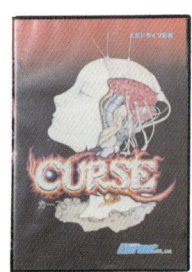
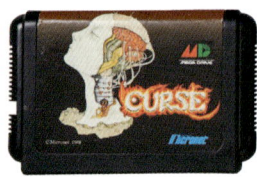

- 발매일 / 1989년 12월 23일
- 가격 / 6,800엔
- 퍼블리셔 / 마이크로넷

메가 드라이브 오리지널 횡스크롤 슈팅이지만, 플레이어의 평가는 좋지 않다. 버튼으로 옵션의 위치를 바꿀 수 있고, 메인 무기는 아이템으로 3종류로 변경이 가능하다.

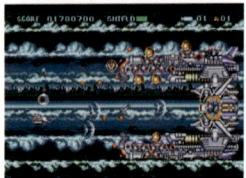

MEGA DRIVE 1989

골든 액스

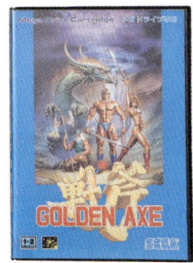

- 발매일 / 1989년 12월 23일
- 가격 / 6,000엔
- 퍼블리셔 / 세가

세가에서 발매된 아케이드용 벨트 스크롤 액션을 이식. 3명의 캐릭터를 사용할 수 있고 적이 탄 드래곤 등을 빼앗아 공격하거나 마법도 사용할 수 있다. 또한 듀얼 모드도 가능하다.

테라 드라이브

메이커 / 세가 발매일 / 1991년 5월 31일 가격 / 148,000~248,000엔

PC와 메가 드라이브를 융합한 상품으로 일본 IBM과 공동 개발. 테라 드라이브 전용 소프트 『퍼즐 컨스트랙션』이 발매되었다.

기본 스펙

CPU / 80286 + 68000 + Z80A
메모리 / 메인 RAM 640KB
그래픽 / VGA : 640 x 480 (262144색 중 16색),
　　　　　320 x 200 (262144색 중 256색),
　　　　　VDP : 320 x 224 (512색 중 64색)

『더 슈퍼 시노비』 초기판과 후기판에 대해

메가 드라이브 초기의 명작 액션 게임 『더 슈퍼 시노비』에는 몇 가지의 버전이 존재한다. 초기판에서는 특정 스테이지의 보스 캐릭터가 어디선가 본 적이 있는 캐릭터로 되어 있지만, 후기판에서는 수정이 되어 있다. 당초엔 게임을 기동해 보지 않으면 구분할 수 없다고 했지만, 사실 패키지의 뒷면을 확인하면 금방 차이를 알 수 있다.
「MADE IN JAPAN」의 유무에 주목하자.

빨간 원 부분에 「MADE IN JAPAN」 표기가 있으면 초기판, 없으면 재발매판.

MEGA DRIVE 1990

썬더 포스 III

● 발매일 / 1990년 6월 8일 ● 가격 / 6,800엔
● 퍼블리셔 / 테크노 소프트

『썬더 포스』 시리즈의 세 번째 작품이며, 이식작이 아니라 처음부터 메가 드라이브용으로 개발되었다. 전작에 있었던 탑뷰 다방향 스크롤 스테이지는 삭제되고 횡스크롤 슈팅을 채용했다. 무장은 5종류이며, 아이템 습득 후에는 버튼으로 자유롭게 변경 가능. 또한 플레이어의 기체 속도도 4단계로 조정할 수 있다. 난이도는 높은 편이지만 여러 번 도전해서 외워 나가면 클리어가 가능한 딱 좋은 밸런스. 플레이어의 평가도 높아서 아케이드용으로 역이식이 되었다.

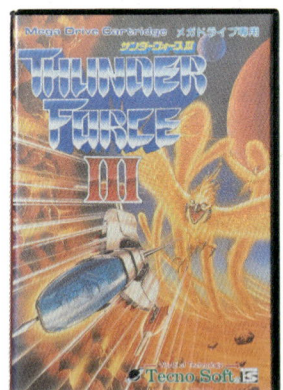

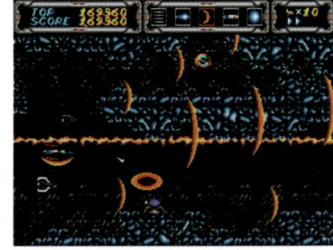

컬럼스

● 발매일 / 1990년 6월 30일 ● 가격 / 5,500엔
● 퍼블리셔 / 세가

세가가 아케이드용으로 개발하고 있던 낙하형 퍼즐을 메가 드라이브에 이식했다. 위에서 내려오는 보석의 배열과 위치를 바꾸면서 떨어뜨리고, 같은 색의 보석을 종, 횡, 대각으로 맞추면 지울 수 있다. 보석이 화면 최상부를 넘어버리면 게임 오버가 된다. 낙하형 퍼즐로서는 처음으로 연쇄 삭제 개념을 도입한 게임으로 유명해서 오랫동안 플레이어의 사랑을 받고 있다. 메가 드라이브 판에서는 아케이드 모드 외에도, 정해진 보석을 지우는 문제형 퍼즐인 『플래시 컬럼스』를 플레이할 수 있고, 이 모드에서는 2인 대전도 가능하다.

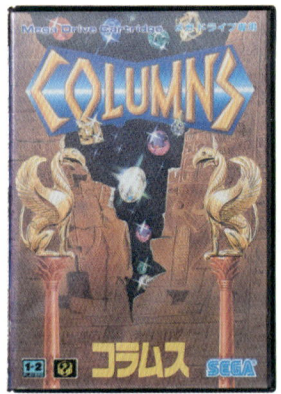
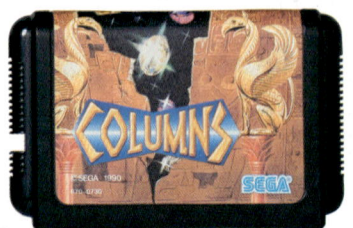

MEGA DRIVE 1990

슈퍼 모나코 GP

● 발매일 / 1990년 8월 9일 ● 가격 / 6,000엔
● 퍼블리셔 / 세가

세가의 대형 기기로 발매된 유사 3D 레이스 게임『슈퍼 모나코 GP』를 메가 드라이브로 이식. 아케이드 모드에서는 예선 기록으로 출발 위치를 정하고, 주행 중에 순위가 규정을 밑돌면 게임 오버가 된다. 차량은 오토, 4변속, 7변속 중에서 고를 수 있고, 각각 최고 속도가 다르다. 메가 드라이브 판에서는 주행 가능한 코스의 종류가 대폭 늘었고, 총 16전을 거쳐 연간 우승을 목표로 하는 월드 챔피언십 모드가 추가되는 등, 오리지널 요소가 강하다.

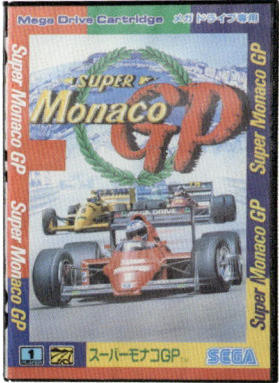

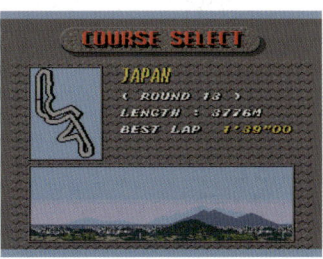
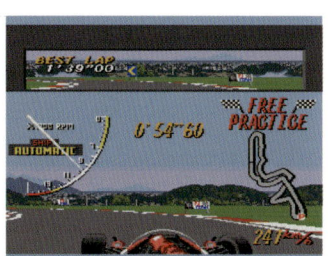

마이클 잭슨 문 워커

● 발매일 / 1990년 8월 25일 ● 가격 / 6,000엔
● 퍼블리셔 / 세가

인류 역사상 가장 성공한 엔터테이너이기도 한 마이클 잭슨을 주인공으로 내세운 액션 게임. 같은 이름의 아케이드 게임과는 내용이 다른, 메가 드라이브 오리지널 작품이다. 마이클 잭슨을 조종해서 필드 위에 있는 아이들을 모두 구하는 것이 목표. 마이클은 펀치와 킥이라는 통상 공격 이외에도 마법을 쓸 수 있지만, 그중에서도 화면 전체의 적을 쓰러뜨리는 댄스 어택의 임팩트가 크다. 원작인 영화「문 워커」의 설정처럼 마이클이 로봇으로 변신하는 특수장치도 있다.

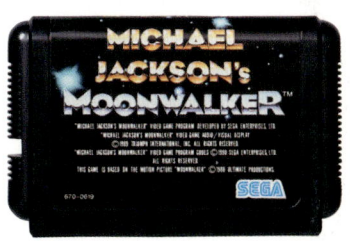

017

MEGA DRIVE 1990

다라이어스 II

- 발매일 / 1990년 12월 20일
- 가격 / 8,900엔
- 퍼블리셔 / 타이토

타이토에서 발매된 복수 화면 기기 횡스크롤 슈팅 게임을 메가 드라이브로 이식. 오리지널은 2~3개 화면의 모니터를 이어 붙여서 옆으로 긴 화면이었지만, 메가 드라이브판은 살짝 옆으로 긴 1개 화면으로 구성된다. 플레이어가 아이템을 습득해서 파워업을 해나가고, 마지막에 기다리고 있는 보스를 쓰러뜨리면 스테이지 클리어. 다음 스테이지를 2가지 중에서 선택할 수 있는 분기도 특징이다. 첫 이식판이 된 본 작품은 1개 화면으로의 어레인지에 성공해서 플레이어의 평가도 높다.

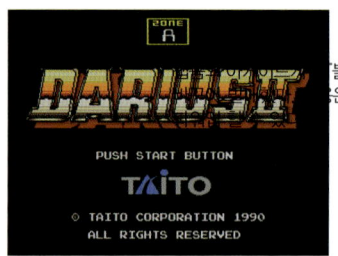
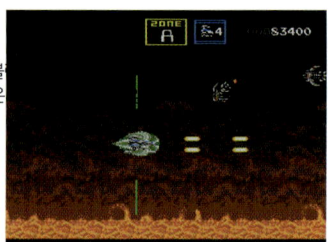
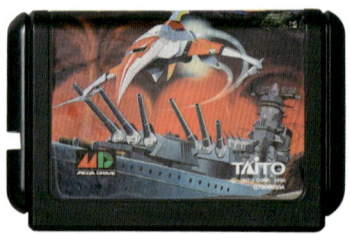

줌!

- 발매일 / 1990년 1월 13일
- 가격 / 5,500엔
- 퍼블리셔 / 세가

메가 드라이브의 첫 퍼즐 게임. 원래는 Amiga용으로 개발되었던 해외 게임인데, 이식이 되었다. 주인공을 조작해서 필드를 라인으로 둘러싸고, 모든 칸을 둘러싸면 스테이지 클리어가 된다.

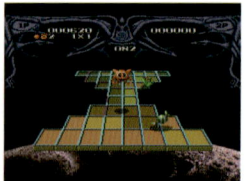

사상 최대의 소코반

- 발매일 / 1990년 1월 30일
- 가격 / 5,200엔
- 퍼블리셔 / 메사이어

싱킹 래빗이 개발한 PC용 퍼즐 게임 『소코반』의 메가 드라이브판. 주인공을 조종해서 짐을 지정된 위치에 놓는 것이 내용인데, 밀 수는 있어도 당길 수는 없다는 것이 특징.

MEGA DRIVE 1990

소서리안

●발매일 / 1990년 2월 24일
●가격 / 7,000엔
●퍼블리셔 / 세가

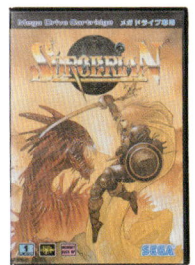

일본 팔콤에서 개발했던 PC용 액션 RPG를 메가 드라이브에 이식한 것으로 복수의 시나리오를 클리어 해나가는 게임이다. 캐릭터가 나이를 많이 먹으면 사망하고 자손으로 세대교체를 한다.

슈퍼 리얼 바스켓볼

●발매일 / 1990년 3월 2일
●가격 / 6,000엔
●퍼블리셔 / 세가

리얼한 캐릭터가 특징인 농구 게임. 덩크 슛을 할 때는 선수가 화면에 크게 나와서 방어하는 상대 선수와의 공방이 그려진다. 타이밍을 맞춰 버튼을 누르면 슛 성공이다.

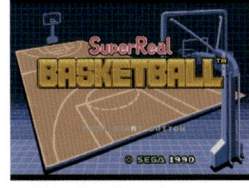 
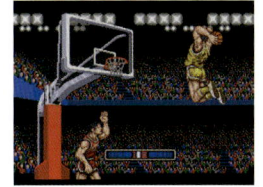 

더 뉴질랜드 스토리

●발매일 / 1990년 3월 3일
●가격 / 6,800엔
●퍼블리셔 / 타이토

타이토에서 아케이드용으로 개발했던 액션 게임의 메가 드라이브 이식판. 뉴질랜드의 날지 못하는 새 '키위'가 주인공이며, 동료를 구출하기 위해 적을 쓰러뜨리며 전진한다.

에어 다이버

●발매일 / 1990년 3월 9일
●가격 / 6,800엔
●퍼블리셔 / 아스믹

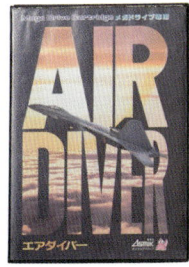

아스믹에서 발매된 콕핏(조종석-옮긴이) 시점의 유사 3D 슈팅. 맵에서 미션을 골라서 수행해 나간다. 기체는 스텔스기 F-119D이며, 스테이지 마지막에는 적 에이스와의 일기토가 벌어진다.

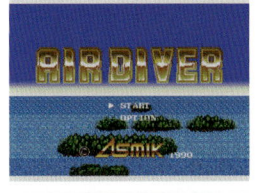 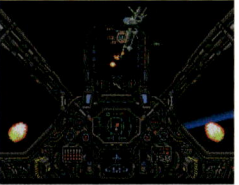
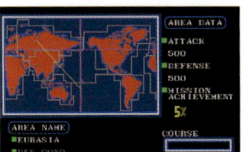 

MEGA DRIVE 1990

중장기병 레이노스

●발매일 / 1990년 3월 16일
●가격 / 6,200엔
●퍼블리셔 / 메사이어

메가 드라이브 오리지널 액션 슈팅. 인간형 기동 병기를 조작해서 싸우는 내용인데, 익숙해질 때까지는 난이도가 높게 느껴진다. 팬의 지지도가 높고, 후에 시리즈화 되었다.

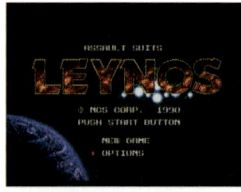

애프터 버너 II

●발매일 / 1990년 3월 23일
●가격 / 6,900엔
●퍼블리셔 / 전파신문사(DEMPA)

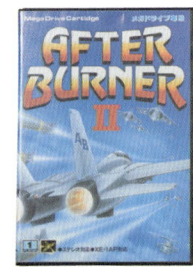

세가에서 개발한 아케이드용 인기 체감 슈팅 게임이지만 메가 드라이브 판으로의 이식과 판매는 전파신문사가 담당. 동사의 아날로그 컨트롤러에 대응되며 게임 자체의 평가도 높다.

파이널 블로우

●발매일 / 1990년 3월 23일
●가격 / 6,800엔
●퍼블리셔 / 타이토

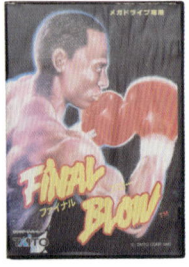

타이토에서 개발한 아케이드용 복싱 게임을 이식. 거대한 복서가 등장하는 장면은 박력 만점이지만 이동이 좌우 방향뿐인 점 등, 단조롭다는 인상을 받는다. 플레이어의 평가는 낮다.

다윈 4081

●발매일 / 1990년 4월 7일
●가격 / 6,000엔
●퍼블리셔 / 세가

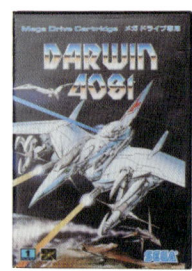

데이터 이스트에서 개발한 종스크롤 슈팅으로 『다윈 4078』과 『슈퍼 리얼 다윈』을 합친 듯한 내용. 통상적인 진화 외에도 돌연변이에 의한 파워업이 특징이다.

시간의 계승자 판타시 스타Ⅲ

- ●발매일 / 1990년 4월 21일
- ●가격 / 8,700엔
- ●퍼블리셔 / 세가

세가의 오리지널 RPG『판타시 스타』시리즈의 3번째 작품에 해당한다. 세대를 아우르며 전개되는 멀티 시나리오가 세일즈 포인트이지만, 플레이어의 평가는 좋지 않고 시리즈의 평판도 떨어뜨렸다.

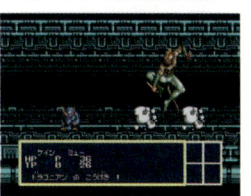

사이 오 블레이드

- ●발매일 / 1990년 4월 27일
- ●가격 / 8,500엔
- ●퍼블리셔 / 시그마 상사

T&E 소프트가 개발한 PC용 어드벤처 게임을 이식. 오리지널에서는 지상과 우주에서의 스토리가 나란히 진행되지만, 메가 드라이브판에서는 지상편이 삭제되었다.

DJ 보이

- ●발매일 / 1990년 5월 19일
- ●가격 / 6,000엔
- ●퍼블리셔 / 세가

카네코 제작소가 개발한 아케이드용 벨트 스크롤 액션을 메가 드라이브에 이식. 납치당한 여자 친구의 구출이 목적이고, 자금을 모아 파워업 할 수 있는 요소가 추가되었다.

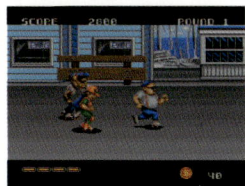

WHIP RUSH 혹성 볼테가스의 수수께끼

- ●발매일 / 1990년 5월 26일
- ●가격 / 6,000엔
- ●퍼블리셔 / 세가

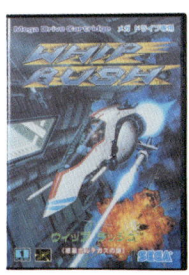

빅 도카이가 개발하고 세가가 판매한 횡스크롤 슈팅. 아이템으로 파워업과 무장 변경이 가능한데, 그 상태에서는 적의 공격을 1회만 막을 수 있다.

TEL·TEL 마작

- 발매일 / 1990년 6월 8일
- 가격 / 5,800엔
- 퍼블리셔 / 선 소프트

주변기기인 메가 모뎀을 사용해서 통신 대전이 가능했던 마작 게임. 하지만 당시에는 꽤 비싼 통신료가 들었고, 대전을 즐겼다는 이야기는 들리지 않았다. 물론 혼자서도 마작을 즐길 수 있다.

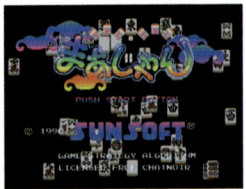
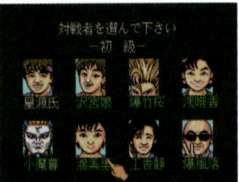
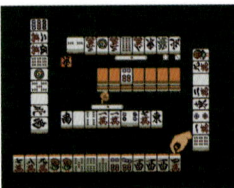
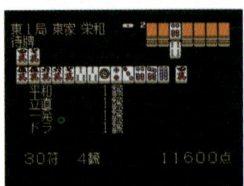

대선풍

- 발매일 / 1990년 6월 23일
- 가격 / 6,000엔
- 퍼블리셔 / 세가

토아 플랜이 개발한 종스크롤 슈팅을 이식. 시스템은 매우 간단하지만, 폭탄을 바로 폭발시키는 것과 아군기 호위라는 2종류로 구분해서 사용할 수 있다.

고스트 버스터즈

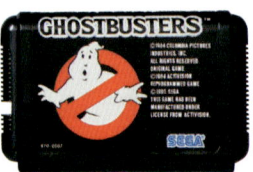

- 발매일 / 1990년 6월 30일
- 가격 / 6,000엔
- 퍼블리셔 / 세가

유명 영화를 모티브로 한 액션 게임으로, 컴파일이 개발을 맡았다. 같은 타이틀의 게임 몇 가지가 하드로 발매되었지만, 본 작품은 메가 드라이브 오리지널 게임이다.

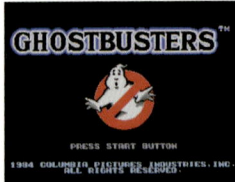

ESWAT : 사이버 폴리스 이스와트

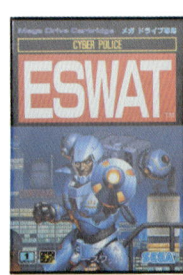

- 발매일 / 1990년 7월 14일
- 가격 / 6,000엔
- 퍼블리셔 / 세가

경찰 특수부대를 조작해서 범죄 조직과 싸우는 액션 게임. 5종류의 무기를 사용해서 미션을 클리어하고, 단계가 올라갈수록 새로운 전투복도 입수할 수 있다.

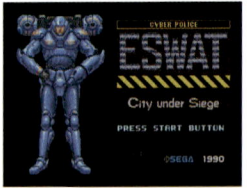

페리오스

- ●발매일 / 1990년 7월 20일
- ●가격 / 5,800엔
- ●퍼블리셔 / 남코

남코의 아케이드용 종스크롤 슈팅의 메가 드라이브판. 그리스 신화를 모티브로 한 세계관이 특징이지만 붙잡힌 왕녀, 아르테미스의 모습에 유혹 당한 팬들도 많다.

배트맨

- ●발매일 / 1990년 7월 27일
- ●가격 / 6,500엔
- ●퍼블리셔 / 선 소프트

미국의 만화, 영화, 드라마에서 활약하는 히어로「배트맨」을 모티브로 한 사이드뷰 액션. 앵커를 사용한 와이어 액션이 특징이고, 같은 타이틀을 가진 작품 중에서는 재미있게 즐길 수 있는 편이다.

사이버 볼

- ●발매일 / 1990년 7월 28일
- ●가격 / 6,000엔
- ●퍼블리셔 / 세가

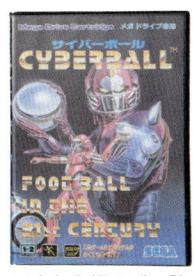
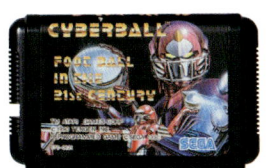

2022년의 세계를 무대로 한 미식축구 게임이며, 출전 선수는 모두 로봇이지만 내구력이 설정되어 있어서 오버히트되면 폭발한다.

라스탄 사가 II

- ●발매일 / 1990년 8월 10일
- ●가격 / 6,800엔
- ●퍼블리셔 / 타이토

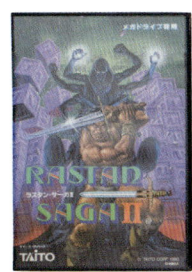

아케이드용 횡스크롤 액션『라스탄 사가』의 속편을 이식. 원래 평가가 좋지 않았던 게임이었으며, 메가 드라이브판 역시 평가는 낮고 조작성과 게임 밸런스가 여전히 나쁘다.

MEGA DRIVE 1990

사천명왕

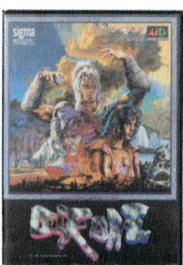

● 발매일 / 1990년 8월 10일
● 가격 / 6,200엔
● 퍼블리셔 / 시그마 상사

메가 드라이브 오리지널 횡스크롤 액션. 주인공을 4명 중에서 고를 수 있고 스테이지 도중에 변경도 가능하다. 공격은 9단계까지 파워업 할 수 있고, 한 스테이지에서 한 번, 스페셜 공격도 할 수 있다.

XDR

● 발매일 / 1990년 8월 26일
● 가격 / 6,800엔
● 퍼블리셔 / 유니팩

유니팩에서 발매했던 메가 드라이브 오리지널 횡스크롤 슈팅으로 플레이어의 평판은 매우 나쁘다. 정지 화면으로 보면 그렇게까지 안 좋은 게임이란 생각이 안 들겠지만 문제점이 많았다.

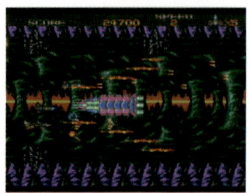

인섹터 X

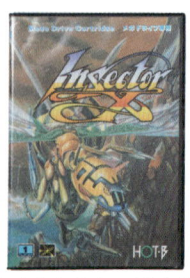

● 발매일 / 1990년 9월 7일
● 가격 / 6,800엔
● 퍼블리셔 / 핫 비

핫 비 제작, 타이토 판매의 아케이드용 횡스크롤 슈팅을 이식. 오리지널은 코믹 계열이었지만, 메가 드라이브판은 리얼 계열 기체이며 서브 웨폰이 2종류 있어서 변경이 가능하다.

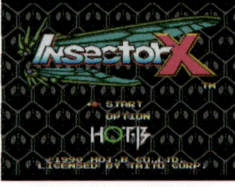

클락스

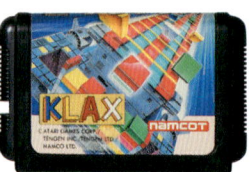

● 발매일 / 1990년 9월 7일
● 가격 / 4,900엔
● 퍼블리셔 / 남코

ATARI가 개발한 퍼즐 게임으로, 오리지널은 아케이드판이다. 화면 속에서 굴러오는 패널을 세워서 밑으로 떨어뜨리고, 같은 색 3장 이상을 종, 횡, 대각으로 맞추면 소거되는 구조이다.

MEGA DRIVE 1990

스페이스 인베이더 90

● 발매일 / 1990년 9월 7일
● 가격 / 5,900엔
● 퍼블리셔 / 타이토

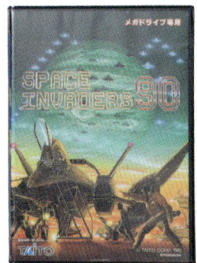

아케이드용 게임 사상 최고의 히트작인 『스페이스 인베이더』의 리메이크작. 기체 잔량제에서 라이프제로 바뀐 것 외에, 진지 삭제와 캐릭터 디자인 변경 등이 특징이다.

헬파이어

● 발매일 / 1990년 9월 28일
● 가격 / 6,800엔
● 퍼블리셔 / 메사이어

토아 플랜에서 개발한 아케이드용 횡스크롤 슈팅 게임을 이식. 공격의 사출 방향을 앞, 뒤, 대각선 4방향으로 바꾸는 것이 가능하고, 스테이지도 거기에 맞게 구성되어 있다.

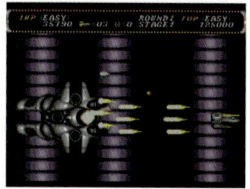
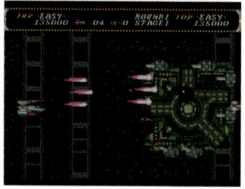

스트라이더 비룡

● 발매일 / 1990년 9월 29일
● 가격 / 7,000엔
● 퍼블리셔 / 세가

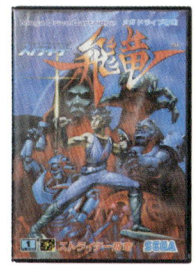

캡콤에서 개발한 사이드뷰 액션을 이식. 주인공의 다채로운 액션과 사이퍼를 이용한 공격이 특징으로, 고정 팬이 많은 작품이다. 메가 드라이브판은 어레인지 된 부분이 있다.

레인보우 아일랜드 엑스트라

● 발매일 / 1990년 10월 5일
● 가격 / 6,800엔
● 퍼블리셔 / 타이토

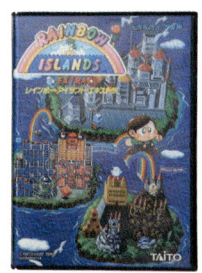

타이토의 아케이드용 액션 게임의 이식판. 이동과 공격에 무지개를 사용할 수 있다. 본 작품은 엑스트라 버전을 바탕으로 하고 있는데, 원래라면 최종 단계인 『다라이어스』 스테이지 등을 초반부터 선택할 수 있다.

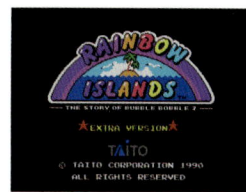

MEGA DRIVE 1990

FZ 전기 AXIS

- 발매일 / 1990년 10월 12일
- 가격 / 6,800엔
- 퍼블리셔 / 울프팀

울프팀에서 개발한 쿼터뷰 로봇 액션으로, PC 게임으로부터 이식되었다. 메인 무기 이외에 최고 14종류의 특수 무기를 장비할 수 있고 그것들이 실드 역할도 한다.

팻맨

- 발매일 / 1990년 10월 12일
- 가격 / 7,800엔
- 퍼블리셔 / 산리츠 전기

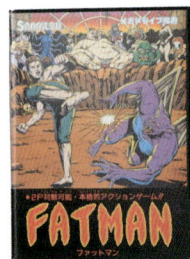

해외 개발사인 액티비전사의 대전 격투 게임을 메가 드라이브에 이식. 가드나 던지기의 부재 등, 동일 장르의 이후 게임들과 비교하면 조악한 구성이다.

버닝 포스

- 발매일 / 1990년 10월 19일
- 가격 / 5,800엔
- 퍼블리셔 / 남코

남코의 아케이드용 유사 3D 슈팅을 메가 드라이브에 이식. 에어 바이크와 에어 플레인에 탑승하는 스테이지가 있는데, 전자는 이동이 좌우에 국한되고, 후자는 화면 위를 8방향으로 움직일 수 있다.

애로우 플래시

- 발매일 / 1990년 10월 20일
- 가격 / 6,000엔
- 퍼블리셔 / 세가

세가에서 발매된 메가 드라이브 오리지널 횡스크롤 슈팅. 기체는 비행기와 로봇으로 변형이 가능하고, 버튼을 길게 눌러서 게이지를 가득 채우면 필살기인 애로우 플래시를 사용할 수 있다.

TEL·TEL 스타디움

- ●발매일 / 1990년 10월 21일
- ●가격 / 6,500엔
- ●퍼블리셔 / 선 소프트

메가 모뎀을 사용해서 통신 대전이 가능해진 것이 세일즈 포인트인 야구 게임. 단, 통신이 전제되어 있어서 선수를 직접 움직일 수 없고, 감독으로서 지시를 내리는 게임이다.

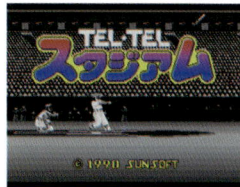

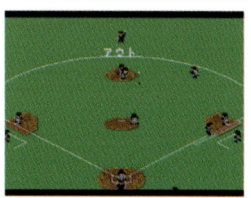
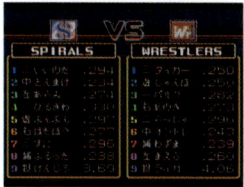

다이너마이트 듀크

- ●발매일 / 1990년 10월 27일
- ●가격 / 6,000엔
- ●퍼블리셔 / 세가

원래는 세이부 개발이 개발했던 아케이드용 유사 3D 액션 슈팅 게임. 샷, 펀치, 킥이라는 3종류의 공격으로 적을 쓰러뜨리고, 웅크리고 앉아서 적의 공격을 피하는 것도 가능하다.

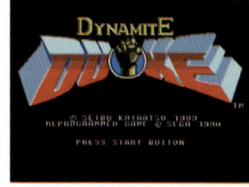

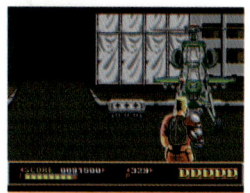

교!교!교!

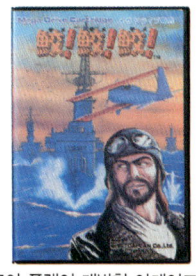

- ●발매일 / 1990년 11월 2일
- ●가격 / 6,500엔
- ●퍼블리셔 / 토아 플랜

토아 플랜이 개발한 아케이드용 종스크롤 슈팅 게임의 메가 드라이브판. 『비상 교』의 속편 격이다. 샷은 3종류의 무기를 아이템으로 변경할 수 있고, 각각 3단계로 파워업 한다.

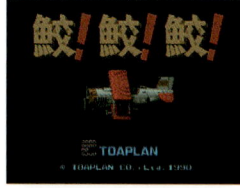

그라나다

- ●발매일 / 1990년 11월 16일
- ●가격 / 6,800엔
- ●퍼블리셔 / 울프팀

울프팀이 개발한 전 방향 스크롤 슈팅 게임으로, 오리지널은 X68000판. 메인 샷과 발사하면 반동으로 기체가 후퇴해버리는 블래스터를 구사해서 적을 파괴해 나간다.

MEGA DRIVE 1990

아이 러브 미키마우스 신비한 성 대탐험

● 발매일 / 1990년 11월 21일
● 가격 / 4,800엔
● 퍼블리셔 / 세가

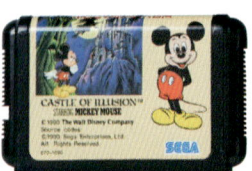

미키마우스가 주인공인 사이드뷰 액션. 미니를 구하기 위해 신비한 성에 들어간다. 코믹하고 귀여운 캐릭터의 움직임이 특징인 고 퀄리티의 게임이다.

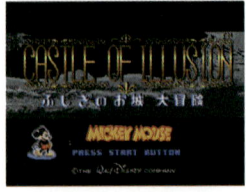

메가 판넬

● 발매일 / 1990년 11월 22일
● 가격 / 4,900엔
● 퍼블리셔 / 남코

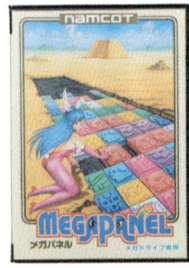

남코가 개발한 메가 드라이브용 퍼즐 게임. 15퍼즐을 하는 요령으로 패널을 바꾸고, 같은 색을 종, 횡으로 맞춰서 소거한다. 패널 게임의 완성도보다 화면 오른쪽에 표시되는 여자 아이가 화제가 되었다.

정션 (JUNCTION)

● 발매일 / 1990년 11월 25일
● 가격 / 6,000엔
● 퍼블리셔 / 마이크로넷

코나미가 전년도에 아케이드 게임으로 발매한 『큐브릭』을 메가 드라이브에 이식. 패널을 바꿔서 공을 판 바깥쪽에 있는 통로로 전부 통과시키면 스테이지 클리어가 된다.

섀도우 댄서 더 시크릿 오브 시노비

● 발매일 / 1990년 12월 1일
● 가격 / 6,000엔
● 퍼블리셔 / 세가

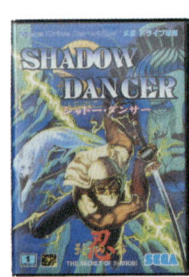

『시노비』 시리즈에서 이어지는 작품으로 아케이드판에서 이식. 횡스크롤 액션 게임으로, 원거리에서는 수리검, 근거리에서는 칼로 공격한다. 화면 전체에 대미지를 주는 인술도 사용할 수 있다.

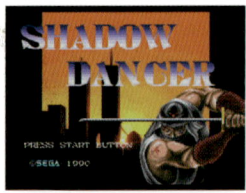

큐티 스즈키의 링사이드 엔젤

- ●발매일 / 1990년 12월 12일
- ●가격 / 6,800엔
- ●퍼블리셔 / 아스믹

인기 여성 레슬러였던 큐티 스즈키를 내건 프로 레슬링 게임. 레슬러의 체력을 캐릭터의 표정으로 표현하는 것과 사이드뷰 시점이 특징이다. 꽤나 섹시한 편이다.

아토믹 로보 키드

- ●발매일 / 1990년 12월 14일
- ●가격 / 6,800엔
- ●퍼블리셔 / 토레코

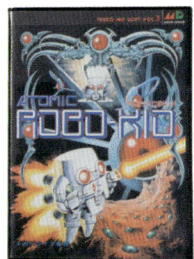 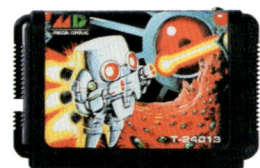

UPL이 개발한 아케이드용 횡스크롤 슈팅을 이식. 플레이어는 3종류의 무기를 임의로 바꿀 수 있지만, 외형에 걸맞게 피격 판정이 커서 적의 공격을 피하기가 어렵다.

 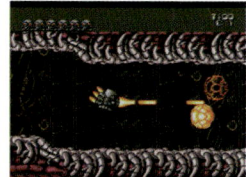

엘레멘탈 마스터

- ●발매일 / 1990년 12월 14일
- ●가격 / 6,800엔
- ●퍼블리셔 / 테크노소프트

테크노소프트가 개발한 판타지 계열 슈팅 게임. 플레이어의 기체는 전후방은 물론 차지 공격도 가능하다. 마법에는 5종류의 속성이 있어서, 각각에 대응한 스테이지를 클리어해야 사용할 수 있다.

갬블러 자기중심파 카타야마 마사유키의 마작 도장

- ●발매일 / 1990년 12월 14일
- ●가격 / 6,800엔
- ●퍼블리셔 / 게임 아츠

『갬블러 자기중심파』와 『슈퍼 즈간』의 캐릭터가 등장하는 마작 게임. 대전 상대의 캐릭터를 자유롭게 선택할 수 있는 프리 대전 이외에, 스왕 고교를 무대로 한 스토리 모드도 플레이할 수 있다.

 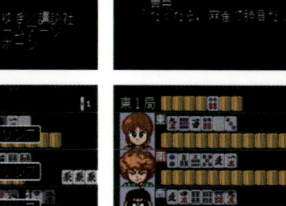
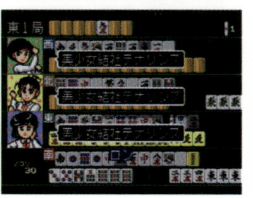

매지컬 햇의 날아라 터보! 대모험

●발매일 / 1990년 12월 15일
●가격 / 4,800엔
●퍼블리셔 / 세가

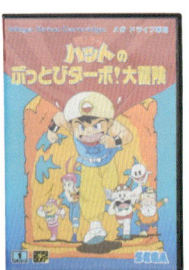

카타쿠라 요우지 원작의 만화와 애니메이션「매지컬 햇」을 횡스크롤 액션 게임화 한 것. 보스전이 구현되어 있을 뿐 아니라, 획득한 코인을 사용해서 스테이지 사이에 있는 미니 게임에 도전할 수 있다.

데인저러스 시드

●발매일 / 1990년 12월 18일
●가격 / 5,800엔
●퍼블리셔 / 남코

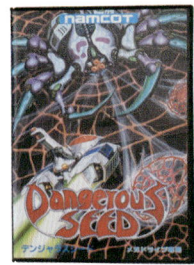
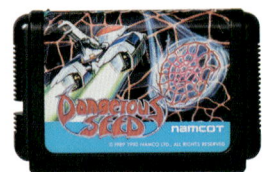

남코의 아케이드용 종스크롤 슈팅을 이식. 기체가 합체되는 것이 세일즈 포인트인 게임이었지만, 메가 드라이브판에서는 시스템이 어레인지 되었고, 난이도도 낮아졌다.

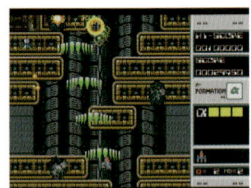

크랙 다운

●발매일 / 1990년 12월 20일
●가격 / 6,000엔
●퍼블리셔 / 세가

세가에서 개발한 아케이드용 게임에서 이식. 미로형 필드를 이동해서 지정 장소에 폭탄을 설치하는 것이 목표. 사격과 격투로 적을 공격하는데, 숨어서 피하는 것도 가능하다.

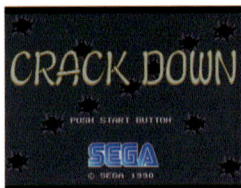

스타 크루저

●발매일 / 1990년 12월 21일
●가격 / 7,300엔
●퍼블리셔 / 메사이어

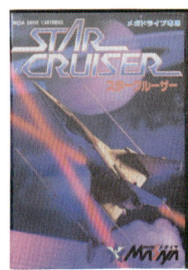

알시스 소프트웨어가 개발한 PC용 게임을 이식. 어드벤처 게임에 슈팅 게임이 융합되었다. 메가 드라이브판에서는 폴리곤을 이용한 3D 그래픽이 사용되었다.

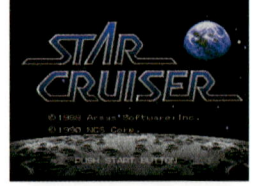

MEGA DRIVE 1990

하드 드라이빙

● 발매일 / 1990년 12월 21일
● 가격 / 5,900엔
● 퍼블리셔 / 텐겐

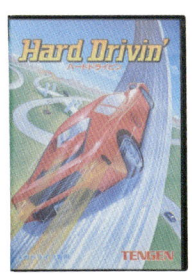

ATARI사가 개발한 3D 드라이브 시뮬레이터의 메가 드라이브판. 『스타 크루저』와 함께, 가정용 하드에서는 처음으로 폴리곤을 이용한 3D 그래픽을 채용했다.

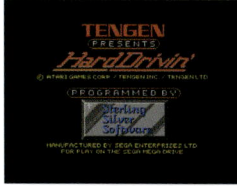

무자 알레스터

● 발매일 / 1990년 12월 21일
● 가격 / 6,800엔
● 퍼블리셔 / 토아 플랜

토아 플랜에서 발매했지만 개발은 컴파일이 담당한 메가 드라이브 오리지널 종스크롤 슈팅. 『알레스터』 시리즈의 첫 번째 작품이며, 일본풍에 기계 문명이 섞인 독특한 세계관이 특징이다.

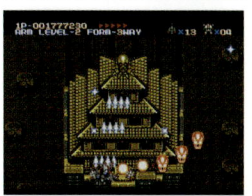

원더보이 III 몬스터 레어

● 발매일 / 1990년 12월 22일
● 가격 / 6,000엔
● 퍼블리셔 / 세가

웨스턴에서 개발한 『원더보이』 시리즈의 3번째 작품이며, 아케이드에서의 이식작. 횡스크롤 액션과 슈팅 게임이 혼재된 스테이지가 특징이다.

가이아레스

● 발매일 / 1990년 12월 26일
● 가격 / 8,400엔
● 퍼블리셔 / 일본 텔레넷

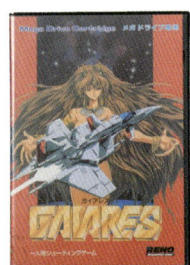
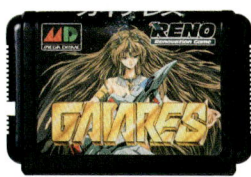

일본 텔레넷에서 발매된 메가 드라이브 오리지널 슈팅. 거대한 적의 보스가 몇 체나 등장하는 등, 화려함이 특징으로 비주얼 장면도 충실하다.

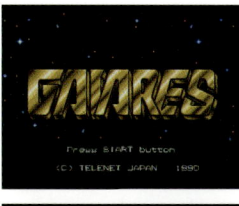

MEGA DRIVE 1990

헤비 유닛 메가 드라이브 스페셜

- 발매일 / 1990년 12월 26일
- 가격 / 6,500엔
- 퍼블리셔 / 토호

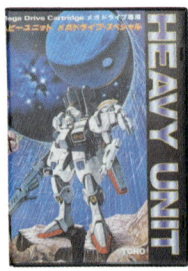

카네코 제작소가 개발한 아케이드용 슈팅 게임을 이식. 기체는 아이템을 이용해서 전투기 형태와 로봇 형태로 변신할 수 있고, 서브 웨폰의 성능이 각각 다르다.

CSD-GM1

메이커 / 아이와
발매일 / 1994년　가격 / 45,000엔

TV와 접속해서 메가 드라이브 & 메가-CD를 플레이할 수 있는 이색적인 라디오 카세트. 덧붙여서 부속 패드도 본체와 같이 연한 보라색으로 되어 있다.

분리식 채용으로 (하부를 떼어낼 수 있다.) 메가 드라이브와 메가-CD 양쪽에 대응한다.

메가 드라이브 전문지

메가 드라이브 최초의 전문지로 1989년에 창간한 『BEEP! 메가 드라이브』(SB 크리에이티브)는 계간지로 시작해서 1990년 5월호부터 월간으로 변경. 한편 본 잡지가 간행된 직후에 『메가 드라이브 FAN』(도쿠마 서점) 창간. 양대 전문지는 매호 발간될 때마다 농후한 기사가 가득해서 읽는 재미가 쏠쏠했다. 실제 매출도 PC엔진 전문지보다 좋았다는 이야기가 있다. 역시 메가 드라이브의 팬심은 열기가 남다르다.

1990년 5월호부터 월간화 된 『BEEP! 메가 드라이브』 (상기) 이외에도 『메가 드라이브 FAN』이 정기 간행되면서 격전을 벌였다.

SG-1000 소개 Part1

Part2는 P79/Part3는 P121

아케이드 전문 개발사였던 세가가 가정용 게임기 시장에 처음 참가한 기념비적인 머신. 자사의 SC-3000(P79 참조)에서 키보드 등을 떼어내서 보다 게임에 특화시켰고, 가격도 패미컴과 비슷한 정도로 낮췄다. 세가의 강점인 아케이드용 작품의 이식을 다수 실현시키면서 인기를 얻었고, 첫해에 16만 대를 판매하는 등 좋은 성과를 기록. 본 기기의 히트로 손맛을 본 세가는 이후에 아케이드뿐 아니라 가정용 게임기 시장에도 힘을 쏟게 되었다.

SG-1000

메이커 / 세가 엔터 프라이제스
발매일 / 1983년 가격 / 15,000엔

기본 스펙

CPU / Z-80A
메모리 / RAM 8Kbit, VRAM 16Kbit
그래픽 / 15색 + 1색 발색 가능
　　　　(컬러 믹싱 210색)
사운드 / PSG음원 3음 + 노이즈 1음

위는 SG-1000의
초기형으로 박스와 더불어
본체의 로고 색깔 등이 다르다.

게인 그라운드

- 발매일 / 1991년 1월 3일 ●가격 / 6,000엔
- 퍼블리셔 / 세가

세가에서 개발한 아케이드용 게임을 이식. 장르는 고정화면 슈팅 게임이다. 필드 위에 표시된, 붙잡힌 캐릭터를 구출해서 출구까지 옮기면 캐릭터가 증가한다. 최종적으로 모든 캐릭터가 탈출하거나 적을 전멸시키면 스테이지가 클리어 된다. 등장 캐릭터는 20명에 달하고, 공격 방법이 각각 다르기 때문에 어떤 캐릭터를 어떤 스테이지에서 사용할지 등의 전략도 중요. 메가 드라이브판에서는 10개의 스테이지가 추가되었으며, 처음부터 모든 캐릭터를 보유하고 시작하는 HARD 모드를 즐기는 것도 가능하다.

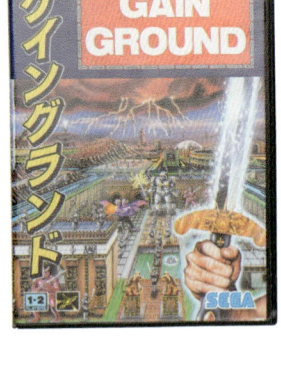

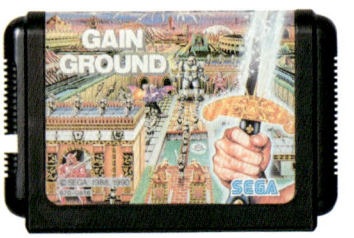

지노그

- 발매일 / 1991년 1월 25일 ●가격 / 6,500엔
- 퍼블리셔 / 메사이어

메사이어에서 발매된 메가 드라이브 오리지널 횡스크롤 슈팅. 위력, 탄수가 5단계로 파워업 하는 메인 샷 이외에, 같은 아이템을 얻으면 3단계로 파워업 하는 마법을 사용할 수 있다. 유사 화면 회전과 다중 스크롤 등, 고도의 기술이 사용된 그래픽은 아름다우면서도 신비하다. 거대한 보스 캐릭터는 매우 독특한 형태인데, 그중에는 꽤 위험한 형상도 있다. 이들의 독특한 센스는 이후 동사의 『초형귀』 시리즈로 이어졌다.

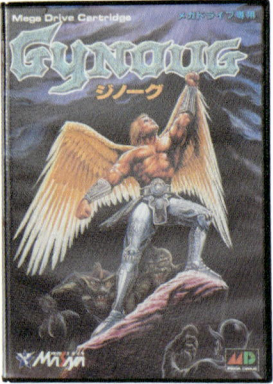

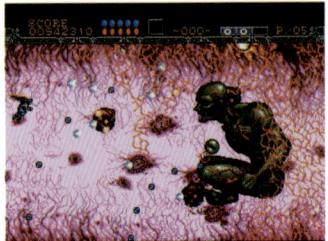

레슬볼

● 발매일 / 1991년 2월 8일 ● 가격 / 5,800엔
● 퍼블리셔 / 남코

남코가 발매한 메가 드라이브 오리지널 스포츠 게임. 미래를 무대로 한 가상의 스포츠가 소재인데, 럭비와 축구를 합쳐서 더 폭력적으로 만든 것 같은 규칙이 있다. 하나의 공을 서로 빼앗으며 골에 있는 보드에 공을 맞히거나, 볼을 가진 채로 골에 들어가면 점수를 얻을 수 있다. 온갖 폭력 행위가 허용되고, 버튼을 길게 누르면 회전 래리어트와 크로스 촙 등의 큰 기술로 공격할 수 있다. 키퍼를 다운시켜서 느긋하게 골을 넣는 등의 전법도 구사할 수 있다.

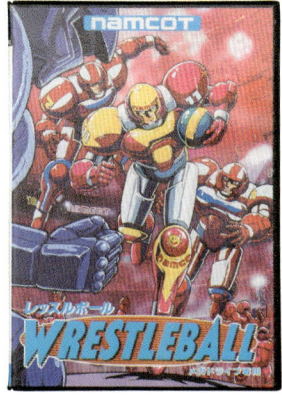
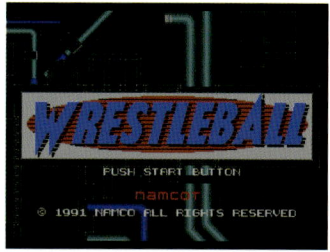

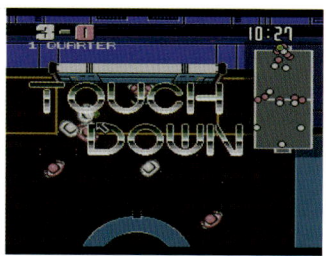

샤이닝 & 더 다크니스

● 발매일 / 1991년 3월 29일 ● 가격 / 8,700엔
● 퍼블리셔 / 세가

클라이맥스가 개발한 『샤이닝』 시리즈의 첫 번째 작품으로, 3D 던전 RPG이다. 커맨드 입력이 모두 아이콘 방식으로 되어 있는 등, 종래의 RPG와 차별화를 시도했다. 또한, 수많은 장면에 애니메이션이 들어가 있고, 주점에서 말을 건 캐릭터가 뒤돌아보거나 적이 움직이면서 나타나는 등의 연출에 힘을 쏟았다. 게임 구성은 고전 방식을 벗어나지 못했으나, 이러한 요소에 의해 주목을 받았고 이후 『샤이닝』 시리즈가 계속될 수 있었다.

MEGA DRIVE 1991

랑그릿사

- 발매일 / 1991년 4월 26일 ●가격 / 7,300엔
- 퍼블리셔 / 메사이어

메사이어가 개발한 시뮬레이션 RPG 시리즈의 첫 번째 작품. 지휘관 유닛은 최대 10기까지 용병 유닛을 이끌고, 지휘 범위에 있는 용병의 능력치를 상승시킬 수 있다. 게임은 턴 방식인데, 적과 인접한 유닛은 공격을 당하고 결과는 애니메이션으로 표시된다. 스테이지 클리어 방식이면서 경험치에 의한 지휘관 유닛 육성 요소가 포함된다. 또한 스테이지 사이에 시나리오가 진행되어 하나의 장대한 이야기를 이루고, 우루시하라 사토시 씨가 그린 캐릭터도 인기가 높다.

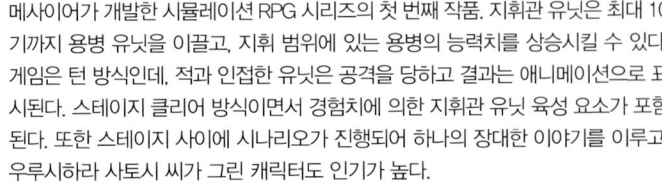

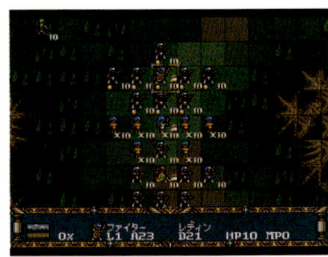

어드밴스드 대전략 독일 전격작전

- 발매일 / 1991년 6월 17일 ●가격 / 8,700엔
- 퍼블리셔 / 세가

시스템 소프트의 『대전략』 시리즈의 뼈대를 바탕으로 세가가 개발한 턴 방식 시뮬레이션 게임. 제2차 세계대전 시대를 무대로 하며, 캠페인 모드에서는 독일군을 이끌고 다수의 전장에 도전한다. 캠페인 모드는 꽤 길지만 일부 루트 이외에서는 아무리 승리해도 전황을 뒤집을 수 없다. 유닛은 계속 사용할 수 있어서 경험치와 시기에 따라 진화와 개량이 가능하다. 맵 상에 유닛 수가 상당히 많기 때문에 CPU가 생각하는 시간이 매우 긴 것으로도 유명하다.

소닉 · 더 · 헤지혹

- 발매일 / 1991년 7월 26일 ● 가격 / 6,000엔
- 퍼블리셔 / 세가

패미컴 최대의 히트작인 『슈퍼 마리오 브라더스』를 뛰어넘기 위해 개발된 의욕이 담긴 작품. 주인공은 속도를 타면 둥글게 변형되고, 점프 중에는 잡다한 적들에게 무적이다. 링을 1개라도 들고 있으면 실수를 해도 링만 흩뿌려질 뿐, 플레이어의 상쾌함을 방해하지 않으려는 구성이 인기를 모았다. 결과적으로 본 작품은 메가 드라이브 최대의 히트작이 되어 북미 시장에서 크게 약진하는 계기가 되었다. 또한 오랫동안 세가의 마스코트 캐릭터이자 대표작으로 자리 잡았다.

아웃런

- 발매일 / 1991년 8월 9일 ● 가격 / 7,000엔
- 퍼블리셔 / 세가

『애프터 버너Ⅱ』나 『슈퍼 모나코 GP』와 같은 세가의 체감형 게임보다 늦게 이식되었지만 기다림에 지쳐 있던 팬을 납득시킬 만한 게임이 되었다. 하드의 성능 상, 완전한 이식은 힘들었고 컨트롤러도 디지털 방식이었지만 오리지널의 분위기는 충분히 재현되었다. 특히 BGM에 관한 평가가 높았고, FM 음원을 사용한 사운드는 매우 아름답다. 또한 메가 드라이브판에는 오리지널 BGM이 1곡 추가되었는데, 이 곡은 본 작품에서만 들을 수 있다.

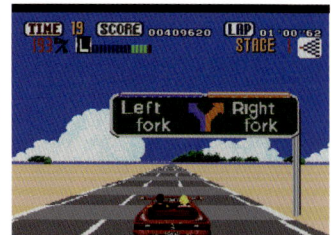
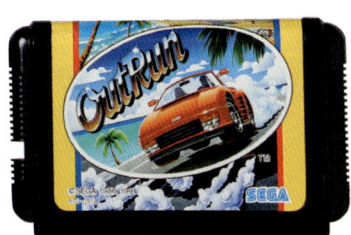

렌타 히어로

●발매일 / 1991년 9월 20일 ●가격 / 8,700엔
●퍼블리셔 / 세가

세가에서 발매된 메가 드라이브 오리지널 액션 RPG. 코믹한 분위기로 시작하는 초반부터 심각한 장면이 늘어나는 종반까지, 게임은 시나리오에 따라 진행된다. 주인공은 거리를 자유롭게 이동해서 미션을 수행하고 보수를 얻는다. 그 자금으로 렌탈하고 있는 컴뱃 아머 요금을 내고, 아이템 구입과 파워업 연구비도 충당한다. 전투는 사이드뷰 화면에서 이루어지며, 처음에는 펀치와 킥을 이용한 공격만 가능한데, 파워업 후에는 각종 필살기를 쓸 수 있다.

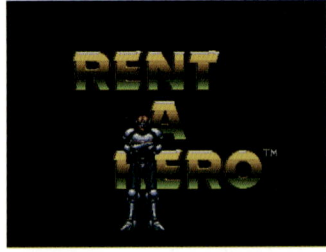

볼피드

●발매일 / 1991년 1월 25일
●가격 / 4,900엔
●퍼블리셔 / 타이토

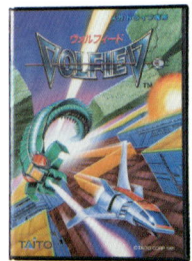

타이토에서 개발한 아케이드용 게임에서 이식했으며 장르는 진형(陳形) 퍼즐이다. 기체를 조작함으로써 진지를 선으로 둘러싸게 되는데, 정해진 퍼센트 이상을 둘러싸면 스테이지가 클리어 된다.

에어로 블래스터즈

●발매일 / 1991년 1월 31일
●가격 / 6,000엔
●퍼블리셔 / 카네코

카네코에서 개발한 아케이드용 슈팅 『에어 버스터』의 이식판. 10단계까지 파워업 하는 메인 샷과 7종류의 서브 웨폰을 장비할 수 있다. 변화가 가득한 스테이지 구성은 호평을 받았다.

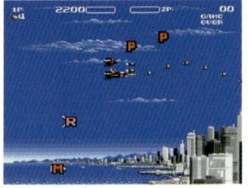
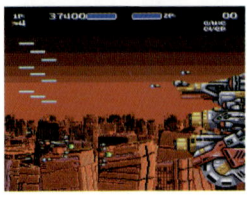

슈퍼 발리볼

●발매일 / 1991년 2월 1일
●가격 / 5,800엔
●퍼블리셔 / 비디오 시스템

비디오 시스템에서 개발한 발리볼 게임으로, 아케이드판에서 이식. 메가 드라이브판에서는 오리지널 팀을 만들어서 세계 각국의 내셔널 팀과 경쟁할 수 있다.

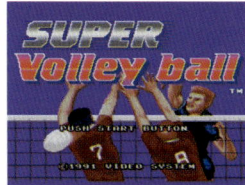

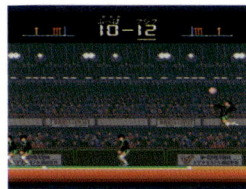
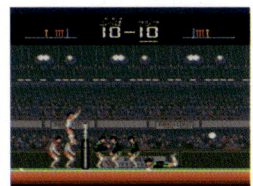

배틀 골퍼 유이

●발매일 / 1991년 2월 15일
●가격 / 6,000엔
●퍼블리셔 / 세가

패러디가 가득한 골프 게임. 멀티 플레이를 이용한 대전 형식으로 진행되고, 도중에 커맨드 선택 방식으로 어드벤처 파트에 들어간다. 코스의 형태가 매우 독특하고 필살 샷도 사용할 수 있다.

구극 타이거

●발매일 / 1991년 2월 22일
●가격 / 7,500엔
●퍼블리셔 / 토레코

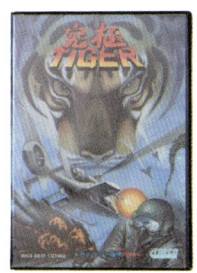

토아 플랜에서 개발한 종스크롤 슈팅을 이식. 많은 하드에 이식된 인기 게임이지만 메가 드라이브판은 이식도가 애매해서 평가는 별로 높지 않다.

시저의 야망

●발매일 / 1991년 2월 24일
●가격 / 8,800엔
●퍼블리셔 / 마이크로넷

마이크로넷에서 개발한 리얼 타임 시뮬레이션. 휘하 부대에 이동 등의 지시를 내리고, 적과 접촉하면 전투가 벌어진다. 고대가 무대인 시뮬레이션은 비교적 드물어서, 속편도 발매되었다.

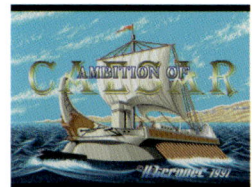

죠 몬타나 풋볼

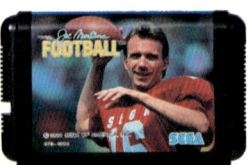

●발매일 / 1991년 3월 1일
●가격 / 6,000엔
●퍼블리셔 / 세가

샌프란시스코 449ers의 전설적 쿼터백이었던 죠 몬타나의 이름을 내건 미식축구 게임. 일본에서는 마이너한 게임이었지만 북미에서는 100만 개 이상이 판매되었다.

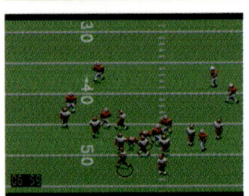
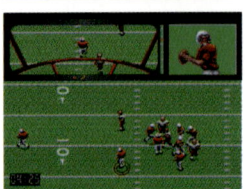

딕 트레이시

●발매일 / 1991년 3월 1일
●가격 / 6,000엔
●퍼블리셔 / 세가

체스터 굴드의 만화와 애니메이션을 원작으로 한 횡스크롤 액션 슈팅. 전방과 구석 라인에 적이 출현하는데 전자는 권총과 펀치로, 후자는 머신 건으로 공격한다.

바하무트 전기

●발매일 / 1991년 3월 8일
●가격 / 6,800엔
●퍼블리셔 / 세가

세가에서 개발한 판타지 시뮬레이션. 게임 시스템을 디테일하게 설정할 수 있고, 적과의 전투는 액션, 커맨드 선택 방식인 RPG풍, HEX전으로 변경 가능하다. 진 엔딩의 분량이 길어서 화제가 되었다.

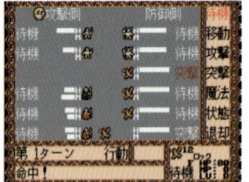

신비한 바다의 나디아

●발매일 / 1991년 3월 19일
●가격 / 6,500엔
●퍼블리셔 / 남코

동명의 애니메이션을 원작으로 한 남코 개발의 어드벤처 게임. RPG처럼 맵 위를 이동해서 게임을 진행해 나간다. 시나리오의 큰 줄기는 원작을 따르고 있어서 팬들의 인기가 높은 작품이다.

바리스 III

- 발매일 / 1991년 3월 22일
- 가격 / 8,400엔
- 퍼블리셔 / 일본 텔레넷

(일본) 텔레넷의 인기 액션 게임 시리즈 제3탄. 비키니 아머를 입은 미소녀 「아소 유코」가 주인공이다. 메가 드라이브판은 CD-ROM으로 발매된 PC 엔진판을 이식했다.

마물헌터 요코 제7의 경종

- 발매일 / 1991년 3월 22일
- 가격 / 6,500엔
- 퍼블리셔 / 메사이어

차이나 드레스를 입은 미소녀가 싸우는 횡스크롤 액션으로 만화와 애니메이션이 원작이다. 공격은 검으로 하지만, 버튼을 길게 누르면 배리어가 발생하고 이것을 날려서 공격할 수도 있다.

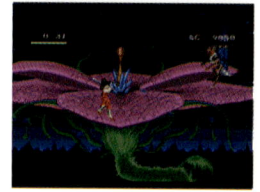

슈퍼 에어 울프

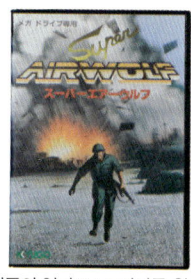

- 발매일 / 1991년 3월 29일
- 가격 / 6,800엔
- 퍼블리셔 / 큐고 무역

미국의 인기 TV 드라마를 원작으로 한 슈팅 게임. 전투 헬기에 타서 싸우는 스테이지와 적지에 침투해서 맨몸으로 싸우는 스테이지가 있고, 보수로 얻은 자금으로 무장을 늘릴 수 있다.

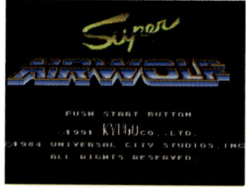

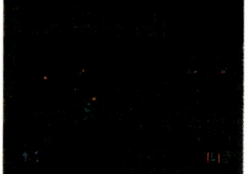

미드나이트 레지스탕스

- 발매일 / 1991년 3월 29일
- 가격 / 7,800엔
- 퍼블리셔 / 데이터 이스트

데이터 이스트에서 개발한 아케이드용 게임의 이식판. 오리지널에서는 루프 레버가 채용되었지만 메가 드라이브판에서는 일반 컨트롤러로 조작하게 되었다.

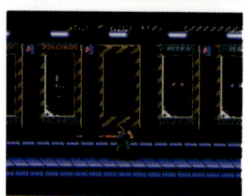

참 야차원무곡

●발매일 / 1991년 3월 29일
●가격 / 8,500엔
●퍼블리셔 / 울프팀

울프팀에서 개발한 역사 시뮬레이션 게임이지만 마궁, 야차 같은 진영으로 나뉜 가상의 일본이 무대이다. 내정을 삭제한 전투 중심의 게임성에서 취향이 갈린다.

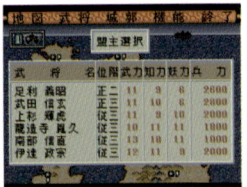

작정물어

●발매일 / 1991년 3월 29일
●가격 / 8,400엔
●퍼블리셔 / 일본 텔레넷

일본 텔레넷에서 발매된 마작 게임. '쌓아 넣기' 등의 기술이 가능한 2인 마작으로, 주인공인 탐정은 여자 아이들을 상대로 탐문을 한다. 아쉽게도 탈의 요소는 존재하지 않는다.

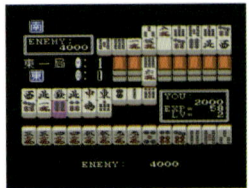

베리텍스

●발매일 / 1991년 4월 5일
●가격 / 6,800엔
●퍼블리셔 / 아스믹

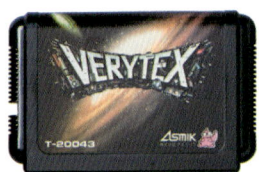

아스믹에서 개발한 메가 드라이브 오리지널 종스크롤 슈팅 게임. 가정용 게임답게 가로로 긴 화면이 특징이지만, 크게 눈에 띄지 않는 타이틀. 호화 멤버가 만들어낸 BGM은 높은 평가를 받았다.

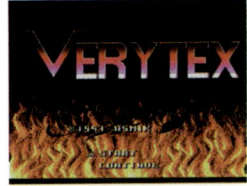

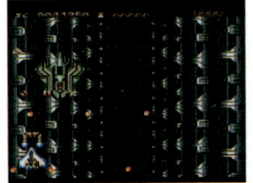

와드너의 숲 SPECIAL

●발매일 / 1991년 4월 26일
●가격 / 6,300엔
●퍼블리셔 / 비스코

토아 플랜에서 개발한 아케이드용 횡스크롤 액션 게임을 이식. 조작은 8방향 레버와 샷과 점프 버튼으로 한다. 적을 쓰러뜨리고 얻는 골드를 사용해서 상점에서 쇼핑도 가능하다.

MEGA DRIVE 1991

화격

- 발매일 / 1991년 4월 26일
- 가격 / 7,700엔
- 퍼블리셔 / 핫 비

카네코가 개발한 아케이드용 액션 게임의 메가 드라이브판. 강해 보이는 적 캐릭터와 2종류의 펀치로 싸운다. 필드는 넓은 편이고, 패배한 상대는 맨홀에 버려진다.

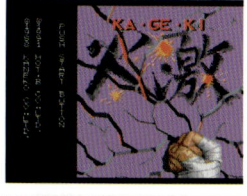
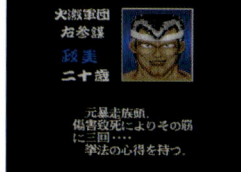
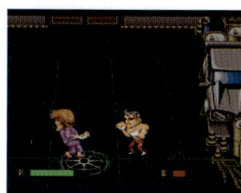

자금성

- 발매일 / 1991년 4월 27일
- 가격 / 6,500엔
- 퍼블리셔 / 선 소프트

다양한 하드에 이식되어 있는 퍼즐 게임. 같은 종류의 패를 접촉시켜 소거하면서, 골에 도달하면 스테이지 클리어가 된다. 메가 드라이브판에는 200스테이지가 수록되어 있다.

삼국지열전 난세의 영웅들

- 발매일 / 1991년 4월 29일
- 가격 / 8,700엔
- 퍼블리셔 / 세가

세가가 개발한 역사 시뮬레이션 게임으로, 삼국지가 모티브이다. 내정, 외교, 군사 커맨드로 나라를 부강하게 하고 적국의 영지를 빼앗아 간다. 일기토는 수동과 자동 선택 가능.

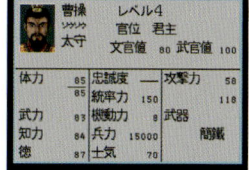

보난자 브라더스

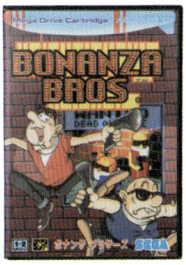

- 발매일 / 1991년 5월 17일
- 가격 / 6,000엔
- 퍼블리셔 / 세가

세가의 아케이드용 액션 게임을 이식. 미션 클리어 형식으로 목적지에 침입해 보물을 훔쳐서 탈출하면 스테이지가 클리어 된다. 유머러스한 캐릭터와 코믹한 분위기가 유쾌한 게임이다.

MEGA DRIVE 1991

제로 윙

- 발매일 / 1991년 5월 31일
- 가격 / 8,000엔
- 퍼블리셔 / 토아 플랜

오리지널은 아케이드판이며 토아 플랜에서 개발. 프리조나 빔으로 적기를 붙잡아서 배리어로 사용하거나 날려서 공격할 수도 있다. 본 작품에 등장하는 이상한 영문은 해외에서도 화제가 되었다.

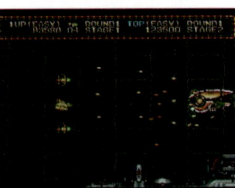

파이어 무스탕

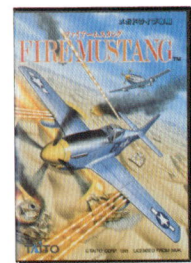

- 발매일 / 1991년 5월 31일
- 가격 / 6,800엔
- 퍼블리셔 / 타이토

NMK가 개발한 아케이드용 슈팅 『USAAF 무스탕』을 이식. 제2차 세계대전에서 유명세를 얻은 무스탕이 플레이어의 기체이며, 소위 폭탄 같은 무기인 포서를 사용할 수 있다.

아쿠스 오딧세이

- 발매일 / 1991년 6월 14일
- 가격 / 8,500엔
- 퍼블리셔 / 울프팀

울프팀이 개발한 액션 RPG로 『아쿠스』 시리즈의 외전적 존재이다. 능력이 다른 4명의 캐릭터 중에서 주인공을 고르고, 2인 동시 플레이도 가능하게 되어 있다.

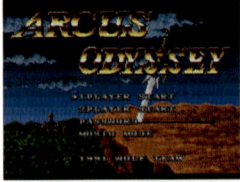

블루 알마낙

- 발매일 / 1991년 6월 22일
- 가격 / 8,700엔
- 퍼블리셔 / 코단샤 총연

코단샤 총연과 핫 비에서 공동 개발한 RPG. SF로 만들어진 스토리와 전투 장면에서의 거대한 캐릭터가 특징이지만 게임 밸런스가 좋지 않아서 플레이어의 평가는 낮다.

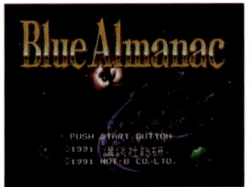

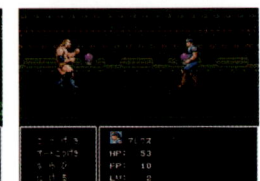

썬더 폭스

●발매일 / 1991년 6월 26일
●가격 / 8,500엔
●퍼블리셔 / 타이토

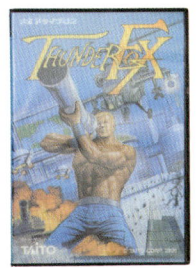

오리지널은 타이토가 개발한 액션 & 슈팅 게임이며, 메가 드라이브판은 슈팅 게임 요소가 삭제되어 있다. 펀치를 이용한 공격과 특수 무기를 사용해서 적을 쓰러뜨리며 나아간다.

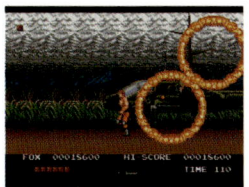

에일리언 스톰

●발매일 / 1991년 6월 28일
●가격 / 6,000엔
●퍼블리셔 / 세가

세가에서 개발한 아케이드용 벨트 스크롤 액션을 이식. 적은 무시무시한 에일리언이며, 3D 슈팅과 고속 횡스크롤 슈팅 스테이지도 있어서 변화가 매우 풍부하다.

세인트 소드

●발매일 / 1991년 6월 28일
●가격 / 6,800엔
●퍼블리셔 / 타이토

타이토에서 개발한 메가 드라이브용 사이드뷰 액션. 약간 큰 캐릭터가 특징이며, 주인공은 켄타우로스, 천사, 인어로 변신할 수 있고 이들의 능력을 활용해서 나아간다.

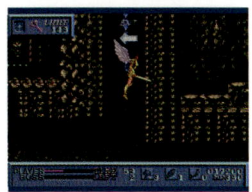

패스테스트 원

●발매일 / 1991년 6월 28일
●가격 / 7,500엔
●퍼블리셔 / 휴먼

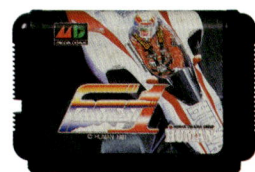

PC엔진으로 개발되었던 『F-1 트리플 배틀』의 이식판이지만, 메가 드라이브판은 3명 동시 플레이가 불가능하다. 풍부한 코스에 머신 세팅도 있어서 오랫동안 즐길 수 있는 게임이었다.

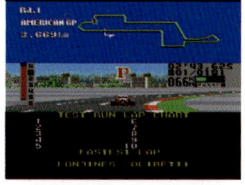

마벨 랜드

●발매일 / 1991년 6월 28일
●가격 / 7,000엔
●퍼블리셔 / 남코

오리지널은 남코에서 개발한 아케이드용 횡스크롤 액션. 유원지가 무대이며, 다양한 특수장치가 준비되어 있다. 귀여운 캐릭터와는 다르게 난이도는 높은 편이다.

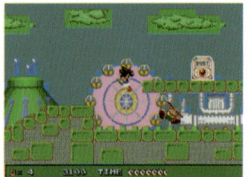
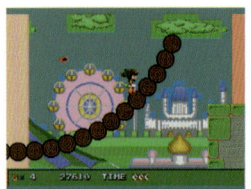

레슬 워

●발매일 / 1991년 6월 28일
●가격 / 6,000엔
●퍼블리셔 / 세가

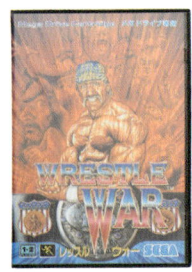

세가에서 개발한 아케이드용 프로레슬링 게임을 이식. 큰 캐릭터가 특징이지만, 기술을 걸기 위해 버튼을 연타해야 되는 등 시스템이 전시대적이고 캐릭터가 고정인 점이 마이너스 요소로 작용했다.

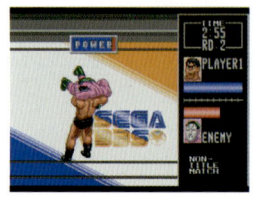

라이덴 전설

●발매일 / 1991년 7월 6일
●가격 / 8,800엔
●퍼블리셔 / 마이크로넷

세이브 개발의 아케이드용 종스크롤 슈팅 「라이덴」이 원작으로, 가정용 하드에 최초로 이식된 것이 메가 드라이브판이다. 난이도가 하향되어서 플레이어에게 약간 부족하게 느껴질 수도 있다.

구계 도중기

●발매일 / 1991년 7월 12일
●가격 / 6,000엔
●퍼블리셔 / 남코

아케이드 게임에서 이식한 것으로, 「요괴 도중기」의 타로스케를 캐릭터로 사용한 야구 게임. 메이저리그의 26구단을 모방한 팀이 존재하는 등, 팀의 수가 매우 많은 게임이다.

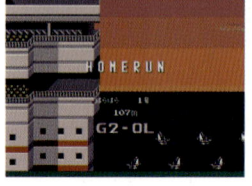
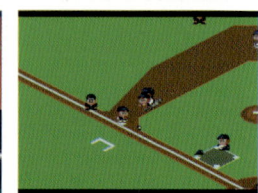

스트리트 스마트

- ●발매일 / 1991년 7월 19일
- ●가격 / 6,800엔
- ●퍼블리셔 / 토레코

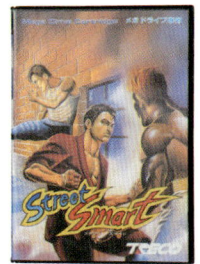

SNK가 개발한 격투 게임이며, 오리지널은 아케이드판이다. 점프, 펀치, 킥을 조합해서 기술을 사용한다. 『스트리트 파이터Ⅱ』 발매 전의 작품이다 보니, 게임성이 약간 심심하다 할 수 있다.

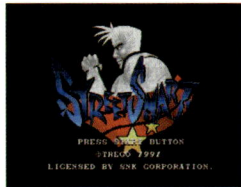

마스터 오브 몬스터즈

- ●발매일 / 1991년 7월 26일
- ●가격 / 7,800엔
- ●퍼블리셔 / 도시바 EMI

시스템 소프트의 PC용 시뮬레이션 게임을 이식. 캠페인 모드에서는 부하 몬스터를 진화시켜 다음 맵으로 데려갈 수 있다. 스기야마 코이치 씨가 관여한 BGM은 높은 평가를 받았다.

베어너클 분노의 철권

- ●발매일 / 1991년 8월 2일
- ●가격 / 6,000엔
- ●퍼블리셔 / 세가

세가에서 개발한 메가 드라이브 오리지널 벨트 스크롤 액션. 타격 기술과 던지기로 수많은 적을 쓰러뜨리며 나아간다. 평판은 꽤 좋은 편이고, 속편이 만들어짐으로써 시리즈화 되었다.

공아

- ●발매일 / 1991년 8월 2일
- ●가격 / 8,400엔
- ●퍼블리셔 / 일본 텔레넷

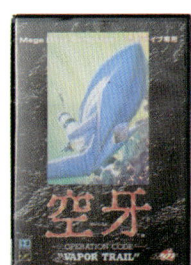

데이터 이스트가 개발한 종스크롤 슈팅을 이식. 게이지가 가득 찼을 때 배럴 롤을 쓸 수 있는데, 이를 쓰면 수 초간 무적이 된다. 메가 드라이브 판은 유일한 이식작으로 높은 평가를 받았다.

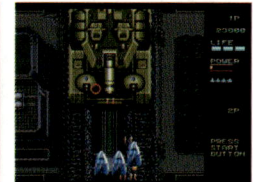
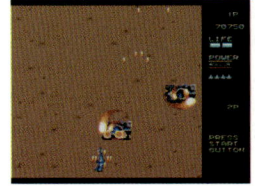

MEGA DRIVE 1991

초투룡열전 디노 랜드

●발매일 / 1991년 8월 2일
●가격 / 6,800엔
●퍼블리셔 / 울프팀

공룡을 모티브로 한 핀볼 게임으로 울프팀이 개발했다. 메가 드라이브로서는 이 장르의 게임이 처음이지만, 큰 주목을 받지 못하고 마이너 게임화 되었다.

메가 트랙스

●발매일 / 1991년 8월 6일
●가격 / 6,000엔
●퍼블리셔 / 남코

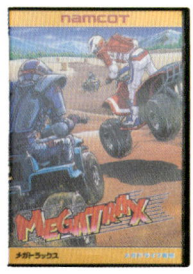

남코의 통신 대전형 버기 레이스 게임을 이식. 오리지널인 아케이드판은 최대 8명까지 대전할 수 있었지만, 메가 드라이브판은 2명까지 가능. 그래픽의 질도 낮아서 완성도는 좋지 않았다.

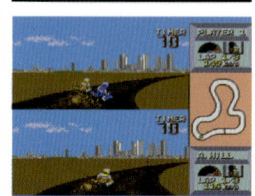

파퓰러스

●발매일 / 1991년 8월 9일
●가격 / 6,000엔
●퍼블리셔 / 세가

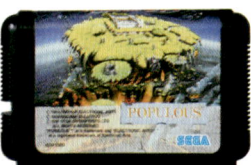

불 프로그사가 개발한 시뮬레이션 게임으로, 신의 시점이어서 갓 게임이라고도 불린다. 토지를 경작해서 마나를 모으고, 다양한 기적을 일으켜 적의 진영을 방해한다.

주얼 마스터

●발매일 / 1991년 8월 30일
●가격 / 6,000엔
●퍼블리셔 / 세가

메가 드라이브 오리지널 횡스크롤 액션. 속성을 가진 반지를 적에게 입수하고, 그것을 조합해서 다양한 공격을 할 수 있다. 반지를 구분해서 사용하는 것이 중요한 게임이다.

MEGA DRIVE 1991

프로 야구 슈퍼 리그 '91

● 발매일 / 1991년 8월 30일
● 가격 / 6,800엔
● 퍼블리셔 / 세가

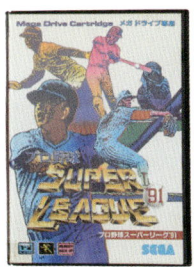

1989년에 발매된 『슈퍼 리그』의 속편에 해당하는 야구 게임. NPB의 허가를 받아서 선수의 이름이 실명으로 되어 있다. 조작 방법 등은 상당히 전통적이다.

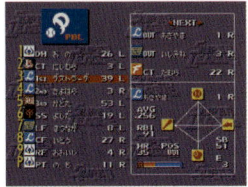

갤럭시 포스 II

● 발매일 / 1991년 9월 13일
● 가격 / 8,400엔
● 퍼블리셔 / CRI

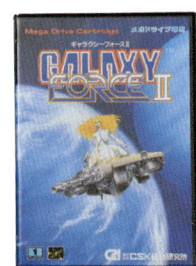
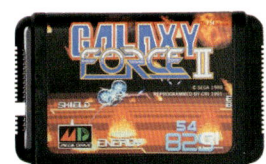

세가의 체감형 슈팅 게임을 이식. 유사 3D 백뷰 스크롤 게임이며, 그래픽이 매우 아름답다. 시스템은 에너지 방식이며, 시간과 피탄에 의해 줄어든다.

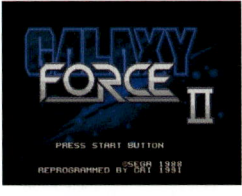

엘 비엔토

● 발매일 / 1991년 9월 20일
● 가격 / 8,500엔
● 퍼블리셔 / 울프팀

울프팀에서 개발한 메가 드라이브용 횡스크롤 액션 게임. 공격은 부메랑과 마법으로 하는데, 게임을 진행하면서 마법을 배워 나간다. 후에 『어네스트 에반스』 시리즈로 발전했다.

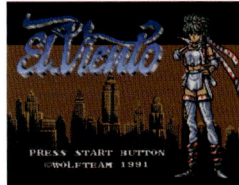

마스터 오프 웨폰

● 발매일 / 1991년 9월 27일
● 가격 / 6,800엔
● 퍼블리셔 / 타이토

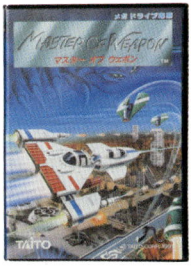

타이토가 개발한 아케이드용 종스크롤 슈팅 게임의 이식판. 당시로서는 드물게 대공, 대지를 구분한 공격을 채용했다. 그러나 플레이어의 평가는 좋지 않다.

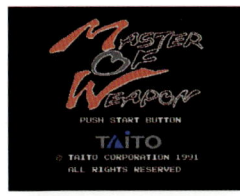

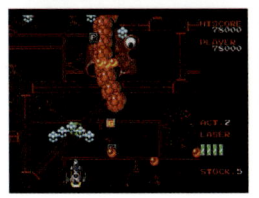

전장의 이리 II

●발매일 / 1991년 9월 27일
●가격 / 7,000엔
●퍼블리셔 / 세가

캡콤이 개발한 액션 슈팅 『전장의 이리』 속편으로 아케이드판에서 이식. 메가 드라이브판에는 5명의 캐릭터를 사용할 수 있는 오리지널 모드가 추가되었다.

우주전함 고모라

●발매일 / 1991년 9월 30일
●가격 / 7,500엔
●퍼블리셔 / UPL

UPL이 개발한 횡스크롤 슈팅을 이식. 플레이어의 기체가 파워업 하면 거대화 되고 공격은 강력해지지만 피격 판정도 커진다. 조준 버튼으로 적을 조준 사격할 때는 기체의 이동이 불가능하다.

데빌 크래쉬 MD

●발매일 / 1991년 10월 10일
●가격 / 6,800엔
●퍼블리셔 / 테크노 소프트

PC엔진으로 발매되었던 비디오 핀볼을 이식. 다수의 생물이 꿈틀거리는 기분 나쁜 필드가 특징이고, 다양한 특수장치와 특색으로 질릴 틈이 없는 구성을 보여주었다.

소드 오브 소단

●발매일 / 1991년 10월 11일
●가격 / 6,000엔
●퍼블리셔 / 세가

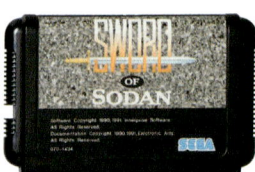

해외 제품인 Amiga용 게임을 이식. 메가 드라이브 게임 중 제일의 문제작으로 알려졌는데, 역으로 이런 이유 때문에 컬트적인 인기를 얻게 되었다.

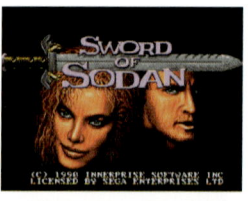

스파이더맨

●발매일 / 1991년 10월 18일
●가격 / 6,000엔
●퍼블리셔 / 세가

미국 만화 중에서도 톱 클래스로 유명한 캐릭터「스파이더맨」을 주인공으로 한 액션 게임. 스파이더 웨이브를 이용한 와이어 액션과 벽 타기 등, 원작의 특징을 잘 살렸다.

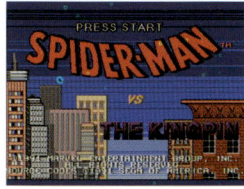

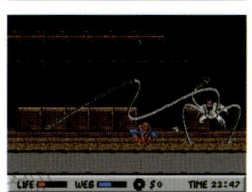

원더보이Ⅴ 몬스터 월드Ⅲ

●발매일 / 1991년 10월 25일
●가격 / 7,000엔
●퍼블리셔 / 세가

『원더보이』 시리즈 중에서도 『슈퍼 원더보이 몬스터 월드』의 직계라고 할 수 있는 작품. 메가 드라이브 오리지널로, 사이드뷰 액션 RPG 게임이다.

마왕 연사자

●발매일 / 1991년 10월 25일
●가격 / 6,800엔
●퍼블리셔 / 타이토

신비한 일본풍 세계관을 전면에 내세운 벨트 스크롤 액션. 바카게(병맛 게임)로 유명하지만 게임 내용은 충실하다. 케이스와 설명서가 있는 상태라면 프리미엄 가격으로 거래된다.

장기의 별

●발매일 / 1991년 10월 31일
●가격 / 6,700엔
●퍼블리셔 / 홈 데이터

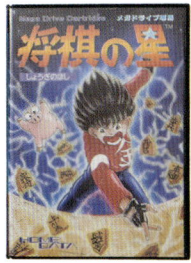

메가 드라이브의 유일한 장기 게임. 어드벤처 모드는 패러디 캐릭터가 등장하는 등 코믹한 분위기이지만, 장기 부분은 진지하다. 난이도를 바꿀 수 있는 본 장기 모드도 플레이할 수 있다.

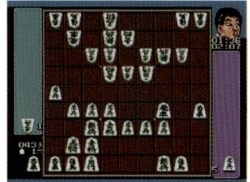

블럭 아웃

- ●발매일 / 1991년 11월 1일
- ●가격 / 6,000엔
- ●퍼블리셔 / 세가

「입체 테트리스」라고도 불리는 퍼즐 게임을 메가 드라이브에 이식. 화면의 구석 방향을 향해 낙하하는 블록을 횡과 종 방향으로 회전시키고 상하좌우로 이동해서 한 면을 채우면 소거된다.

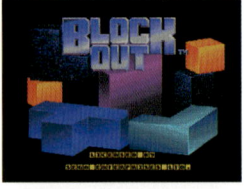
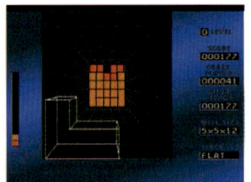
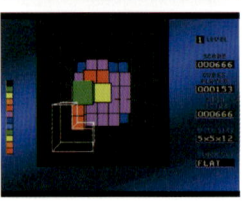
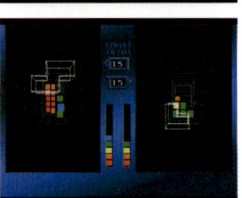

원더러즈 프롬 이스

- ●발매일 / 1991년 11월 1일
- ●가격 / 8,700엔
- ●퍼블리셔 / 일본 텔레넷

일본 팔콤이 개발한 「이스」시리즈의 3번째 작품에 해당한다. 붉은 머리의 검사 아돌의 모험을 그린 횡스크롤 액션 RPG이며, 메가 드라이브판은 X68000판에서 이식한 것이다.

드래곤즈 아이 플러스 상하이 III

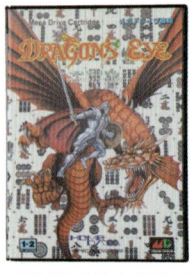

- ●발매일 / 1991년 11월 2일
- ●가격 / 5,800엔
- ●퍼블리셔 / 홈 데이터

1980년대부터 인기 있던 퍼즐 게임 『상하이』의 메가 드라이브판에 해당. 패를 마작패 이외의 것으로 바꿀 수 있다는 것 이외에 쌓는 방식의 종류도 많아서 오랫동안 즐길 수 있는 게임이다.

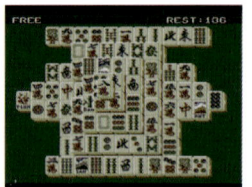

루나크

- ●발매일 / 1991년 11월 15일
- ●가격 / 6,800엔
- ●퍼블리셔 / 타이토

같은 해에 가동 중이던 타이토의 벨트 스크롤 액션 게임을 이식. 플레이어 캐릭터는 4명 중에서 고를 수 있는데 각각 성능이 다르다. 무기를 이용한 공격과 긴급 회피용 필살기 등은 당연히 존재했다.

MEGA DRIVE 1991

롤링 썬더 2

●발매일 / 1991년 11월 19일
●가격 / 7,000엔
●퍼블리셔 / 남코

남코의 액션 슈팅 게임 『롤링 썬더』의 속편이며, 오리지널은 아케이드판이다. 남녀 2명이 주인공인데 동시 플레이도 가능. 메가 드라이브판은 약간 난이도가 낮아졌다.

판타지아 미키마우스 매직

●발매일 / 1991년 11월 22일
●가격 / 4,800엔
●퍼블리셔 / 세가

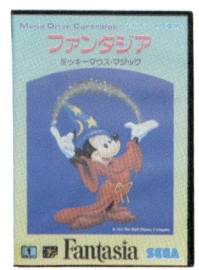

해외 개발사인 인포그램사가 만든 미키가 주인공인 횡스크롤 액션 게임. 스테이지를 클리어하기 위해서는 조건이 필요하고 난이도는 높은 편이다.

비스트 워리어즈

●발매일 / 1991년 11월 29일
●가격 / 8,400엔
●퍼블리셔 / 일본 텔레넷

몬스터끼리 대결하는 프로 레슬링 게임으로 메가 드라이브 오리지널 작품. 떨어져서 타격 기술, 붙어서 던지기 같은 공격을 사용하며 토너먼트에서는 몬스터의 파워업도 가능하다.

난세의 패자

●발매일 / 1991년 11월 29일
●가격 / 9,800엔
●퍼블리셔 / 아스믹

시스템 소프트의 전국 역사 시뮬레이션 『천하통일』을 메가 드라이브에 이식. 내용은 거의 PC판과 동일하고 불필요한 연출은 생략했다. 양과 질, 모두 확실한 게임성에 팬도 많다.

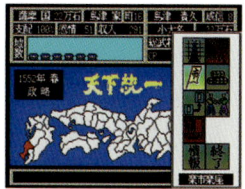

닌자무뢰전설

- ●발매일 / 1991년 12월 5일
- ●가격 / 8,700엔
- ●퍼블리셔 / 세가

일본풍 캐릭터들이 싸우는 메가 드라이브 오리지널 시뮬레이션 RPG. 닌자를 시작으로 무사, 궁병 등의 클래스가 있고, 각각의 특징을 살린 전술이 필요하다.

엑자일 시간의 틈새로

- ●발매일 / 1991년 12월 6일
- ●가격 / 8,900엔
- ●퍼블리셔 / 일본 텔레넷

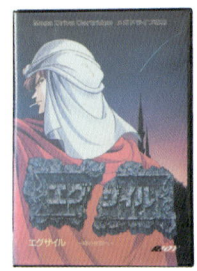

일본 텔레넷에서 개발한 PC용 RPG의 2번째 작품을 이식. 횡스크롤 액션 RPG로, 주인공이 어새신이고 중세 이슬람 세계가 무대라는 점 등이 특징이다.

파이팅 마스터즈

- ●발매일 / 1991년 12월 6일
- ●가격 / 6,800엔
- ●퍼블리셔 / 토레코

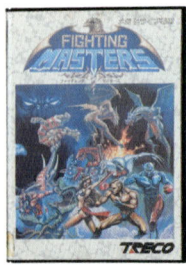

토레코에서 발매된 대전 격투 게임. 방어가 없고 잡기 중심이라는 점에서 프로 레슬링 게임에 가깝다. 등장 캐릭터에는 다양한 종족이 있고 종족에 따라 공격 방법이 다르게 되어 있다.

태평기

- ●발매일 / 1991년 12월 13일
- ●가격 / 8,700엔
- ●퍼블리셔 / 세가

NHK의 대하 드라마 「태평기」를 바탕으로 한 시뮬레이션 게임으로 남북조 시대가 무대. 아시카쿠스노키 & 닛타 중 하나의 진영을 선택해서 시나리오를 공략해 나간다.

F1 서커스 MD

- 발매일 / 1991년 12월 20일
- 가격 / 7,500엔
- 퍼블리셔 / 일본 물산

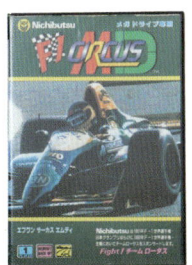

PC엔진에서 호평 받았던 레이스 게임을 이식. 특징인 고속 스크롤을 이용한 스피드감이 건재해서 머신 세팅 등, F1 팬의 기대에 부응한 작품이다.

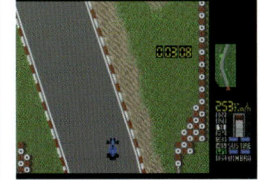

아이 러브 도널드 덕 그루지아 왕의 비보

- 발매일 / 1991년 12월 20일
- 가격 / 4,800엔
- 퍼블리셔 / 세가

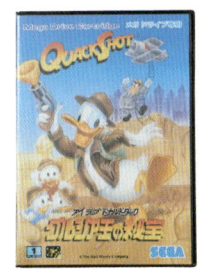
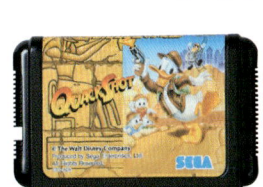

도널드 덕이 주인공인 액션 게임. 뚫어뻥, 팝콘, 풍선껌 탄을 무기로 적을 쓰러뜨린다. 멕시코를 시작으로 미국, 이집트, 남극 등, 세계를 돌며 비밀의 보물을 찾아 나간다.

언데드 라인

- 발매일 / 1991년 12월 20일
- 가격 / 8,800엔
- 퍼블리셔 / PALSOFT

T&E SOFT가 개발한 MSX2용 종스크롤 슈팅 게임을 이식. 도끼, 나이프, 부메랑 등이 무기이고, 보물 상자 아이템으로 체인지 & 파워업이 가능하다.

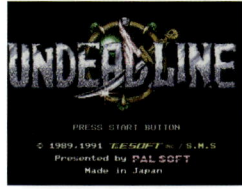

다나 여신탄생

- 발매일 / 1991년 12월 20일
- 가격 / 8,900엔
- 퍼블리셔 / IGS

금발 미녀가 주인공인 횡스크롤 액션 게임. 검을 사용한 공격 외에 마법을 사용할 수 있고, 경험치로 파워업도 가능하다. 말, 거인, 그리폰 같은 동물에 올라타서 싸우는 장면도 있다.

태스크포스 해리어 EX

●발매일 / 1991년 12월 20일
●가격 / 8,500엔
●퍼블리셔 / 토레코

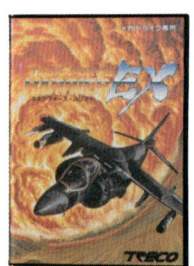

NMK가 개발한 아케이드용 종스크롤 슈팅 게임에서 이식. 옛날 게임답지 않게 대공, 대지 공격을 구분하는 시스템을 채용했고, 전 화면에 대미지를 주는 폭탄과 파워업 요소도 있다

더블 드래곤 II

●발매일 / 1991년 12월 20일
●가격 / 8,800엔
●퍼블리셔 / PALSOFT

아케이드로 호평받았던 『더블 드래곤』의 속편을 메가 드라이브로 이식. 벨트 스크롤 액션으로, 적의 무기를 빼앗아 공격에 사용할 수 있다.

노부나가의 야망 무장풍운록

●발매일 / 1991년 12월 20일
●가격 / 11,800엔
●퍼블리셔 / 코에이

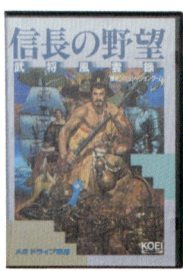

코에이가 메가 드라이브에 참가한 최초의 작품으로, 이 하드에서 처음으로 가격이 1만 엔을 넘었다. 역사 시뮬레이션 팬들에겐 익숙한 『노부나가의 야망』 시리즈이며, 문화와 기술이 테마다.

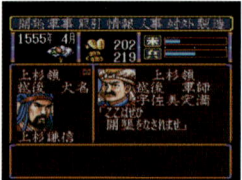

나카지마 사토루 감수 F-1 GRAND PRIX

●발매일 / 1991년 12월 20일
●가격 / 7,800엔
●퍼블리셔 / 바리에

다양한 하드에서 발매된 『나카지마 사토루 감수』 시리즈의 첫 번째 작품. 탑뷰 레이싱 게임이다. F1팀으로의 소속과 머신 세팅 같은 요소도 있다.

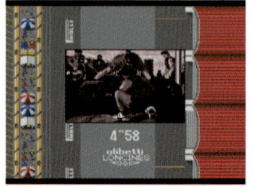

삼국지 II

- ●발매일 / 1991년 12월 26일
- ●가격 / 14,800엔
- ●퍼블리셔 / 코에이

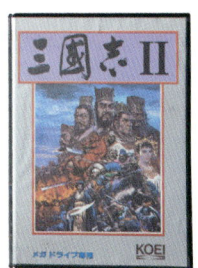

코에이 『삼국지』 시리즈의 두 번째 작품을 이식. 중화 통일을 목표로 조조와 유비 같은 군주를 선택해서 부국강병에 힘쓴다. 참고로 본 작품의 14,800엔이라는 가격은 메가 드라이브 최고가 타이 기록이다.

골든 액스 II

- ●발매일 / 1991년 12월 27일
- ●가격 / 6,000엔
- ●퍼블리셔 / 세가

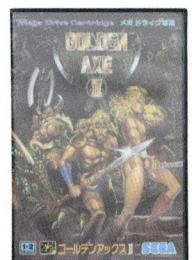

시리즈의 두 번째 작품이며, 메가 드라이브판이 오리지널이다. 기본적인 시스템과 캐릭터는 전작을 따르고 검(도끼)과 마법으로 적을 쓰러뜨린다. 적의 탈것을 빼앗아 공격에 쓸 수 있다는 점도 전작과 동일하다.

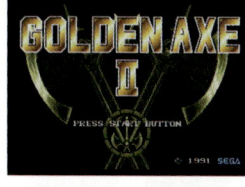

몽환전사 바리스

- ●발매일 / 1991년 12월 27일
- ●가격 / 8,400엔
- ●퍼블리셔 / 일본 텔레넷

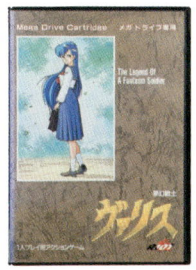

『바리스』 시리즈의 첫 작품이지만 『III』보다도 나중에 이식되었다. 횡스크롤 액션 게임이며, 비주얼 장면에 힘이 들어가 있는 것은 시리즈 공통이다.

SG-1000 소프트에 대해서

SG-1000 소프트 중에 패키지와 카트리지(마이 카드) 양쪽 모두를 입수한 것에 대해서는 P210~212에서 소개한다. (가능한 많은 작품을 소개하기 위해 화면 사진은 생략). 초기의 패키지는 큰 편이었는데, SG-1000 발매 이듬해쯤부터 패키지가 콤팩트하게 바뀌었다. (카트리지도 민무늬에서 일러스트가 추가됨.) 또한 아래의 『모나코 GP』처럼 버전 차이도 몇 가지 확인되었다.

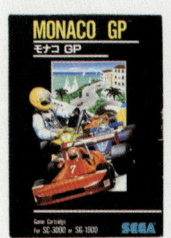

패키지는 모두 종이 상자, 카트리지는 처음엔 민무늬였다.

슈퍼 판타지 존

- 발매일 / 1992년 1월 14일 ●가격 / 6,800엔
- 퍼블리셔 / 선 소프트

세가에서 개발한 횡스크롤 슈팅 게임 『판타지 존』에 이은 작품으로, 본 작품은 메가 드라이브 오리지널이다. 게임의 개요는 전편과 같아서, 전선 기지를 모두 파괴하면 나타나는 보스를 쓰러뜨리면 스테이지가 클리어 된다. 보스전 이외의 스테이지는 좌우로 루프하고, 플레이어의 기체는 자유롭게 날아다닐 수 있다. 특정 편대나 전선 기지, 보스를 쓰러뜨리면 떨어지는 코인을 회수해서, 무기나 엔진, 1UP 등을 살 수 있다는 것이 본 시리즈 최대의 특징이다.

배틀 매니아

- 발매일 / 1992년 3월 6일 ●가격 / 6,800엔
- 퍼블리셔 / 빅 도카이

약간 위험한 게임을 개발하는 것으로 알려져 있던 빅 도카이의 이름을 단번에 드높인 작품. 플레이어의 기체는 오오토리이 마니아(금발 캐릭터)와 하네다 마리아(흑발 캐릭터)로 구성되며, 마리아는 피격 판정이 없어서 좌우로 돌아볼 수 있다. 메인 샷 이외에도 게이지가 가득 차면 슈퍼 웨폰을 사용할 수 있고, 그 종류는 스테이지 시작 전에 선택할 수 있다. 전체를 관통하는 바보 같은 분위기가 최대의 특징이며, 예전부터 유명한 프리미엄 소프트 중 하나이다.

강철 제국

- 발매일 / 1992년 3월 13일 ● 가격 / 7,800엔
- 퍼블리셔 / 핫 비

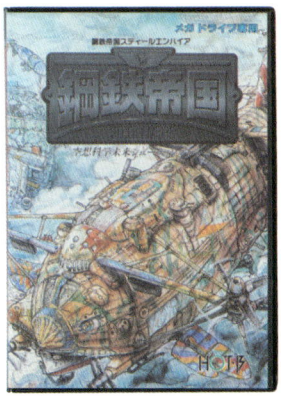

핫 비가 개발한 본 작품은 라이프제 횡스크롤 슈팅 게임이며, 정가 이상으로 거래되는 프리미엄 소프트로 유명. 스팀 펑크적인 세계관이 최대 특징이며, 오래된 것 같은 느낌이 오히려 신선한 플레이어의 기체와 적기의 디자인이 인기를 얻었다. 이동 스피드가 빠른 에트피리카와 공격력이 높은 제페론 중에서 기체를 고를 수 있고, 아이템으로 경험치가 올라가면 레벨업을 통해 강화된다. 또한 화면 전체에 대미지를 줄 수 있는 이마미오 썬더를 사용할 수 있다.

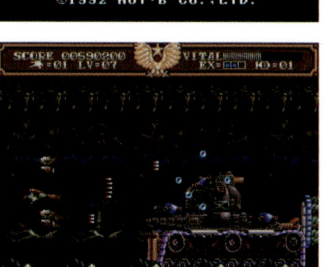

샤이닝 포스 신들의 유산

- 발매일 / 1992년 3월 20일 ● 가격 / 8,700엔
- 퍼블리셔 / 세가

메가 드라이브를 대표하는 시뮬레이션 RPG 첫 작품으로, 클라이맥스와 소닉에서 개발. 스테이지 클리어 형식이며 그 사이에 시나리오가 진행되는데 난이도는 높지 않다. 주인공의 마법은 마을로 돌아갈 수 있는 등, 유저 친화적이고 이 장르의 초보자라도 문제없이 게임을 진행할 수 있다. 캐릭터는 인간, 켄타우로스, 로봇, 드래곤 등으로 다양하고 개성이 강하다. 플레이어가 1군 멤버 교체를 자유롭게 할 수 있어서 어떤 캐릭터를 키울지 선택하는 즐거움도 있다.

MEGA DRIVE 1992

썬더 포스 IV

- ●발매일 / 1992년 7월 24일 ●가격 / 8,800엔
- ●퍼블리셔 / 테크노 소프트

테크노 소프트에서 개발한 『썬더 포스』 시리즈의 4번째 작품. 시리즈로서는 메가 드라이브 마지막 작품이다. 아름다운 그래픽은 메가 드라이브 게임 중 최고 클래스이며, BGM의 평가도 높다. 무기는 5종류인데, 아이템을 획득해 무장한 후에는 버튼으로 자유롭게 변경할 수 있다. 플레이어의 기체 주변을 회전하는 크로우는 적탄을 막는 배리어로 쓰이고, 스테이지 6부터는 썬더 크로우로 파워업. 그 상태로 공격하지 않고 있으면 강력한 썬더 소드가 발사된다.

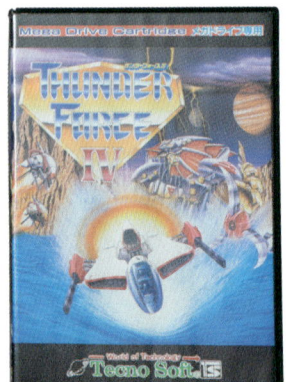

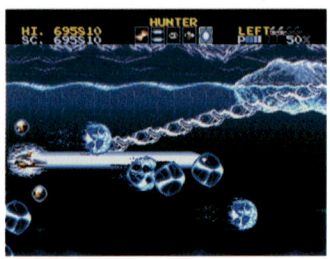

랜드 스토커 황제의 재보

- ●발매일 / 1992년 10월 30일 ●가격 / 8,700엔
- ●퍼블리셔 / 세가

클라이맥스가 개발한 액션 RPG. 쿼터뷰 시점에 유사 3D화 된 필드가 특징이다. 게임성은 고저 차이를 살리고 있고, 상자를 쌓아서 높은 장소로 올라가는 등의 퍼즐 요소도 존재한다. 조작은 3개의 버튼으로 하는데 방향키를 이용한 이동과 점프, 공격, 물건을 드는 동작이 각 버튼에 분배되어 있다. 시점 관계로 전후좌우 이동은 대각선 방향으로 키를 입력하게 되어 있는데, 다행히 메가 드라이브의 컨트롤러는 대각선 방향으로 입력하기 쉽다는 것이 특징이다.

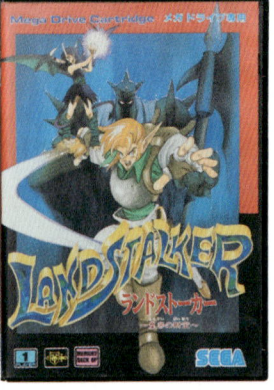

소닉 · 더 · 헤지혹 2

- 발매일 / 1992년 11월 21일 ● 가격 / 6,800엔
- 퍼블리셔 / 세가

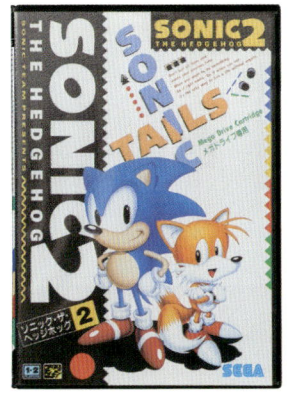

세계적으로 대히트를 한 『소닉 더 헤지혹』의 속편으로, 기본적인 게임성은 전작을 잇고 있다. 테일즈가 첫 등장한 작품인데, 보통은 소닉의 뒤를 쫓는 무적 캐릭터 취급을 받고 있다. 스피드감 넘치는 스테이지 구성과 보스 캐릭터, 닥터 에그맨도 건재해서 전작의 팬이라면 쉽게 게임에 빠지게 된다. 새로운 요소로는 2인 대전 플레이가 있어서, 상하 2분된 화면으로 누가 먼저 골인할 수 있을지를 겨룬다. 또한 2P가 테일즈를 조작하는 것도 가능했다.

뿌요뿌요

- 발매일 / 1992년 12월 18일 ● 가격 / 4,800엔
- 퍼블리셔 / 세가

컴파일에서 개발한 추락형 퍼즐로, 본 작품은 아케이드판에서 이식했다. 대전에 특화된 게임성이 특징으로, 1인 플레이라면 CPU 캐릭터와 대전하게 된다. 위에서 떨어지는 『뿌요』를 회전 & 좌우로 이동시켜서 필드에 떨어뜨리는 것이 규칙. 같은 색의 뿌요가 4개 이상 접촉하면 소거된다. 게임성으로는 연쇄에 중점을 두고 있는 것이 특징으로, 연쇄할수록 상대의 필드에 방해 뿌요를 떨어뜨릴 수 있다. 뿌요가 필드의 최상단을 넘어버리면 패배이다.

치비 마루코짱 와쿠와쿠 쇼핑

●발매일 / 1992년 1월 14일
●가격 / 6,000엔
●퍼블리셔 / 남코

남코에서 발매된 보드게임으로, 「치비 마루코짱」의 캐릭터가 다수 등장한다. 룰렛의 수만큼 전진하고, 멈춘 칸에 따라 이벤트가 발생한다는 익숙한 구조다.

죠 몬타나 II 스포츠 토크 풋볼

●발매일 / 1992년 1월 24일
●가격 / 6,800엔
●퍼블리셔 / 세가

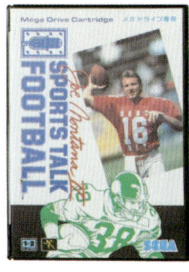

죠 몬타나의 이름을 내건 미식축구 게임의 2번째 작품. 필드는 횡방향으로 스크롤 하는 형태이며, 화면을 확대할 수 있는 등 몇 가지 개선점이 추가되었다.

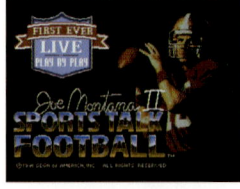
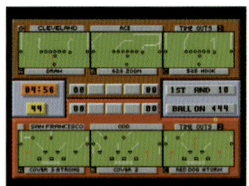
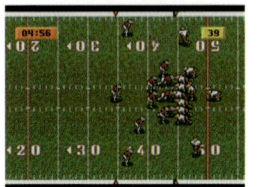
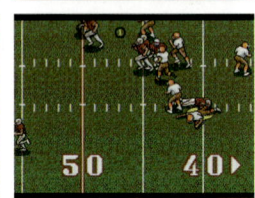

JuJu 전설

●발매일 / 1992년 1월 31일
●가격 / 6,000엔
●퍼블리셔 / 세가

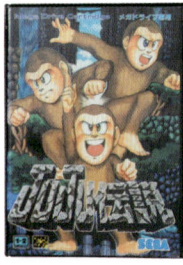

원숭이가 주인공인 횡스크롤 액션 게임이며, 아케이드 게임에서 이식했다. 입에서 내뱉는 에너지 탄으로 적을 공격하고, 수중 스테이지에서는 능숙하게 헤엄치는 것도 가능하다.

테크모 월드컵 '92

●발매일 / 1992년 1월 31일
●가격 / 6,200엔
●퍼블리셔 / 시무스

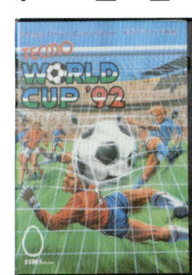
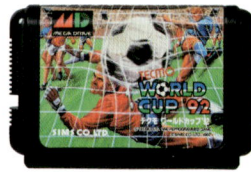

트랙볼을 사용한 아케이드용 축구 게임 『테칸 월드컵』 시리즈 작품. 24개국의 국가대표 팀을 사용할 수 있고, 포메이션을 4종류 중에서 고를 수 있다.

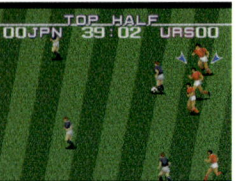
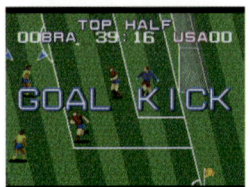

MEGA DRIVE 1992

와니와니 World

● 발매일 / 1992년 1월 31일
● 가격 / 6,600엔
● 퍼블리셔 / 카네코

카네코가 개발한 고정화면 액션 게임. 주인공인 악어가 갖고 있는 망치는 바닥에 구멍을 낼 수 있고, 거기에 빠진 적을 때려서 쓰러뜨린다. 적을 전멸시키면 스테이지 클리어다.

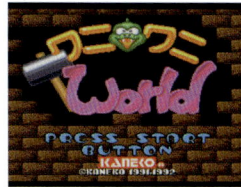

소서 킹덤

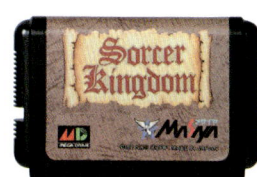

● 발매일 / 1992년 2월 7일
● 가격 / 8,800엔
● 퍼블리셔 / 메사이어

메사이어에서 발매된 RPG로 독특한 시스템을 사용. 전투는 택티컬 컴뱃 형식이며 레벨은 존재하지 않는다. 대신에 마법과 직접 공격 등, 전투에서 사용한 능력이 성장한다.

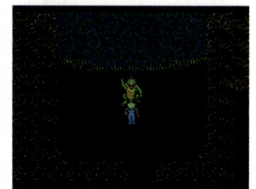

SD 바리스

● 발매일 / 1992년 2월 14일
● 가격 / 6,800엔
● 퍼블리셔 / 일본 텔레넷

메가 드라이브용으로 발매된 『바리스』의 데포르메(deformation)판. 2등신 캐릭터가 귀엽고 패러디 요소도 강한 게임이지만, 그래픽의 질이 낮아서 플레이어의 평가는 애매하다.

항구의 트레이지아

● 발매일 / 1992년 2월 14일
● 가격 / 8,900엔
● 퍼블리셔 / 일본 텔레넷

『SD 바리스』와 같은 날에 발매된 일본 텔레넷 개발의 RPG. 시나리오의 평가는 높지만 나쁜 조작성과 많은 버그가 문제가 되어서 낮은 평가를 받은 비운의 작품이다.

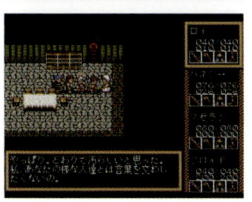

MEGA DRIVE 1992

크루드 버스터

- 발매일 / 1992년 2월 28일
- 가격 / 7,800엔
- 퍼블리셔 / 데이터 이스트

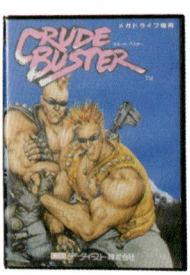

데이터 이스트에서 개발한 아케이드용 횡스크롤 액션을 이식. 주인공은 기골이 장대한 남자로, 펀치와 킥으로 하는 공격 이외에 버튼 하나로 다양한 물건을 들 수 있다는 특징이 있다.

로드 블래스터즈

- 발매일 / 1992년 2월 28일
- 가격 / 6,800엔
- 퍼블리셔 / 텐겐

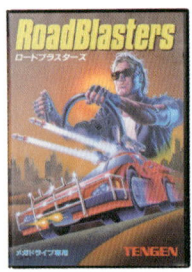

ATARI가 개발한 아케이드용 레이스 슈팅을 이식. 플레이어 차량의 천정 부분에 포탑이 달려 있어서 무제한으로 탄을 발사할 수 있다. 연료제를 사용하는데, 아이템으로 회복이 가능하다.

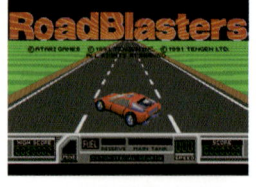 

토잼 & 얼

- 발매일 / 1992년 3월 13일
- 가격 / 6,800엔
- 퍼블리셔 / 세가

괴이한 모습을 한 우주인이 주인공. 미로형 필드에 흩어져 있는 우주선의 부품을 모으는 것이 목표로, 선물을 열었을 때의 리액션이 매우 즐거운 게임이다.

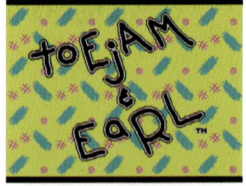 

아트 얼라이브

- 발매일 / 1992년 3월 27일
- 가격 / 3,800엔
- 퍼블리셔 / 세가

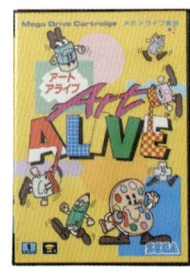 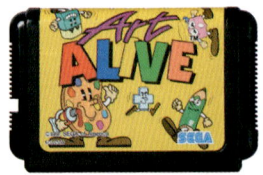

그림 그리기 소프트의 일종으로, 도구를 이용해 그림을 그리거나 색을 칠하면서 플레이할 수 있다. 또한 스탬프 도구를 사용하면 간단하게 자신만의 아트 작품을 만들어낼 수 있다.

 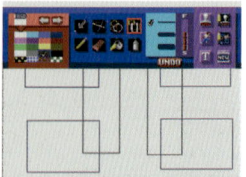

MEGA DRIVE 1992

썬더 프로레슬링 열전

- ●발매일 / 1992년 3월 27일
- ●가격 / 7,400엔
- ●퍼블리셔 / 휴먼

 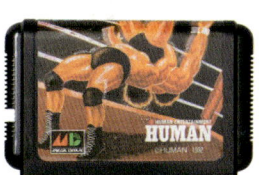

PC엔진에서 인기였던 『파이어 프로레슬링』의 메가 드라이브판에 해당한다. 본 작품만의 특징은 게이지의 존재인데, 게이지가 쌓이지 않으면 큰 기술을 쓸 수 없게 되어 있다.

섀도우 오브 더 비스트 마성의 정

- ●발매일 / 1992년 3월 27일
- ●가격 / 8,800엔
- ●퍼블리셔 / 빅터 음악 산업

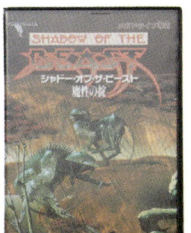 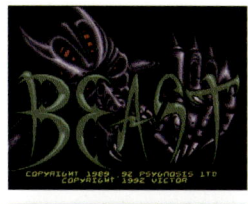

Amiga용으로 개발된 해외 게임의 이식판이다. 내용은 횡스크롤 액션이며, 섬뜩한 캐릭터 디자인이 특징. 하지만 게임성이 낮은 것에 비해 난이도는 높게 평가되는 경우가 많다.

스톰 로드

- ●발매일 / 1992년 3월 27일
- ●가격 / 6,800엔
- ●퍼블리셔 / MCW

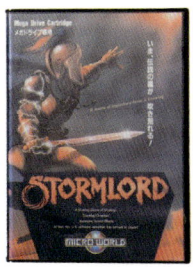 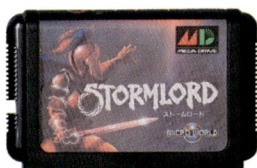

MCW(마이크로 월드)에서 발매된 횡스크롤 액션으로, 오리지널은 해외 제작된 PC용 게임이다. 퍼즐 요소가 강한 게임이며 아이템은 하나만 가질 수 있다는 특징이 있다.

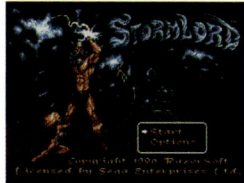 

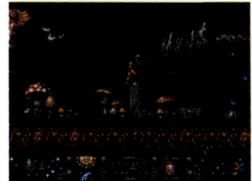 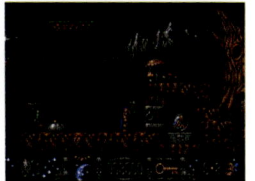

터보 아웃런

- ●발매일 / 1992년 3월 27일
- ●가격 / 6,000엔
- ●퍼블리셔 / 세가

대히트 레이스 게임 『아웃런』의 속편으로, 오리지널은 아케이드판이다. 타이틀에도 나와 있는 터보는 급가속을 가능하게 해주며, 오버히트 상태 이외에는 몇 번이고 사용할 수 있다.

 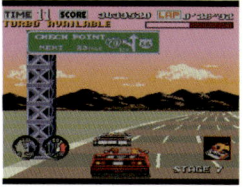

MEGA DRIVE 1992

피트 파이터

- ●발매일 / 1992년 3월 27일
- ●가격 / 7,800엔
- ●퍼블리셔 / 텐겐

ATARI가 개발한 아케이드용 대전 격투 게임의 이식판. 실사를 도입한 영상이 특징이며, 3명의 캐릭터를 사용할 수 있다. 「잔학행위 수당」 같은 명언으로 유명해진 게임이기도 하다.

A열차로 가자 MD

- ●발매일 / 1992년 4월 10일
- ●가격 / 6,800엔
- ●퍼블리셔 / 세가

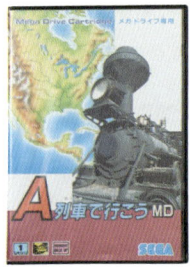

아트딩크가 개발한 인기 시뮬레이션 시리즈의 첫 작품을 이식. 대통령 열차를 목적지에 도착하도록 하는 것이 목표로 마을의 발전도 즐길 수 있다. 하지만 메가 드라이브판은 조작성이 나쁜 것이 난점.

아리시아 드라군

- ●발매일 / 1992년 4월 24일
- ●가격 / 7,800엔
- ●퍼블리셔 / 게임 아츠

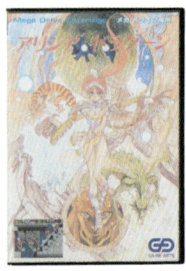

게임 아츠에서 개발한 횡스크롤 액션으로, 용전사의 생존자인 소녀가 주인공. 뇌격을 이용한 공격은 적을 자동으로 추적해주지만, 게이지가 없어지면 사용할 수 없게 된다.

배드 오 맨

- ●발매일 / 1992년 4월 24일
- ●가격 / 6,800엔
- ●퍼블리셔 / 핫 비

타이틀은 호러풍인데, 내용은 벽돌 깨기인 특이한 작품. 2장의 패널 중에 위에 있는 1장을 상하로 움직이거나 회전시킬 수 있다. 독특한 분위기와 BGM이 호평을 받았다.

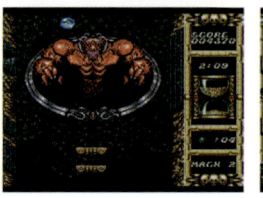

매지컬☆타루루토 군

- 발매일 / 1992년 4월 24일
- 가격 / 3,880엔
- 퍼블리셔 / 세가

인기 만화 캐릭터가 활약하는 횡스크롤 액션. 경쾌한 분위기의 밝은 작풍으로 점프, 공격, 매직을 사용할 수 있다. 또한 가격이 매우 저렴했던 것도 강조해야 할 점 중의 하나다.

대항해시대

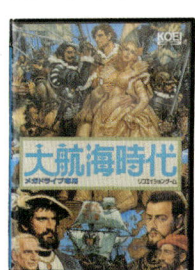

- 발매일 / 1992년 4월 29일
- 가격 / 11,800엔
- 퍼블리셔 / 코에이

리코에이션 게임이라 명명된 자유도가 높은 게임. 1500년대의 대항해시대를 무대로 교역과 해적 퇴치 등의 활동으로 자금을 모으고, 함대를 키워서 이벤트를 수행해 나간다.

슬라임 월드

- 발매일 / 1992년 4월 30일
- 가격 / 6,800엔
- 퍼블리셔 / MCW

해외 게임의 메가 드라이브 이식판으로, 일본에서는 마이크로 월드에서 발매됐다. 내용은 횡스크롤 액션이며, 동굴 내부에 다양한 슬라임이 있어서 워터 건으로 슬라임들을 배제해 나간다.

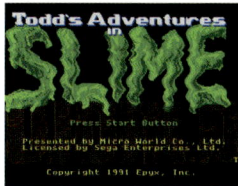

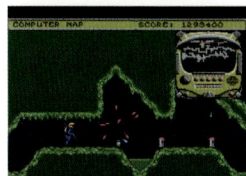

나카지마 사토루 감수 F1 HERO MD

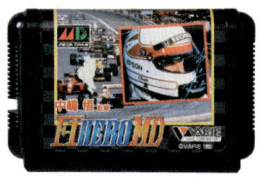

- 발매일 / 1992년 5월 15일
- 가격 / 7,800엔
- 퍼블리셔 / 바리에

『나카지마 사토루 감수』 시리즈 중에서도 문제가 많은 작품. 팀에 소속되어 머신 세팅도 있는 등, 어느 정도 내용은 갖춰져 있지만 전체적인 완성도가 애매해서 평판은 좋지 않다.

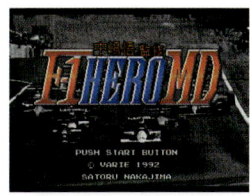

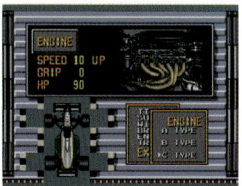

MEGA DRIVE 1992

시저의 야망 II

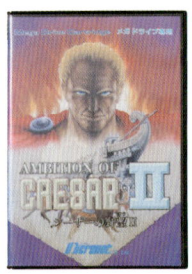
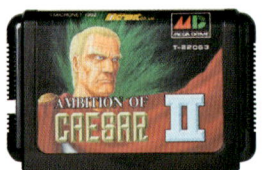

- 발매일 / 1992년 5월 28일
- 가격 / 8,800엔
- 퍼블리셔 / 마이크로넷

리얼 타임 시뮬레이션 『시저의 야망』 속편에 해당한다. 플레이어는 시저가 되어서 부하 부대에 지시를 내리고, 총 15스테이지를 싸워 나간다.

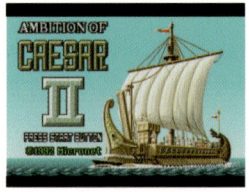

카멜레온 키드

- 발매일 / 1992년 5월 29일
- 가격 / 6,800엔
- 퍼블리셔 / 세가

세가에서 발매된 횡스크롤 액션. 주인공은 헬멧을 씀으로써 다양한 능력을 가진 캐릭터로 변신하고, 상황에 맞춰 그 능력을 쓰면서 스테이지를 진행해 나간다.

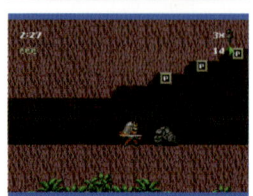
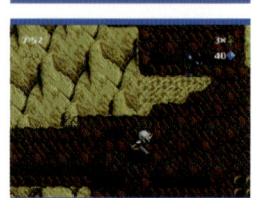

그랜드 슬램

- 발매일 / 1992년 6월 12일
- 가격 / 6,800엔
- 퍼블리셔 / 일본 텔레넷

일본 텔레넷에서 발매된 테니스 게임. 3종류의 코트와 실제 프로 선수를 모방한 12명의 캐릭터를 선택할 수 있다. 조작성은 양호해서 스트레스 없이 즐길 수 있는 게임이다.

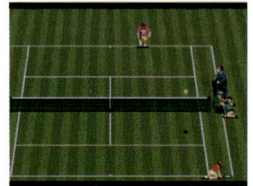

TOP PRO GOLF

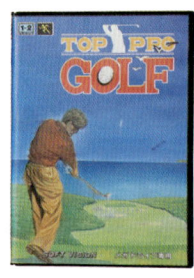
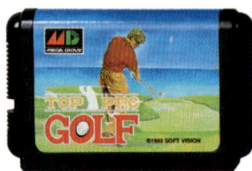

- 발매일 / 1992년 6월 19일
- 가격 / 8,500엔
- 퍼블리셔 / 소프트 비전

유사 3D 시점의 골프 게임으로, 유명 프로 골퍼를 닮은 캐릭터를 사용할 수 있다. 어려운 조작은 없고, 타이밍이 필요한 것은 파워 게이지뿐이기 때문에 초보자라도 빠져들게 된다.

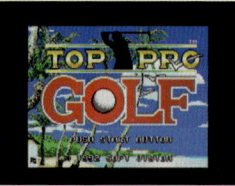

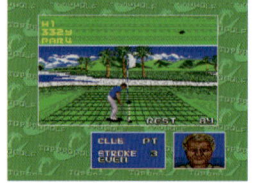
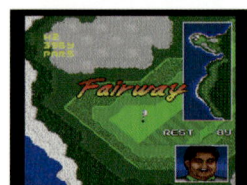

MEGA DRIVE 1992

스피드 볼 2

- ●발매일 / 1992년 6월 19일
- ●가격 / 6,800엔
- ●퍼블리셔 / CRI

오리지널은 해외 제작 PC용 게임으로, 핸드볼과 아이스하키를 섞은 것 같은 규칙을 갖고 있다. 득점 방법은 복수이며, 반칙이 없어서 폭력이 허용되는 것이 특징이다.

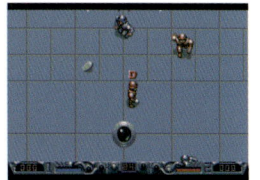
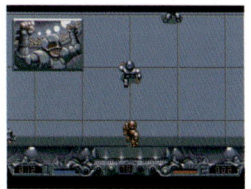
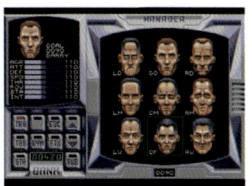

로얄 블러드

- ●발매일 / 1992년 6월 25일
- ●가격 / 9,800엔
- ●퍼블리셔 / 코에이

코에이의 판타지계 시뮬레이션으로, 내정 등은 간략화 해서 초보자용으로 만들었다. 시나리오는 4개 있고, 하나의 세력을 이끌고 모든 섬을 제패하는 것을 목표로 한다.

페이퍼 보이

- ●발매일 / 1992년 6월 26일
- ●가격 / 6,800엔
- ●퍼블리셔 / 텐겐

ATARI가 개발한 쿼터뷰 시점의 게임으로, 신문 배달하는 소년이 주인공이다. 각 가정에 신문을 배달하는 것이 목표인데 다양한 방해가 들어와서 해고당하면 신문에 실리는 신세가 된다.

투기왕 킹 콜로서스

- ●발매일 / 1992년 6월 26일
- ●가격 / 5,800엔
- ●퍼블리셔 / 세가

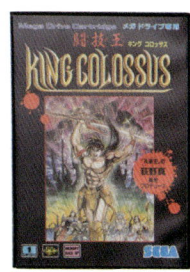

메가 드라이브 오리지널 액션 RPG로, 만화가 하기노 마코토 씨가 통합 프로듀서를 담당했다. 8방향 이동에 공격, 점프, 마법을 사용할 수 있고, 무기의 종류도 다양하다.

MEGA DRIVE 1992

데이비드 로빈슨 바스켓볼

●발매일 / 1992년 7월 10일
●가격 / 4,800엔
●퍼블리셔 / 세가

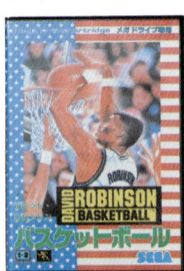 

NBA의 명선수를 내건 농구 게임. 쿼터뷰 화면이 특징이며, 드래프트를 이용해 팀의 선수를 선택한다. 대전과 토너먼트 등, 모드도 다양하다.

 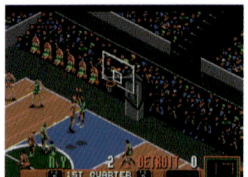
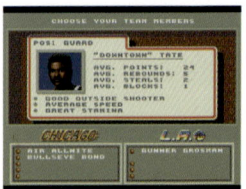 

불꽃의 투구아 돗지탄평

●발매일 / 1992년 7월 10일
●가격 / 3,880엔
●퍼블리셔 / 세가

코로코로 코믹에 연재되던 만화와 애니메이션을 원작으로 한 피구 게임. 필살 슛과 포메이션 어택을 구사해서 전 세계의 팀과 대전해 나간다.

아일톤 세나의 슈퍼 모나코 GP II

●발매일 / 1992년 7월 17일
●가격 / 7,800엔
●퍼블리셔 / 세가

요절한 명드라이버, 아일톤 세나의 이름을 내건 『슈퍼 모나코 GP』의 속편. 월드 챔피언을 목표로 레이스를 펼쳐나가며, 팀 이적 등의 요소도 있다.

그레이 랜서

●발매일 / 1992년 7월 17일
●가격 / 8,300엔
●퍼블리셔 / 메사이어

메사이어의 횡스크롤 슈팅. 플레이어의 기체 위아래에 탑재된 거너가 특징이며, 게임을 시작할 때 포메이션을 정한다. 비주얼 장면에도 힘이 들어간 작품이다.

올림픽 골드

● 발매일 / 1992년 7월 24일
● 가격 / 4,800엔
● 퍼블리셔 / 세가

바르셀로나 올림픽에 맞춰서 발매된 게임이지만, 해외 제작 게임 상태 그대로이기 때문에 일본어 모드는 없다. 종목은 7종류가 있으며, 각각 조작 방법이 다르다.

다이나 브라더스

● 발매일 / 1992년 7월 24일
● 가격 / 8,800엔
● 퍼블리셔 / CRI

공룡이 주인공인 리얼 타임 시뮬레이션. 알을 키워서 공룡의 수를 늘리고 적을 공격한다. 목표는 우주인의 환경 개선 장치를 파괴하는 것으로, 총 20스테이지를 싸워 나간다.

트윙클 테일

● 발매일 / 1992년 7월 24일
● 가격 / 7,800엔
● 퍼블리셔 / WAS

마법소녀가 주인공인 슈팅 게임이며, 3종류의 샷을 바꿀 수 있고 폭탄에 해당하는 마법도 사용할 수 있다. 마이너 개발사에서 발매된 관계로 출하량이 적어 프리미엄이 된 게임이다.

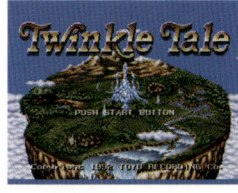

스플래터 하우스 PART2

● 발매일 / 1992년 8월 4일
● 가격 / 5,800엔
● 퍼블리셔 / 남코

남코에서 개발한 횡스크롤 액션으로 시리즈 두 번째 작품. 주인공인 리크가 제니퍼를 구출하기 위해 가면의 힘을 빌려서 저주받은 저택에 돌입하는데, 괴상한 형태의 적은 기분이 좋지 않다.

MEGA DRIVE 1992

뜻밖의 표주박섬 : 대통령을 노려라!

- ●발매일 / 1992년 8월 7일
- ●가격 / 4,800엔
- ●퍼블리셔 / 세가

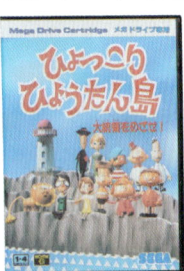

캐릭터물 보드 게임으로 대통령을 목표로 한다. 목적지인 연설 회장에 먼저 도착한 플레이어가 많은 포인트를 받을 수 있고, 그 누계로 순위를 겨룬다.

수라의 문

- ●발매일 / 1992년 8월 7일
- ●가격 / 6,000엔
- ●퍼블리셔 / 세가

인기 만화를 원작으로 한 격투 게임이지만 커맨드 선택 방식이라는 드문 형태를 취하고 있다. 또한 원작을 중시한 게임성 때문에 원작에 따른 전개로만 이길 수 있게 되어 있다.

열혈 고교 피구부 축구 편 MD

- ●발매일 / 1992년 8월 7일
- ●가격 / 8,800엔
- ●퍼블리셔 / PALSOFT

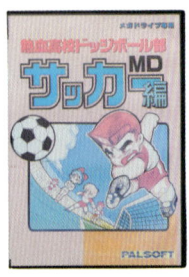

매우 헷갈리는 타이틀의 축구 게임이며, 패미컴판이 오리지널이다. 쿠니오를 필두로 열혈 고교의 피구부가 축구에 도전하는데, 반칙 행위도 OK인 특수한 규칙이 재미있다.

제독의 결단

- ●발매일 / 1992년 9월 24일
- ●가격 / 14,800엔
- ●퍼블리셔 / 코에이

태평양 전쟁의 함대전을 모티브로 한 시뮬레이션 게임이며, 일본이나 미국을 선택해서 기지를 점령해 나간다. 외교와 기술력 증강, 신병기 개발 등, 할 일이 엄청나게 많다.

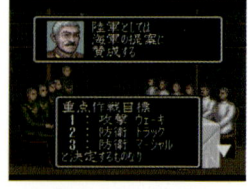

킹 살몬

●발매일 / 1992년 9월 26일
●가격 / 6,800엔
●퍼블리셔 / 핫 비

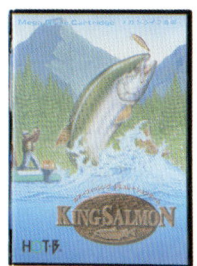

핫 비에서 개발한 낚시 게임이며, 킹 살몬을 낚는 것이 목표. 트롤링 낚시(끌낚시)를 이용하고, 보트를 조작해서 루어와 미끼를 던진다. 다른 낚시 게임과는 달리, 좀처럼 낚이지 않는다.

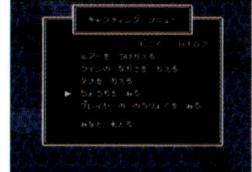

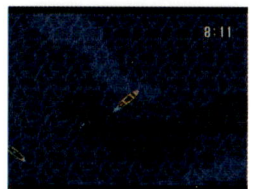

체르노브

●발매일 / 1992년 10월 16일
●가격 / 7,800엔
●퍼블리셔 / 데이터 이스트

데이터 이스트에서 개발한 아케이드용 횡스크롤 액션 슈팅을 이식. 상당 부분 어레인지 되어서 설정부터 그래픽까지 변경되었지만 평가는 꽤 좋은 편이다.

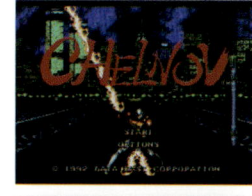

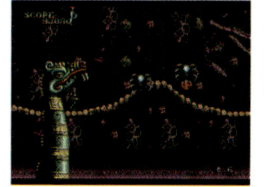

치키치키 보이즈

●발매일 / 1992년 10월 16일
●가격 / 6,000엔
●퍼블리셔 / 세가

캡콤의 아케이드용 횡스크롤 액션을 이식. 주인공은 두 명의 형제 중에서 고를 수 있고, 각각 특징이 다르다. 자금을 모아서 쇼핑을 할 수 있는 것이 메가 드라이브판의 포인트다.

빅센 357

●발매일 / 1992년 10월 23일
●가격 / 8,800엔
●퍼블리셔 / 메사이어

PC엔진으로 발매된 시뮬레이션 RPG 『비장기병 카이저드』의 속편에 해당한다. 대량의 적을 상대해야 해서 난이도는 높지만, 전사한 캐릭터가 살아 돌아오지 않는 엄격한 구조다.

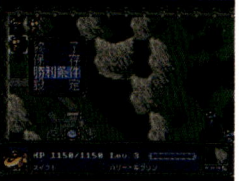

MEGA DRIVE 1992

슈퍼 H.Q.

- ●발매일 / 1992년 10월 23일
- ●가격 / 6,800엔
- ●퍼블리셔 / 타이토

타이토가 개발한 아케이드용 레이스 게임 『체이스 H.Q.』를 이식. 메가 드라이브판은 능력이 다른 3종류의 차량 중에서 고를 수 있다. 표적 차량을 멈추게 하기 위해 몸통 박치기를 감행하는 것이 참신했다.

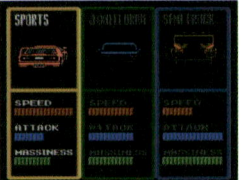

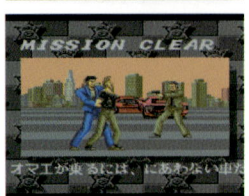

기동경찰 패트레이버 98식 기동하라!

- ●발매일 / 1992년 10월 23일
- ●가격 / 7,800엔
- ●퍼블리셔 / 마바

인기 만화와 애니메이션을 원작으로 한 어드벤처 게임으로, RPG풍이 가미되었다. 플레이어는 맵 위를 이동하다가 적과 접촉하면 전투를 한다. 인카운터 확률이 높아서 플레이어의 평가는 낮다.

크라잉 아생명 전쟁

- ●발매일 / 1992년 10월 30일
- ●가격 / 6,800엔
- ●퍼블리셔 / 세가

세가에서 발매된 횡스크롤 슈팅. 4종류의 기체 중에서 고를 수 있고, 4종류의 무기를 아이템으로 바꾸며 파워업도 가능. 벌레가 대량으로 출현하기 때문에 취향이 갈리는 게임이다.

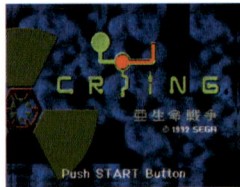

홀리필드 복싱

- ●발매일 / 1992년 10월 30일
- ●가격 / 7,800엔
- ●퍼블리셔 / 세가

전 세계 챔피언인 홀리필드 씨의 이름을 내건 복싱 게임. 오리지널 선수를 육성하는 모드가 메인이며, 시합과 트레이닝을 반복한다. 마지막 선수는 홀리필드다.

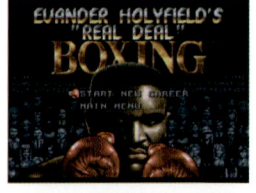

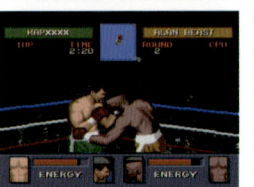

MEGA DRIVE 1992

에어 매니지먼트 넓은 하늘에 걸다

- 발매일 / 1992년 11월 1일
- 가격 / 11,800엔
- 퍼블리셔 / 코에이

코에이의 비즈니스 계열 시뮬레이션으로, 항공 회사를 경영해서 세계 1위를 목표로 한다. 새로운 경로를 개척하거나 회사를 매수하는 등, 플레이어가 해야 할 일이 매우 많다.

삼국지 III

- 발매일 / 1992년 11월 8일
- 가격 / 14,800엔
- 퍼블리셔 / 코에이

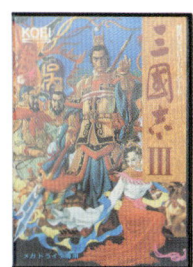

코에이의 『삼국지』 시리즈 중 3번째 작품의 메가 드라이브판. 무장에게 무관, 문관, 장군 같은 직책을 주고, 전투에서는 야전이 한정된 장소에서만 가능하게 됐다. 게임 가격이 매우 비싼 편.

프로 풋볼

- 발매일 / 1992년 11월 20일
- 가격 / 6,800엔
- 퍼블리셔 / EAV

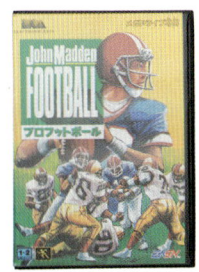

북미에서 발매된 『존 매이든 풋볼』을 일본에 가져왔다. 대인기 미식축구 게임의 기초가 된 작품으로, 규칙을 모르면 플레이하기가 어렵다.

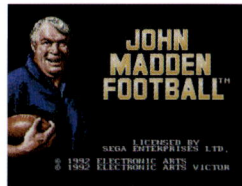

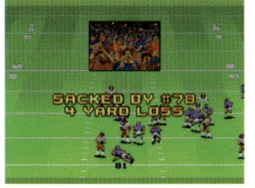

프로 하키

- 발매일 / 1992년 11월 20일
- 가격 / 6,800엔
- 퍼블리셔 / EAV

EAV(일렉트로닉 아츠 빅터)가 발매한 아이스하키 게임. 왼쪽의 『프로 풋볼』과는 전혀 다른 게임이지만, 일본에서는 동일 시리즈처럼 취급되고 있다.

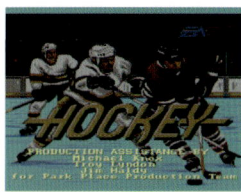

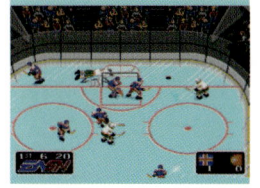

레밍스

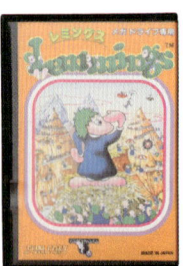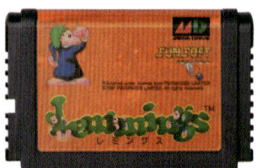

- 발매일 / 1992년 11월 20일
- 가격 / 7,800엔
- 퍼블리셔 / 선 소프트

PC 게임의 이식판으로, 일정 규칙을 갖고 돌아다니는 레밍들을 유도해서 골로 이끈다. 특정 레밍에게 구멍을 파거나 단차를 만드는 등의 지령을 내려서 스테이지를 공략해 나간다.

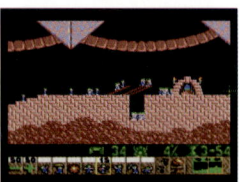

로드 러시

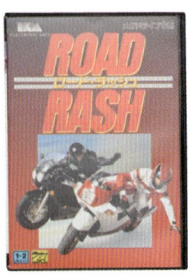

- 발매일 / 1992년 11월 20일
- 가격 / 7,800엔
- 퍼블리셔 / EAV

해외 제작 레이스 게임으로, 일렉트로닉 아츠가 개발했다. 레이스 중에 킥과 손으로 라이벌을 공격할 수 있다는 것이 최대의 특징. 충돌했을 때 바이크를 향해 달리는 모습이 초현실적이다.

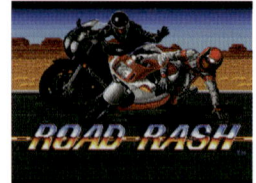

사이드 포켓

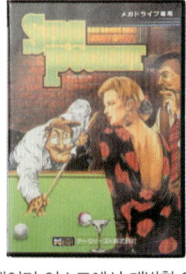

- 발매일 / 1992년 12월 11일
- 가격 / 7,800엔
- 퍼블리셔 / 데이터 이스트

데이터 이스트에서 개발한 아케이드용 당구 게임을 이식. 성인용의 분위기를 가진 게임으로, 나인 볼 이외에도 트릭샷을 겨루는 플레이도 할 수 있게 되었다.

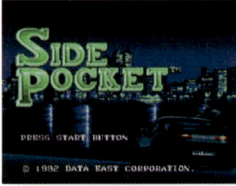

파워 애슬리트

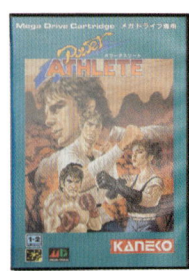

- 발매일 / 1992년 12월 11일
- 가격 / 8,500엔
- 퍼블리셔 / 카네코

슈퍼 패미컴으로 발매된 대전 격투 게임의 메가 드라이브판. 커맨드 입력으로 필살기를 쓸 수 있고 던지기 개념도 있지만, 역시 유명 타이틀과 비교하면 부족한 부분이 많다.

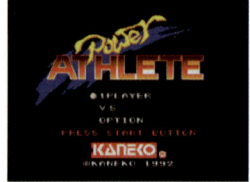

MEGA DRIVE 1992

램파트

● 발매일 / 1992년 12월 11일
● 가격 / 6,800엔
● 퍼블리셔 / 텐겐

ATARI가 개발한 복합장르 게임. 적의 배를 공격하는 슈팅 파트와 파괴된 벽을 블록으로 수리하는 퍼즐 파트가 교대로 반복된다. 벽을 모두 수리하지 못하면 게임 오버다.

나카지마 사토루 감수 F-1 슈퍼 라이선스

● 발매일 / 1992년 12월 11일
● 가격 / 9,000엔
● 퍼블리셔 / 바리에

메가 드라이브로서는 3번째 작품으로, 그해의 2번째 『나카지마 사토루 감수』 시리즈. FOCA와 후지TV의 라이선스를 취득해서 팀과 레이서가 실명으로 등장한다.

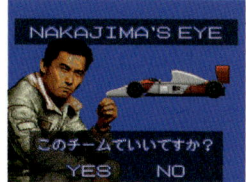

R.B.I.4. 베이스볼

● 발매일 / 1992년 12월 18일
● 가격 / 7,800엔
● 퍼블리셔 / 텐겐

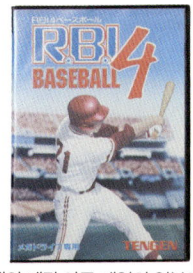
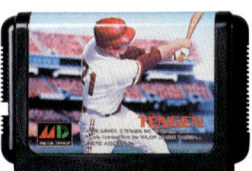

해외 제작 야구 게임의 일본어판. 하지만 등장하는 팀이 모두 메이저리그 팀인 점 등, 일본인을 위한 게임이 아닌 것은 분명하다. 메이저리그 팬을 위한 작품이라 할 수 있다.

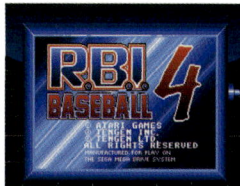
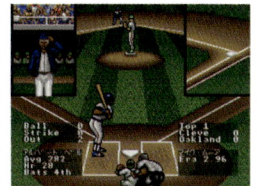

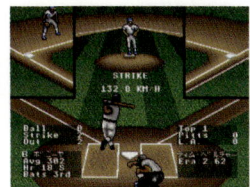

아이 러브 미키 & 도널드 이상한 매직 박스

● 발매일 / 1992년 12월 18일
● 가격 / 6,800엔
● 퍼블리셔 / 세가

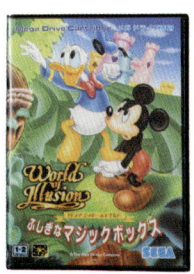
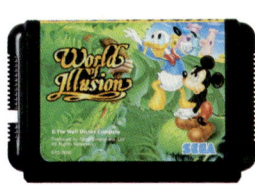

메가 드라이브로 다수 발매되던 디즈니 게임 중의 하나. 미키나 도널드 중에 하나를 선택해서(또는 두 캐릭터 동시에) 플레이한다. 그래픽은 아름답고, 내용도 좋은 훌륭한 작품이다.

파친코 쿠냥

- ●발매일 / 1992년 12월 18일
- ●가격 / 8,500엔
- ●퍼블리셔 / S·I

메가 드라이브에서는 유일한 파친코 게임으로, 스토리에 따라 게임이 진행된다. 실제 기기를 모델로 한 가공의 기기를 이용하며, 구슬이 0개가 되면 게임 오버이다.

T.M.N.T. 리턴 오브 더 슈레더

- ●발매일 / 1992년 12월 22일
- ●가격 / 6,800엔
- ●퍼블리셔 / 코나미

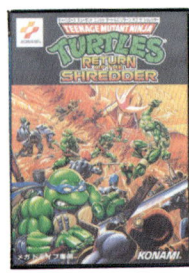

한때 미국에서 붐을 일으켰던 닌자 거북이가 주인공인 벨트 스크롤 액션 게임. 각기 다른 무기를 가진 4명의 캐릭터를 사용할 수 있고, 2명 동시 플레이도 가능하게 되어 있다.

태즈 매니아

- ●발매일 / 1992년 12월 25일
- ●가격 / 6,800엔
- ●퍼블리셔 / 세가

미국 애니메이션에 등장하는 캐릭터를 주인공으로 한 사이드뷰 액션 게임. 캐릭터의 움직임과 표정, 다양한 특수장치 등, 즐길 수 있는 요소는 많지만, 일본에서는 약간 마이너 한 게임으로 평가된다.

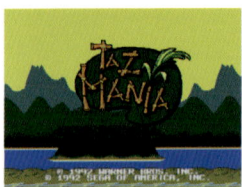

드림팀 USA

- ●발매일 / 1992년 12월 26일
- ●가격 / 7,800엔
- ●퍼블리셔 / EAV

1992년 바르셀로나 올림픽에 등장한 미국 대표 농구팀을 모티브로 하고 있다. 각국의 대표팀을 사용할 수 있고, 우승을 목표로 토너먼트 방식으로 경기를 진행한다.

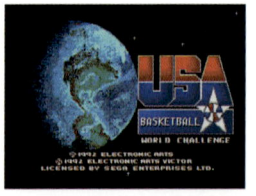

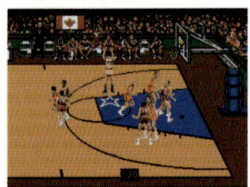

SG-1000 소개 Part2

Part1은 P33 / Part3은 P121

SC-3000은 TV에 연결해서 사용하는, 흔히 말하는 저렴한 게임 PC로 별매인 BASIC 카트리지를 사용해서 프로그래밍을 즐길 수 있었다. MSX와 동급의 성능을 가지면서 3만 엔 이하의 가격을 실현했다. SG-1000은 본 기기에서 키보드, 비디오 출력 단자, 카세트, 프린터 단자 등을 없앤 염가판이다. 이는 닌텐도가 개발 중이던 패미컴을 강하게 의식했기 때문으로 보인다. SC-3000/SG-1000, 패미컴은 1983년 7월 15일 함께 발매되었다.

SC-3000

메이커 / 세가 엔터프라이제스
발매일 / 1983년   가격 / 29,800엔

기본 스펙

CPU / Z-80A
메모리 / RAM 18~32KB, VRAM 16KB
그래픽 / 15색 + 1색 발색 가능
　　　　 (컬러 믹싱 210색)
사운드 / PSG 음원 3음 + 노이즈 1음

본체의 색상은 빨간색 이외에도 흰색과 검은색이 있다.

SC-3000H

메이커 / 세가 엔터프라이제스
발매일 / 1984년   가격 / 33,800엔

고무 타입의 키보드를 플라스틱으로 개량해서 고급감 연출.
그 외 사양은 SC-3000과 거의 동일하다.
본체의 색상은 2가지로 흰색과 검은색이다.

MEGA DRIVE 1993

에코 더 돌핀

- 발매일 / 1993년 7월 30일 ● 가격 / 6,800엔
- 퍼블리셔 / 세가

인간형 캐릭터가 등장하지 않는 남다른 게임. 플레이어가 주인공인 돌고래를 조작해서 스토리를 진행해 나가는 액션 어드벤처로, 에코를 이용해 돌고래나 범고래 등과 대화할 수 있다. 조작성이 좋고 스피드감도 있지만, 호흡이라는 족쇄가 있어서 수중에 머물 수 있는 시간이 정해져 있다. 게임의 난이도가 매우 높고 신중한 조작을 요구하는 장면이 많아 플레이어의 평가는 갈리지만, 아름다운 그래픽이나 돌고래의 움직임 등은 눈여겨볼 만하다.

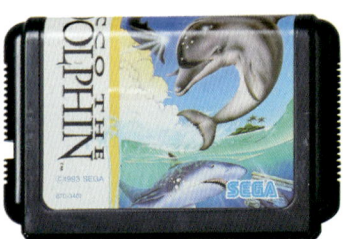
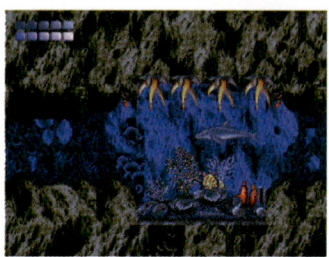
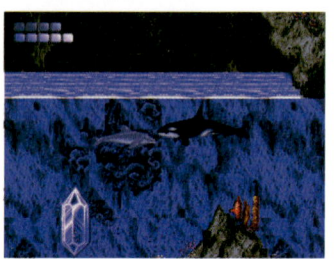
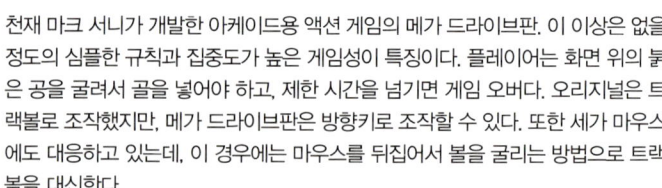

마블 매드니스

- 발매일 / 1993년 8월 13일 ● 가격 / 6,800엔
- 퍼블리셔 / 텐겐

천재 마크 서니가 개발한 아케이드용 액션 게임의 메가 드라이브판. 이 이상은 없을 정도의 심플한 규칙과 집중도가 높은 게임성이 특징이다. 플레이어는 화면 위의 붉은 공을 굴려서 골을 넣어야 하고, 제한 시간을 넘기면 게임 오버. 오리지널은 트랙볼로 조작했지만, 메가 드라이브판은 방향키로 조작할 수 있다. 또한 세가 마우스에도 대응하고 있는데, 이 경우에는 마우스를 뒤집어서 볼을 굴리는 방법으로 트랙볼을 대신한다.

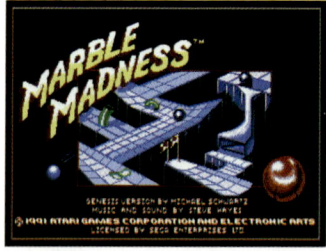
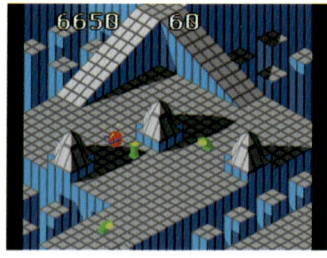

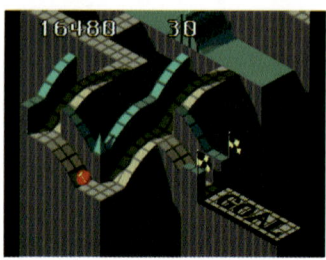

건 스타 히어로즈

- 발매일 / 1993년 9월 10일 ●가격 / 6,800엔
- 퍼블리셔 / 세가

트레저가 개발한 메가 드라이브용 오리지널 액션 슈팅 게임. 후에 다수의 명작을 세상에 선보인 개발사의 처녀작인 이 작품 역시 많은 플레이어에게 높은 평가를 받고 있다. 주인공은 2명 중에서 고를 수 있는데, 레드는 이동하면서 공격할 수 있지만 샷을 고정시킬 수 없고, 블루는 그 반대이다. 샷의 효과는 2가지 아이템의 조합에 따라 달라지며, 사장 레이저나 할복 레이저 같은 이름이 붙여져 있다. 다채로운 액션과 매력적인 스테이지로 누구에게나 추천 가능하다.

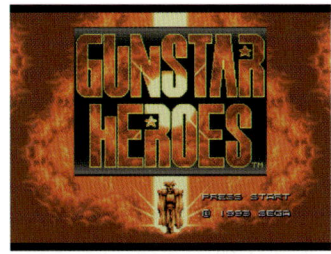

건틀렛

- 발매일 / 1993년 9월 17일 ●가격 / 7,800엔
- 퍼블리셔 / 텐겐

ATARI가 만든, 4인 동시 플레이가 가능한 아케이드용 액션 슈팅 게임을 이식. 플레이어는 성능이 다른 4명의 캐릭터 중에서 1명을 고르고, 샷과 파이트(근접 공격)로 적을 쓰러뜨리면서 던전들을 나아간다. 포션을 소비해서 폭탄에 해당하는 마법을 사용할 수 있고, 시간의 경과에 따라 줄어드는 라이프는 음식을 습득해서 늘릴 수 있다. 메가 드라이브판은 대량의 적 캐릭터를 확실하게 표시하는 등 이식도가 높고, 오리지널 퀘스트 모드도 추가되어 사랑받는 작품이 되었다.

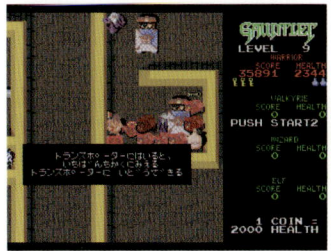

MEGA DRIVE 1993

샤이닝 포스 II 고대의 봉인
- 발매일 / 1993년 10월 1일 ●가격 / 8,800엔
- 퍼블리셔 / 세가

『샤이닝』 시리즈의 3번째 작품이며 『샤이닝 포스 신들의 유산』의 속편. 거의 전작의 시스템을 따르고 있는, 스테이지 클리어 방식의 시뮬레이션 RPG이다. 전투 장면에서는 캐릭터가 애니메이션으로 움직이는 박력 있는 화면을 즐길 수 있고, 언제든 전투에서 빠져나와서 다시 시작할 수 있는 유저 친화적인 부분도 건재하다. 높은 난이도를 선호하는 매니아에게는 약간 부족하겠지만, 쉽게 시작할 수 없는 이 장르의 게임을 라이트 유저에게도 알렸다는 공적은 칭찬할 만하다.

배틀 매니아 대음양
- 발매일 / 1993년 12월 24일 ●가격 / 7,800엔
- 퍼블리셔 / 빅 도카이

컬트적인 인기를 얻은 『배틀 매니아』의 속편. 사이드뷰 슈팅 게임으로 주인공은 오오토리이 마니아와 하네다 마리아 2명. 전작과 동일하게 마니아는 전방 공격 고정. 마리아는 버튼으로 후방 공격으로 변경 가능하다. 또한 피격 판정은 마니아에게만 있고 마리아는 무적이다. 히든 커맨드로 모 하드를 짓밟는 데모를 볼 수 있는 등, 바보 게임으로서 인기뿐만 아니라 아름다운 그래픽과 라스터 스크롤 등 고도의 기술이 특징이다. 많은 사람들이 원하는 작품이지만 현재는 프리미엄이 되었다.

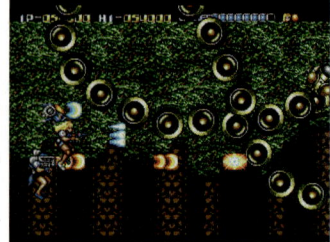

베어너클 II 사투로의 진혼가

- ●발매일 / 1993년 1월 14일
- ●가격 / 7,800엔
- ●퍼블리셔 / 세가

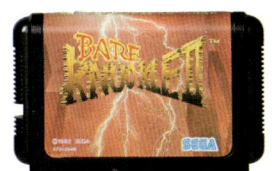

시리즈 두 번째 작품인 벨트 스크롤 액션 게임. 플레이어는 4명의 캐릭터 중 1명을 선택할 수 있고, 적의 졸개를 물리치며 나아가서 보스를 쓰러뜨리면 스테이지 클리어. 체력을 소비하면 필살기도 쓸 수 있다.

유럽 전선

- ●발매일 / 1993년 1월 16일
- ●가격 / 12,800엔
- ●퍼블리셔 / 코에이

제2차 세계대전 중의 유럽 전선을 테마로 한 시뮬레이션 게임. 추축국과 연합국 중 하나를 선택하고, 시나리오를 선택해 게임을 진행한다. 맵 위에서 적과 접촉해서 공격을 감행하면 확대 맵으로 이동한다.

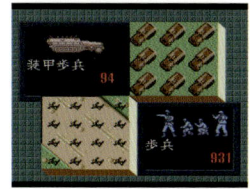

더 킥복싱

- ●발매일 / 1993년 1월 29일
- ●가격 / 8,500엔
- ●퍼블리셔 / MCW

해외 제작 게임을 메가 드라이브에 이식한 것. 방향키에 공격 방법이 분배되어 있어서 간단하게 기술을 쓸 수 있다. 또한 기술 에디트나 트레이닝을 이용한 선수 육성 요소도 있다.

F22 인터셉터

- ●발매일 / 1993년 2월 12일
- ●가격 / 8,900엔
- ●퍼블리셔 / EAV

해외에서 제작된 플라이트 슈팅 게임. 콕핏 시점에서 게임이 진행되는 비행 시뮬레이터 성격의 게임으로 스텔스기 F-22를 조작해서 다양한 미션을 수행해 나간다.

MEGA DRIVE 1993

배트맨 리턴즈

- ●발매일 / 1993년 2월 19일
- ●가격 / 6,800엔
- ●퍼블리셔 / 세가

미국의 인기 영화를 원작으로 한 사이드뷰 액션 게임으로 해외 제작사에서 개발했다. 점프나 공격 이외에 와이어 액션이 특징이다.

사신(邪神) 드락소스

- ●발매일 / 1993년 2월 19일
- ●가격 / 8,900엔
- ●퍼블리셔 / EAV

누가 봐도 야유 받을 것 같은 타이틀인데, 그 우려는 현실이 되고 말았다. 조작성이 나쁘고 악질적인 트랩이 몇 개나 설치되어 있어서, 신중하게 나아가면 제한 시간이 지나가 버린다.

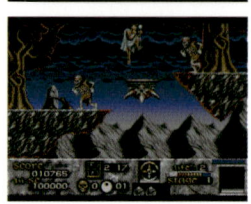

G-LOC

- ●발매일 / 1993년 2월 26일
- ●가격 / 6,800엔
- ●퍼블리셔 / 세가

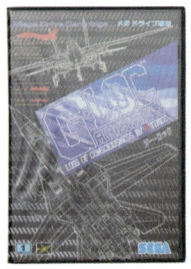

세가가 개발한 유사 3D 슈팅 게임으로 아케이드에서는 체감 기기 R-360 등으로 가동되고 있었다. 30개의 미션을 클리어 해나가는 게임으로, 시점이 변하는 스테이지도 있다.

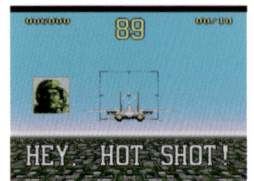

J 리그 챔피언 사커

- ●발매일 / 1993년 2월 26일
- ●가격 / 6,800엔
- ●퍼블리셔 / 쇼가쿠칸 프로 게임 아츠

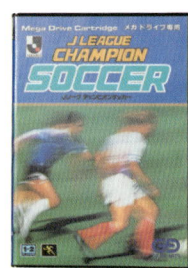
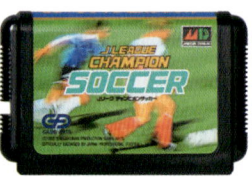

J리그의 인가를 얻어 실명 팀으로 플레이할 수 있는 축구 게임. 포메이션 선택이 가능하고 선수 이름도 표시되지만, 개개인의 능력에는 차이가 없다는 느낌이 든다.

마징사가

●발매일 / 1993년 2월 26일
●가격 / 6,800엔
●퍼블리셔 / 세가

나가이 고 원작의 만화를 게임화 했다. 벨트 스크롤 액션 게임의 한복판을 달리고 있으며, 보스전에서는 1대 1 대전 격투 게임이 된다. 덧붙이자면 원작의 스토리와는 상이하다.

스플래터 하우스 PART3

●발매일 / 1993년 3월 19일
●가격 / 6,800엔
●퍼블리셔 / 남코

시리즈 3번째 작품이지만 게임 장르가 바뀌어서 벨트 스크롤 액션에 가깝게 되었다. 파워 게이지를 소비해서 가면의 힘을 해방하면 주인공이 파워업 한다.

푸른 늑대와 흰 사슴 원조비사

●발매일 / 1993년 3월 25일
●가격 / 11,800엔
●퍼블리셔 / 코에이

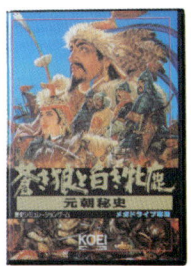

유라시아 대륙을 무대로 한 장대한 역사 시뮬레이션. 전 세계 편에서는 일본과 잉글랜드의 군주를 담당할 수 있고, 당 세대에서 클리어하지 못했을 경우에는 아들과 손자 세대로 이어진다.

GODS

●발매일 / 1993년 3월 26일
●가격 / 8,800엔
●퍼블리셔 / PCM

해외 제작 횡스크롤 액션 게임을 메가 드라이브로 이식. 퍼즐 요소가 강한 게임이지만 주인공의 조작성이 나빠서 그 재미가 플레이어에게 전달되지 못했다.

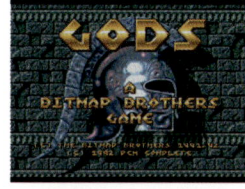 

아웃런 2019

●발매일 / 1993년 3월 26일
●가격 / 8,800엔
●퍼블리셔 / 시무스

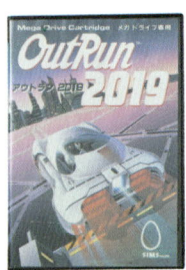

『아웃런』 시리즈와 이어지는 작품이지만 세가가 개발하지는 않았다. 미래 세계의 카 레이스가 콘셉트로, 최고 시속인 채로 계기판이 하얗게 되면 터보 모드가 되어서 최고 속도가 올라간다.

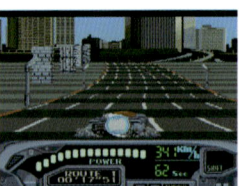

도라에몽 꿈 도둑과 7인의 고잔스

●발매일 / 1993년 3월 26일
●가격 / 6,800엔
●퍼블리셔 / 세가

도라에몽이 주인공인 사이드뷰 액션 게임으로, 광선총과 점프를 이용한 액션이 가능. 보스전에서는 '참참참' 같은 미니 게임으로 싸우는 요소도 있다.

배틀 토드

●발매일 / 1993년 3월 26일
●가격 / 6,800엔
●퍼블리셔 / 세가

해외 제작 게임을 이식한 것으로, 개구리가 주인공인 액션 게임이다. 유사 3D 슈팅풍으로 적이 공격해 오거나 와이어 액션풍의 요소가 있는 등, 변화가 풍부한 게임성이 인기다.

NBA 프로 바스켓볼 불스 VS 레이커스

●발매일 / 1993년 4월 2일
●가격 / 8,900엔
●퍼블리셔 / EAV

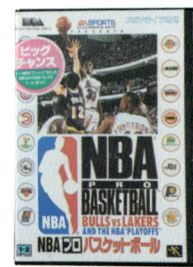

일렉트로닉 아츠 빅터에서 발매된 농구 게임. 실명의 선수가 등장하지만 완벽하게 북미에 맞춘 게임이라 일본에서는 거의 화제가 되지 않았다.

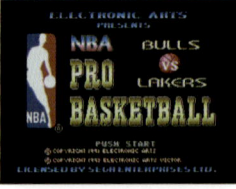
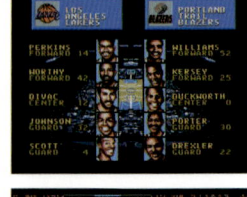

울트라맨

- 발매일 / 1993년 4월 9일
- 가격 / 5,800엔
- 퍼블리셔 / 마바

울트라맨이 주인공인 격투 게임. 촙과 킥, 던지기 등으로 데미지를 주는 것과 동시에 게이지를 모아간다. '피니시'라는 문자가 나타나면 스페시움 광선으로 마무리를 짓는다.

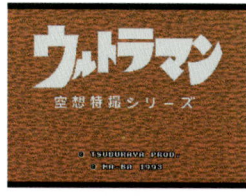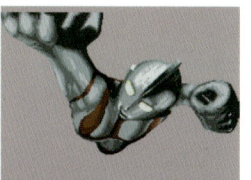

PGA 투어 골프 II

- 발매일 / 1993년 4월 16일
- 가격 / 9,800엔
- 퍼블리셔 / EAV

북미에서 치러지는 프로 골프 투어를 게임화 한 것으로, 해외에서는 인기 시리즈로 자리 잡았다. 게임 내용은 유사 3D 골프 게임이고 토너먼트 모드가 메인이다.

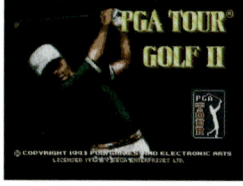
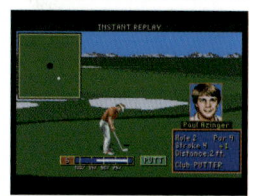

데저트 스트라이크 만안작전

- 발매일 / 1993년 4월 23일
- 가격 / 8,900엔
- 퍼블리셔 / EAV

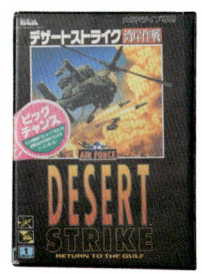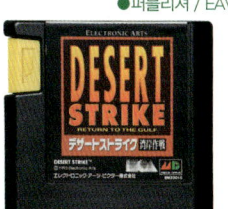

1990년대에 벌어진 만안 전쟁을 모티브로 한 슈팅 게임. 전투 헬기를 조작해서 미션을 수행해 나간다. 탄약이나 연료에는 제한이 있기 때문에 심사숙고해서 움직여야 한다.

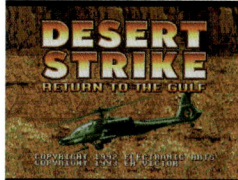

볼 잭스

- 발매일 / 1993년 4월 23일
- 가격 / 6,000엔
- 퍼블리셔 / 남코

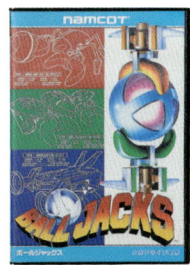

남코에서 발매된 대전형 게임. 스포츠 게임이 대부분이다. 게 형태의 캐릭터를 움직여서 집게로 볼을 잡고, 적 필드에 던지는 내용으로 구성되어 있다.

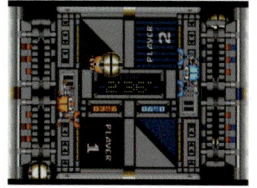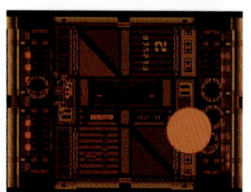

MEGA DRIVE 1993

메가 로 매니아

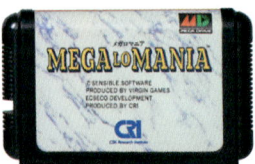

- 발매일 / 1993년 4월 23일
- 가격 / 8,800엔
- 퍼블리셔 / CRI

'과대망상광'이라는 의미의 타이틀로 해외 제작 게임의 이식판이다. 리얼 타임 전략으로 자원을 발굴해서 도구를 개발하고 적의 영토를 침공한다. 스테이지 클리어 방식의 게임이다.

아랑전설 숙명의 싸움

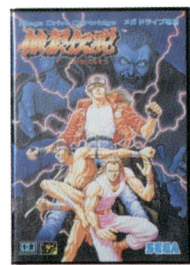
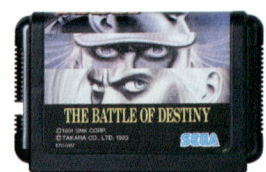

- 발매일 / 1993년 4월 23일
- 가격 / 8,800엔
- 퍼블리셔 / 세가

SNK가 개발한 대전 격투 게임 시리즈의 초기작. 조작할 수 있는 캐릭터는 3명으로 테리, 앤디, 죠이고 커맨드 입력으로 필살기를 쓸 수 있다. 메가 드라이브판의 이식 상태는 애매하다고 평가된다.

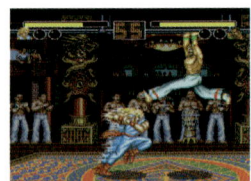

조우! 조우! 조우! 레스큐 대작전

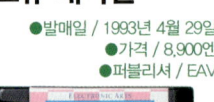

- 발매일 / 1993년 4월 29일
- 가격 / 8,900엔
- 퍼블리셔 / EAV

아기 코끼리가 주인공인 횡스크롤 액션 게임으로 해외 제작 게임의 일본판이다. 엄마 코끼리의 구출이 목적이며 숲속 친구들의 힘을 빌려서 다양한 액션을 할 수 있다.

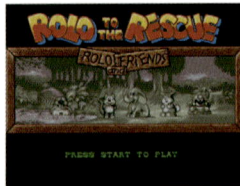

007 사투

- 발매일 / 1993년 5월 14일
- 가격 / 6,800엔
- 퍼블리셔 / 텐겐

007은 5번 죽을 수 있다(컨티뉴는 1회) 같은 설명서의 대사가 매력적인 해외 제작 사이드뷰 액션. 미션 클리어 형식의 게임이며, 현재는 프리미엄 가격이 형성되어 있다.

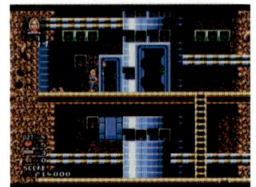

엑스렌자

●발매일 / 1993년 5월 28일
●가격 / 7,800엔
●퍼블리셔 / 세가

로봇을 조작해 싸우는 액션 슈팅 게임. 중력 개념이 있어서 플레이어의 기체는 보조 분사장치를 쓰는 동안에만 공중을 날 수 있다. 그래픽은 매우 아름답지만 마니아용 게임으로 평가받고 있다.

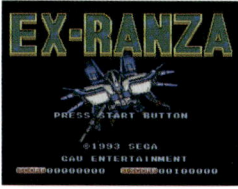 

스노우 브라더스

●발매일 / 1993년 5월 28일
●가격 / 7,800엔
●퍼블리셔 / 텐겐

토아 플랜에서 개발한 아케이드용 고정화면 액션 게임을 이식. 주인공은 눈을 던져서 적을 눈덩이로 만들고, 그것을 발로 차서 많은 적을 휘말리게 해서 쓰러뜨릴 수 있다.

태합입지전

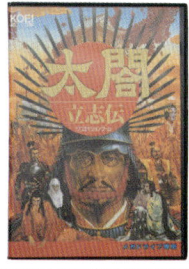

●발매일 / 1993년 5월 28일
●가격 / 11,800엔
●퍼블리셔 / 코에이

코에이의 리코에이션 게임이며, PC판에서 이식했다. 타이틀에서 알 수 있듯이 토요토미 히데요시의 입신양명을 게임화 한 것이지만, 자유도가 높고 이벤트도 풍부하다.

LHX 어택 쵸퍼

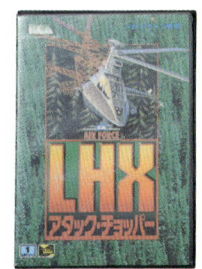

●발매일 / 1993년 6월 4일
●가격 / 6,800엔
●퍼블리셔 / EAV

해외의 PC용 게임에서 이식했다. 폴리곤을 사용한 입체 표시 슈팅 게임이며, 높은 기술력이 적용되어 있지만 일본에서는 크게 화제가 되지 못했다.

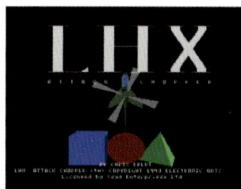 

MEGA DRIVE 1993

제임스 폰드II 코드 네임 로보콧

●발매일 / 1993년 6월 9일
●가격 / 6,900엔
●퍼블리셔 / EAV

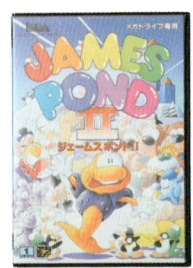

해외 제작사에서 개발해서 다수의 하드에 이식되었다. 의인화된 물고기(말뚝망둑어)가 주인공으로 「007」과 「로보캅」을 패러디한 게임이다. 해외에서는 3번째 작품까지 발매되었다.

슬랩 파이트

●발매일 / 1993년 6월 11일
●가격 / 7,800엔
●퍼블리셔 / 텐겐

토아 플랜에서 개발한 아케이드용 종스크롤 슈팅 게임을 이식. 별을 얻으면 게이지가 상승하고, 선호하는 파워업이 가능해지는 「글라디우스」 방식을 채용하고 있다.

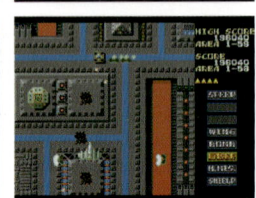

J 리그 프로 스트라이커

●발매일 / 1993년 6월 18일
●가격 / 8,800엔
●퍼블리셔 / 세가

발매 직후에 버그가 발견되어 수정판이 다시 발매되었다. 수정판 이전의 카트리지는 구하기 힘들어 희소성이 있다. J리그에 소속된 10팀을 사용할 수 있고, 화면은 횡스크롤 타입이다.

파워 몽거

●발매일 / 1993년 6월 18일
●가격 / 8,900엔
●퍼블리셔 / EAV

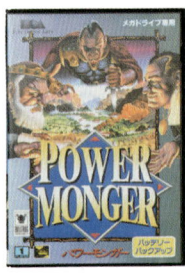

『파퓰러스』 등으로 유명한 불 프로그사가 개발한 Amiga용 리얼 타임 전략 게임을 이식했다. 장군에게 명령을 내려서 마을을 점령해 나가고, 인구의 ⅔를 보유하면 클리어가 된다.

TOP PRO GOLF 2

●발매일 / 1993년 6월 25일
●가격 / 8,500엔
●퍼블리셔 / S·I

전년도에 나온 『TOP PRO GOLF』의 속편으로, 소프트 비전에서 발매됐다. 시스템은 전작을 따르고 있으며, 유사 3D + 탑뷰 시점이 채용되었다.

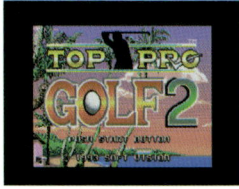

엘리미네이트 다운

●발매일 / 1993년 6월 25일
●가격 / 8,500엔
●퍼블리셔 / S·I

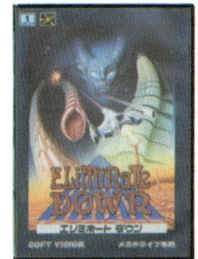

『TOP PRO GOLF 2』와 같은 날에 발매된 소프트 비전의 횡스크롤 슈팅 게임. 당시에는 거의 알려지지 않았으나 후에 재평가가 되었다. 현재는 프리미엄 가격으로 거래되고 있다.

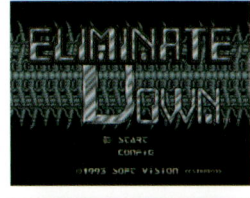

골든 액스III

●발매일 / 1993년 6월 25일
●가격 / 6,800엔
●퍼블리셔 / 세가

『골든 액스』는 메가 드라이브에서 독자적으로 시리즈화에 성공했는데, 본 작품은 3번째에 해당한다. 기본적인 부분은 전편을 답습했지만 특수 공격과 합체 마법 등 추가된 부분도 있다.

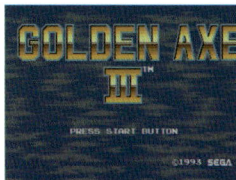

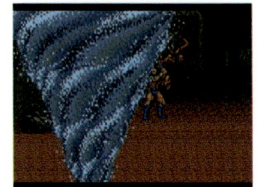

스틸 탤론

●발매일 / 1993년 6월 25일
●가격 / 6,800엔
●퍼블리셔 / 텐겐

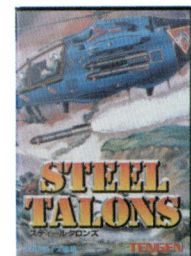

ATARI의 아케이드용 슈팅 게임을 이식했다. 폴리곤을 이용한 3D 그래픽을 사용하고 있다는 것이 최대의 특징이지만, 플레이어 기체의 조작 방법이 복잡해서 익숙해질 필요가 있다.

MEGA DRIVE 1993

더 슈퍼 시노비 II

● 발매일 / 1993년 7월 23일
● 가격 / 6,800엔
● 퍼블리셔 / 세가

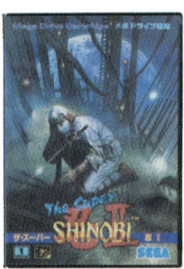

닌자가 주인공인 『시노비』 시리즈의 한 작품으로, 메가 드라이브로 발매됐던 『더 슈퍼 시노비』의 속편이다. 횡스크롤 액션 게임이며, 수리검과 닌자도로 적을 공격하고 인술도 사용할 수 있다.

로드 러시 II

● 발매일 / 1993년 7월 23일
● 가격 / 8,900엔
● 퍼블리셔 / EAV

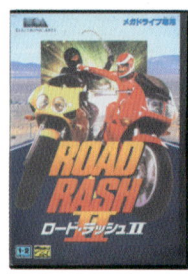
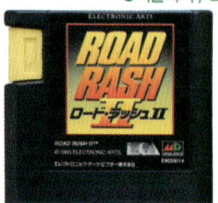

전년도에 발매됐던 『로드 러시』의 속편. 바이크를 이용한 레이스와 라이벌을 공격하는 시스템은 건재해서 해외에서는 시리즈가 이어졌지만, 일본에서는 본 작품이 마지막이 되었다.

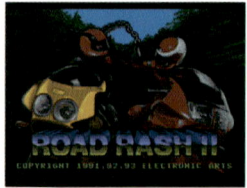 

NBA 플레이 오프 불스 VS 블레이저스

● 발매일 / 1993년 7월 30일
● 가격 / 8,900엔
● 퍼블리셔 / EAV

일렉트로닉 아츠 빅터에서 발매한, 2번째 NBA게임이다. 불스와 블레이저스를 타이틀에 내걸었지만, 다른 팀도 사용할 수 있게 되어 있다.

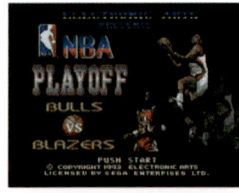 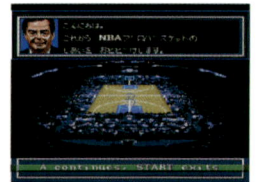
 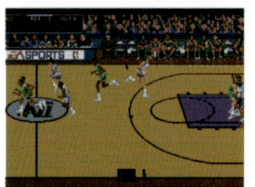

기사전설

● 발매일 / 1993년 7월 30일
● 가격 / 9,800엔
● 퍼블리셔 / 코단샤 총연

2차 세계대전의 전차전을 시뮬레이션한 게임. 리얼 타임제를 채용했고, 부대에 지시를 내려서 적을 발견하면 자동적으로 교전이 진행된다. 전면 장갑차는 견고해서 명중되어도 잘 파괴되지 않는다.

 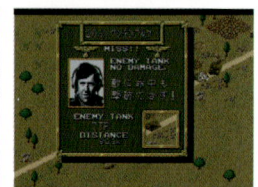

로켓 나이트 어드벤처즈

- ●발매일 / 1993년 8월 6일
- ●가격 / 7,800엔
- ●퍼블리셔 / 코나미

코나미가 개발한 메가 드라이브용 오리지널 횡스크롤 액션 게임. 주인공은 갑옷을 입은 주머니 쥐이며, 변화가 풍부한 스테이지 구성이 매력적인 게임이다.

위자드 오브 이모탈

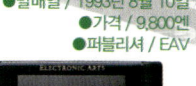

- ●발매일 / 1993년 8월 10일
- ●가격 / 9,800엔
- ●퍼블리셔 / EAV

해외 제작된 PC용 게임을 이식. 전형적인 하드코어 게임이며, 온갖 함정이 주인공을 죽음으로 이끈다. 몇 번이고 죽으면서 해법을 찾고 이를 외우지 않으면 클리어할 수 없다.

킬링 게임 쇼

- ●발매일 / 1993년 8월 20일
- ●가격 / 8,900엔
- ●퍼블리셔 / EAV

해외의 PC용 사이드뷰 액션 게임을 메가 드라이브에 이식한 것. 미로형 맵을 나아가는 퍼즐성이 높은 작품으로 장치를 작동시키거나 열쇠를 찾을 필요가 있다.

쥬라기 공원

- ●발매일 / 1993년 8월 27일
- ●가격 / 6,800엔
- ●퍼블리셔 / 세가

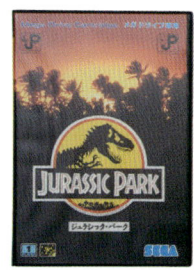

동명의 대히트 영화를 모티브로 한 사이드뷰 액션 게임으로 주인공인 그랜트 박사를 조작해서 공룡으로부터 도망쳐야 한다. 또한 공룡을 조작하는 랩터 편도 플레이할 수 있다.

아아 하리마나다

- ●발매일 / 1993년 9월 3일
- ●가격 / 7,800엔
- ●퍼블리셔 / 세가

사다야스 케이의 만화를 원작으로 한 스모 게임. 시공 염동파, 주작 비상권 같은 기술을 쓰고, 점프력이 범상치 않은 점 등은 스모답지 않다. 또한 하리마 체조 제일의 임팩트가 강렬하다.

 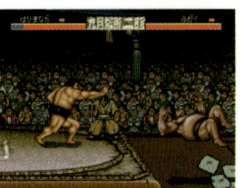

뮤턴트 리그 풋볼

- ●발매일 / 1993년 9월 10일
- ●가격 / 8,900엔
- ●퍼블리셔 / EAV

 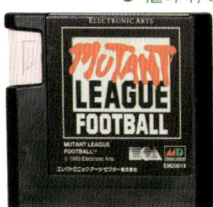

로봇과 괴물, 해골 등을 이용한 미식축구. 상대 선수를 파괴하면 자기 팀이 유리해지는 폭력적인 규칙을 갖고 있으며, 폭탄을 던지거나 심판을 참살할 수도 있다.

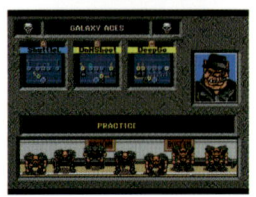 

노부나가의 야망 전국판

- ●발매일 / 1993년 9월 15일
- ●가격 / 8,800엔
- ●퍼블리셔 / 코에이

코에이의 전국 역사 시뮬레이션 게임을 이식. 시나리오를 이용한 17개국 모드와 50개국 모드를 선택할 수 있고, 전투나 암살로 다이묘를 멸망시켜서 천하를 통일하면 클리어가 된다.

맥도날드 트래저 랜드 어드벤처

- ●발매일 / 1993년 9월 23일
- ●가격 / 6,800엔
- ●퍼블리셔 / 세가

맥도날드의 이미지 캐릭터인 도날드가 주인공인 횡스크롤 액션 게임으로, 개발은 트레저가 담당했다. 현재는 정가 이상의 프리미엄 가격으로 거래되는 게임이다.

조단 VS 버드 ONE on ONE

- ●발매일 / 1993년 9월 24일
- ●가격 / 8,900엔
- ●퍼블리셔 / EAV

1 on 1 농구를 게임화 했다. 메인 게임 이외에도 다양한 모드로 플레이 할 수 있어서 미니 게임 모음 같은 작품이다.

스트리트 파이터 II 대시 플러스

- ●발매일 / 1993년 9월 28일
- ●가격 / 9,800엔
- ●퍼블리셔 / 캡콤

『스트리트 파이터 II 대시』로서는 당시 마지막 이식이었다. 사천왕 캐릭터를 사용할 수 있음은 물론, 『터보』 사양을 선택할 수 있었다. 또한 본 작품에 맞춰서 6버튼 패드가 발매되었다.

컬럼스 III 대결! 컬럼스 월드

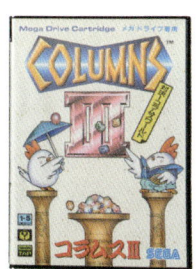

- ●발매일 / 1993년 10월 15일
- ●가격 / 6,800엔
- ●퍼블리셔 / 세가

『컬럼스』의 기본적인 규칙은 그대로 두고 대전용으로 특화된 게임. 멀티탭이 있으면 최대 5명까지 대전이 가능하고, 필드를 천천히 밀어 올리거나 상하 역전을 시키는 등의 방해가 가능하다.

페블 비치의 파도

- ●발매일 / 1993년 10월 29일
- ●가격 / 8,800엔
- ●퍼블리셔 / 세가

T&E SOFT가 개발한 3D 골프 시뮬레이션 시리즈의 4번째 작품을 이식한 것. 시리즈 전체의 시스템과 조작 방법은 바뀌지 않아서 팬이라면 즉시 익숙해질 수 있다.

파티 퀴즈 MEGA Q

●발매일 / 1993년 11월 5일
●가격 / 6,800엔
●퍼블리셔 / 세가

메가 드라이브로서는 첫 퀴즈 게임. 다양한 형식의 퀴즈를 즐길 수 있으며, 멀티 탭을 이용하면 5명까지 동시 플레이가 가능. 퀴즈 형식도 다양하게 준비되어 있다.

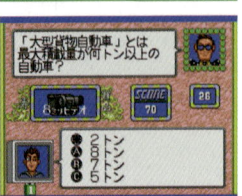

작황 등용문

●발매일 / 1993년 11월 5일
●가격 / 6,800엔
●퍼블리셔 / 세가

탈의도 속임수도 없는 금욕적인 4인 마작 게임. 프로 단체의 규칙을 따른 경기 마작 모드 이외에도 문제를 맞히는 마력 진단 모드 등도 플레이 할 수 있다.

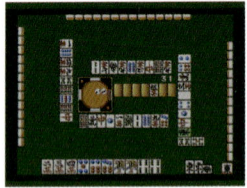
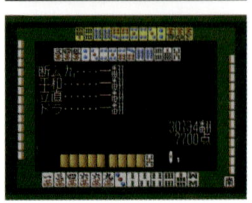
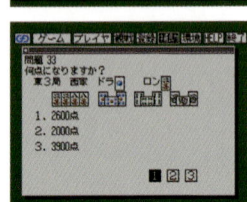

알라딘

●발매일 / 1993년 11월 12일
●가격 / 7,800엔
●퍼블리셔 / 세가

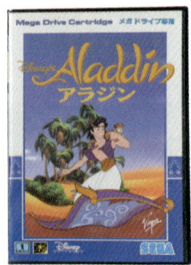
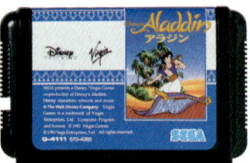

메가 드라이브로 다수 발매된 디즈니 게임 중의 하나로, 장르는 횡스크롤 액션이다. 매끄럽게 움직이는 좋은 조작성이 최대의 특징이다.

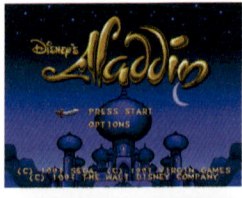

스페이스 펑키 B.O.B.

●발매일 / 1993년 11월 19일
●가격 / 8,900엔
●퍼블리셔 / EAV

슈퍼 패미컴과 메가 드라이브에서 발매된 해외 제작 게임. 로봇이 주인공인 횡스크롤 액션 게임으로, 특수 아이템을 사용한 다채로운 액션이 매력적이다.

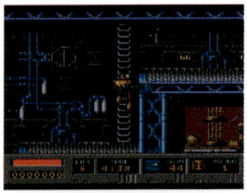

플린트 스톤

●발매일 / 1993년 11월 19일
●가격 / 3,880엔
●퍼블리셔 / 타이토

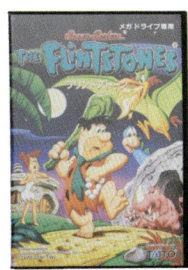

미국의 애니메이션을 모티브로 한 사이드뷰 액션 게임. 원시시대의 가장인 주인공을 조작하는 것이 특징인데, 일본에서는 화제가 되지 못한 마이너한 게임이다.

MiG-29

●발매일 / 1993년 11월 26일
●가격 / 7,800엔
●퍼블리셔 / 텐겐

러시아 전투기를 모티브로 한 플라이트 시뮬레이션 게임의 한 종류. 텐겐에서 발매했기 때문에 약간 화제가 됐지만 게임성 자체는 일본용이 아니었다.

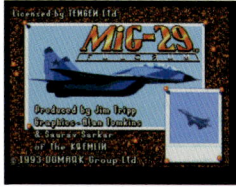

킹 오브 더 몬스터즈

●발매일 / 1993년 11월 26일
●가격 / 6,800엔
●퍼블리셔 / 세가

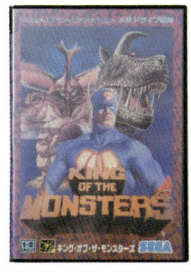

거대 괴수끼리의 전투를 그린 대전 격투 게임의 한 종류이지만 게임성은 프로 레슬링 게임에 가깝다. 마을을 파괴하면서 적 캐릭터와 싸우고, 아이템으로 파워업을 한다.

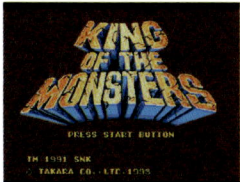

테크모 슈퍼 볼

●발매일 / 1993년 11월 26일
●가격 / 8,900엔
●퍼블리셔 / 테크모

패미컴과 슈퍼 패미컴으로 발매됐던 미식축구 게임을 이식. NFL에 소속되어 있는 각 팀의 선수가 세세한 파라미터로 재현되어 있고, 조작도 비교적 간단하다.

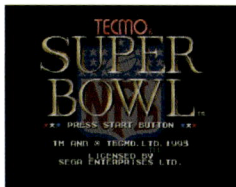
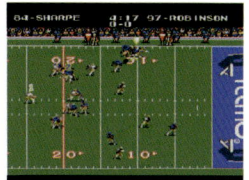
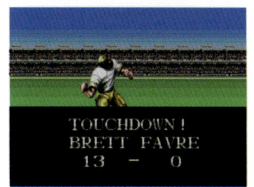
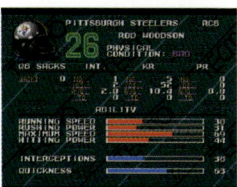

MEGA DRIVE 1993

T.M.N.T. 토너먼트 파이터즈

●발매일 / 1993년 12월 3일
●가격 / 8,800엔
●퍼블리셔 / 코나미

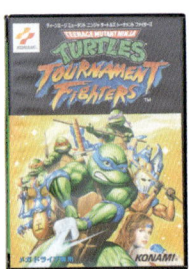

「T.M.N.T.」의 캐릭터를 사용한 대전 격투 게임. 커맨드 입력으로 필살기를 쓸 수 있는 「스트리트 파이터Ⅱ」와 유사한 게임으로, CPU전과 2인 대전 이외에도 토너먼트 모드로 플레이할 수 있다.

다이나 브라더스 2

●발매일 / 1993년 12월 3일
●가격 / 8,800엔
●퍼블리셔 / CRI

전년도에 발매됐던 『다이나 브라더스』의 속편. 전작과 같은 리얼 타임 시뮬레이션 게임으로, 공룡을 번식시켜서 우주인을 격퇴한다. 스토리 모드의 스테이지가 45개나 된다.

소닉 스핀볼

●발매일 / 1993년 12월 10일
●가격 / 6,800엔
●퍼블리셔 / 세가

소닉을 공으로 한 비디오 핀볼 게임. 4개의 통상 스테이지와 보너스 스테이지가 있으며, 다양한 특수장치가 있다. 또한 카오스 에메랄드를 모두 손에 넣으면 보스전이 된다.

드래곤즈 리벤지

●발매일 / 1993년 12월 10일
●가격 / 7,800엔
●퍼블리셔 / 텐겐

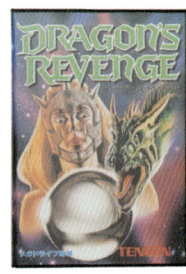

『소닉 스핀볼』과 같은 날에 발매된 비디오 핀볼 게임. 생물계 캐릭터가 다수 등장하는 필드가 특징이다. 보너스 스테이지가 8종류 준비되어 있으며, 스토리성도 가지고 있다.

리썰 엔포서즈

- 발매일 / 1993년 12월 10일
- 가격 / 9,800엔
- 퍼블리셔 / 코나미

코나미에서 개발한 아케이드용 건 슈팅을 이식한 것으로, 실사를 도입한 영상이 특징이다. 전용 광선총이 동봉되어 발매됐지만 컨트롤러를 이용한 플레이도 가능하다.

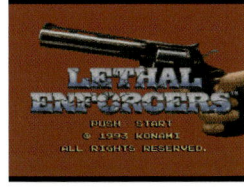 

J 리그 프로 스트라이커 완전판

- 발매일 / 1993년 12월 17일
- 가격 / 8,800엔
- 퍼블리셔 / 세가

같은 해 6월에 발매되었던 『J리그 프로 스트라이커』의 버전 업이라 보면 된다. 세가 탭 동봉판으로 발매되어서, 이를 사용하면 최대 4명까지 동시 플레이가 가능했다.

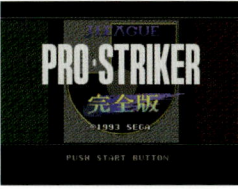 
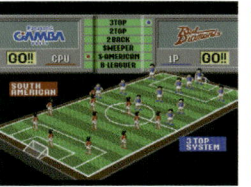 

정글 스트라이크 계승된 광기

- 발매일 / 1993년 12월 17일
- 가격 / 8,900엔
- 퍼블리셔 / EAV

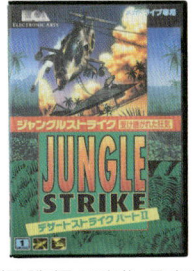  

전투 헬기를 조작하는 플라이트 슈팅 게임으로, 해외 제작사의 작품이다. 미션 클리어 방식으로 테러리스트와 전투를 치르게 된다. 난이도는 꽤 높은 편이다.

판타시 스타 천년기의 끝에

- 발매일 / 1993년 12월 17일
- 가격 / 8,800엔
- 퍼블리셔 / 세가

『판타시 스타』 시리즈의 4번째 작품이자 최종작이다. 만화 같은 멀티 윈도우가 특징이며, 과거 작품들에 대한 오마주가 가득하다.

부기우기 볼링

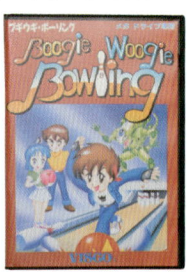

- ●발매일 / 1993년 12월 17일
- ●가격 / 6,800엔
- ●퍼블리셔 / 비스코

비스코에서 발매된 메가 드라이브 유일의 볼링 게임. 사용하는 손과 능력이 상이한 4명의 캐릭터와 3종류의 볼링공 중 하나를 선택할 수 있다. 물론 2명이 대전할 수도 있다.

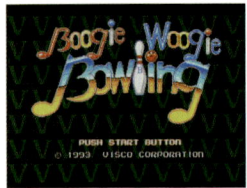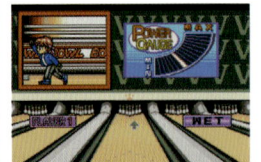

메탈 팡

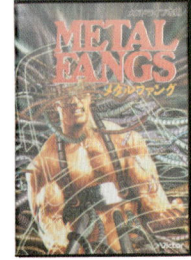

- ●발매일 / 1993년 12월 17일
- ●가격 / 6,800엔
- ●퍼블리셔 / 빅터 E

빅터 음악 산업에서 발매된 레이스 게임. 라이벌 차량을 방해할 수 있는 레이스로, 상금으로 파워업도 가능하다. 매우 개성적인 캐릭터가 특징이다.

아득한 오거스타

- ●발매일 / 1993년 12월 17일
- ●가격 / 8,800엔
- ●퍼블리셔 / T&E 소프트

T&E SOFT가 개발한 3D 골프 시뮬레이션의 첫 번째 작품을 뒤늦게 이식했다. 게임성은 이미 정평이 나 있었으며, 오거스타 내셔널 코스에서의 라운딩을 즐길 수 있다.

어섬 포섬

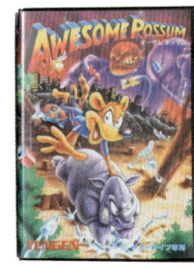

- ●발매일 / 1993년 12월 25일
- ●가격 / 8,800엔
- ●퍼블리셔 / 텐겐

어포섬(주머니 쥐)이 주인공인 사이드뷰 액션 게임. 쥐와 관련되어 있어서 『소닉 더 헤지혹』과 비교되는 경우가 많다. 스테이지 사이에는 지구 환경에 관한 퀴즈가 출제된다.

크루 볼

● 발매일 / 1993년 12월 26일
● 가격 / 6,800엔
● 퍼블리셔 / EAV

세계적으로 유명한 헤비메탈 밴드 「모틀리 크루」를 모티브로 한 핀볼 게임. 필드에는 이퀄라이저 등의 음악 기기가 배열되어 있고, 모틀리 크루의 곡이 배경음악으로 사용된다.

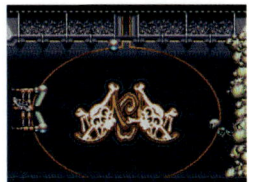

플래시 백

● 발매일 / 1993년 12월 29일
● 가격 / 8,000엔
● 퍼블리셔 / 선 소프트

프랑스의 델핀 소프트웨어가 개발한 즉사계 액션 어드벤처 게임을 이식. 죽으면서 외워야 하는 게임성을 이해하지 못하면 본 작품의 재미를 알 수 없다. 양질의 작품이지만 호불호가 갈린다.

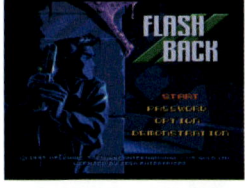

마천의 창멸

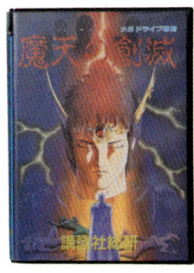

● 발매일 / 1993년 12월 29일
● 가격 / 8,900엔
● 퍼블리셔 / 코단샤 총연

메가 드라이브 오리지널 RPG. 전투 밸런스가 좋지 않은 것은 물론이고, 레벨이 올라가면 약한 적이 등장하지 않는 시스템이 결과적으로 RPG의 자유도를 훼손하고 말았다.

COLUMN 세가 탭

메이커 / 세가
발매일 / 1993년 4월 23일 가격 / 6,800엔

다인 플레이의 필수 아이템. 사용 포트를 빠르게 전환할 수 있어서, 컨트롤 패드 외에도 사용하고 싶은 컨트롤러를 상시 접속시켜 두면 매우 편리하다.

멀티 플레이가 가능할 뿐 아니라, 셀렉터 기능도 있다.

MEGA DRIVE 1994

버추어 레이싱

- ●발매일 / 1994년 3월 18일 ●가격 / 9,800엔
- ●퍼블리셔 / 세가

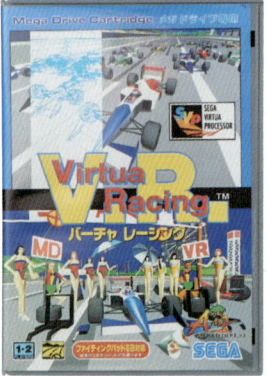

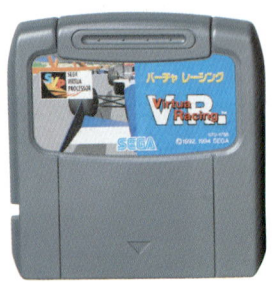

세가가 개발한 아케이드용 3D 레이싱 게임을 이식했다. 아케이드판은 세가가 3D 게임으로 방향을 전환하는 계기가 된 작품인데, 폴리곤을 이용한 3D 그래픽이 세일즈 포인트였다. 메가 드라이브판은 카트리지에 특수 칩을 내장해서 고도의 연산 처리를 실현했다. 약간 조잡한 화면이지만 게임 재현도는 높고, 시점 변경도 가능하다. 16비트 기기로 이렇게까지 멋진 이식이 실현된 것은 놀라울 정도로, 이후에 이식된 32비트 세가 새턴판보다 높이 평가된다.

뱀파이어 킬러

- ●발매일 / 1994년 3월 18일 ●가격 / 7,800엔
- ●퍼블리셔 / 코나미

코나미가 개발한 횡스크롤 액션으로, 메가 드라이브 오리지널 작품이다. 화면을 보면 알 수 있듯이 『악마성 드라큘라』 시리즈를 이은 작품이지만, 1917년이 시대 배경인 특이한 작품이다. 채찍을 메인 무기로 사용하는 조니 모리스와 창을 메인 무기로 사용하는 에릭 리카드 중에서 메인 캐릭터를 고를 수 있고, 무기는 각각 4단계까지 파워업 할 수 있다. 높은 완성도와 적은 출하량으로 인기를 모아서, 예전부터 유명한 프리미엄 소프트로 자리 잡았다.

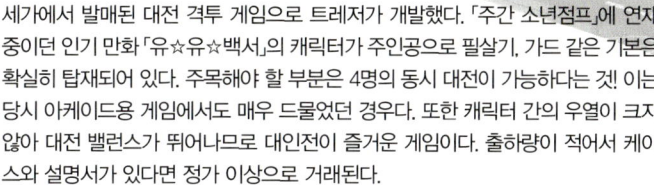

유☆유☆백서 마강통일전

- 발매일 / 1994년 9월 30일 ● 가격 / 8,800엔
- 퍼블리셔 / 세가

세가에서 발매된 대전 격투 게임으로 트레저가 개발했다. 「주간 소년점프」에 연재 중이던 인기 만화 「유☆유☆백서」의 캐릭터가 주인공으로 필살기, 가드 같은 기본은 확실히 탑재되어 있다. 주목해야 할 부분은 4명의 동시 대전이 가능하다는 것! 이는 당시 아케이드용 게임에서도 매우 드물었던 경우다. 또한 캐릭터 간의 우열이 크지 않아 대전 밸런스가 뛰어나므로 대인전이 즐거운 게임이다. 출하량이 적어서 케이스와 설명서가 있다면 정가 이상으로 거래된다.

소닉 & 너클즈

- 발매일 / 1994년 10월 28일 ● 가격 / 7,800엔
- 퍼블리셔 / 세가

같은 해 5월에 발매된 「소닉 더 헤지혹3」의 완전판이라 할 수 있다. 본 작품만 가지고 있다고 완전해지는 것은 아니고, 「소닉 3」가 수중에 있을 때 그렇다는 말이다. 그 비밀은 본 작품의 카트리지에 다른 카트리지를 끼워 넣을 수 있는 '록 온 시스템'에 있다. 즉 「소닉3」를 끼워 넣으면 「소닉 3 & 너클즈」로서 양쪽의 스테이지를 모두 플레이할 수 있다. 또한 초대 「소닉」과 「소닉 2」를 끼워 넣게 되면, 너클즈로 구작의 스테이지를 플레이하거나 스페셜 스테이지를 플레이할 수 있다.

MEGA DRIVE 1994

뿌요뿌요 통

- 발매일 / 1994년 12월 2일 ● 가격 / 6,800엔
- 퍼블리셔 / 컴파일

아케이드용으로 개발된 퍼즐 게임 『뿌요뿌요』의 속편에 해당하며, 세가가 아니라 컴파일에서 발매했다. 연쇄를 중심으로 한 게임성과 혼자서도 CPU와 대전할 수 있는 시스템은 건재하다. 본 작품부터 도입된 규칙으로 「상쇄」가 있으며, 적이 보낼 예정인 방해 뿌요를 똑같이 연쇄 제거로 무효화 할 수 있다. 이 규칙으로 인해 게임성이 대폭 향상되어서 대전이 보다 격렬해졌다. 가정용 하드로의 이식은 본 작품이 처음이지만, 후에 다수의 하드로 이식되었다.

제너럴 카오스 대혼전

- 발매일 / 1994년 1월 14일
- 가격 / 8,900엔
- 퍼블리셔 / EAV

해외 제작사에서 개발한 리얼 타임 전략 게임으로, 메가 드라이브 오리지널 작품이다. 일본인을 위한 게임이라고는 할 수 없지만 출하량이 적어서인지 프리미엄 가격이 붙었다.

용호의 권

- 발매일 / 1994년 1월 14일
- 가격 / 8,800엔
- 퍼블리셔 / 세가

SNK의 아케이드용 대전 격투 게임을 이식한 것으로, 오리지널에 존재했던 화면의 확대·축소 기능은 없다. 게임 밸런스는 재설정되어서 꽤 어레인지 된 이식으로 평가된다.

데빌즈 코스

● 발매일 / 1994년 1월 28일
● 가격 / 8,800엔
● 퍼블리셔 / 세가

T&E SOFT에서 개발한 3D 골프 시뮬레이션 시리즈의 4번째 작품이다. 개발사로부터의 도전이라 할 수 있는 난이도가 특징인데, 실제로는 말도 안 되는 기발한 홀이 줄지어 있다.

유☆유☆백서 외전

● 발매일 / 1994년 1월 28일
● 가격 / 8,800엔
● 퍼블리셔 / 세가

『유☆유☆백서』를 소재로 한 커맨드 선택식 어드벤처 게임으로, 전투 장면에서는 커맨드를 입력해서 싸우게 된다. 특별히 어려운 수수께끼는 없으며 단시간에 게임이 끝나버린다.

NFL 풋볼 '94

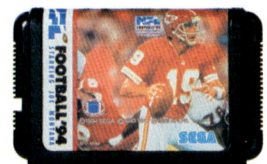

● 발매일 / 1994년 2월 4일
● 가격 / 8,800엔
● 퍼블리셔 / 세가

세가에서 발매된 미식축구 게임. 포메이션을 골라서 '패스 & 런'을 이용한 공격을 한다. 화면은 횡방향으로 스크롤하는 타입으로 줌 기능이 있는 등, 박력이 있다.

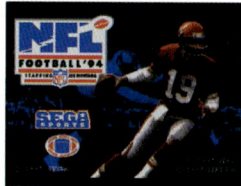
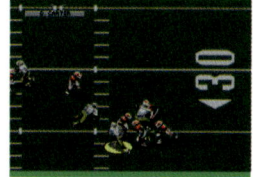
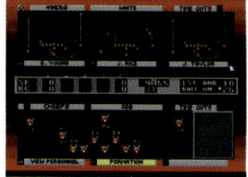
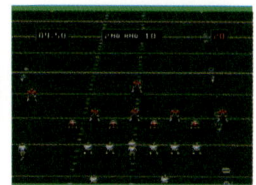

윈터 올림픽

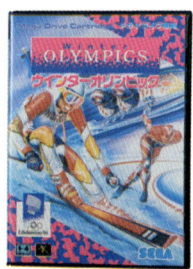

● 발매일 / 1994년 2월 11일
● 가격 / 7,800엔
● 퍼블리셔 / 세가

『올림픽 골드』처럼 해외 개발사에서 만든 게임을 일본어화 하지 않고 발매했다. 총 10종목의 경기를 즐길 수 있지만, 각각 조작 방법이 다르기 때문에 전부 익숙해지기는 어렵다.

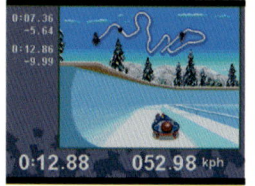

NFL 프로 풋볼 '94

- ●발매일 / 1994년 2월 18일
- ●가격 / 9,800엔
- ●퍼블리셔 / EAV

미국에서 유명한 코치 겸 해설가인 존 매든 씨가 감수한 미식축구 게임. 해외에서의 타이틀은 『매든 NFL '94』이며, 일렉트로닉 아츠를 대표하는 게임 시리즈 중의 하나이다.

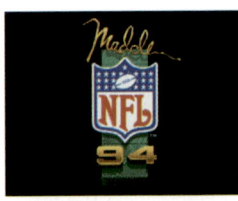

에어 매니지먼트 II 항공왕을 노려라

- ●발매일 / 1994년 2월 18일
- ●가격 / 12,800엔
- ●퍼블리셔 / 코에이

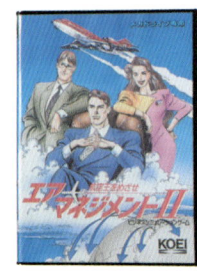

코에이의 『에어 매니지먼트』 2번째 작품. 항공회사를 경영해서 각 지구의 점유율로 톱이 되는 것이 목표. 시나리오는 4개이며, 1955년부터 2020년까지 시대에 따라 항공기의 성능이 다르다.

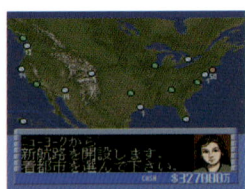

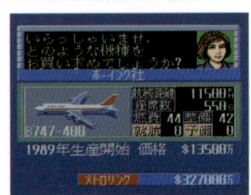

이터널 챔피언스

- ●발매일 / 1994년 2월 18일
- ●가격 / 7,800엔
- ●퍼블리셔 / 세가

세가에서 발매된 대전 격투 게임. 9명의 캐릭터를 사용할 수 있고, 커맨드 입력으로 필살기도 쓸 수 있지만 대부분 충전식으로 되어 있다. 또한 해외 제작이기 때문에 캐릭터성이 매우 강하다.

쿨 스팟

- ●발매일 / 1994년 2월 18일
- ●가격 / 8,000엔
- ●퍼블리셔 / 버진

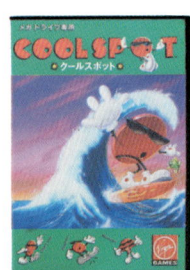

버진에서 발매된 7UP의 마스코트 캐릭터가 주인공인 사이드뷰 액션 게임. 첫 참전 작품이라 출하량이 적었던 탓인지, 현재는 프리미엄 가격이 붙어 있다.

MEGA DRIVE 1994

T2 디 아케이드 게임

- ●발매일 / 1994년 2월 25일
- ●가격 / 8,800엔
- ●퍼블리셔 / 어클레임

해외 개발사인 미드웨이가 만든 아케이드용 건 슈팅 게임 『터미네이터 2』를 이식했다. 난이도는 매우 높으며 컨트롤러로만 조작해야 한다.

데이비스 컵

- ●발매일 / 1994년 2월 25일
- ●가격 / 7,800엔
- ●퍼블리셔 / 텐겐

국가 대항 테니스 토너먼트 『데이비스 컵』을 모티브로 한 게임. 리플레이 기능과 심판에게 항의가 가능한 점 등, 특이한 기능을 채용하고 있다. 출전자는 가공의 선수이다.

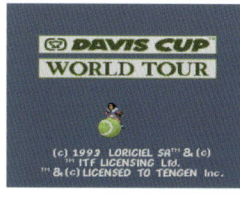

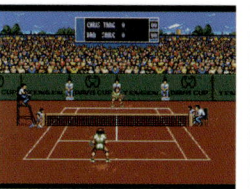

와이아라에의 기적

- ●발매일 / 1994년 2월 25일
- ●가격 / 8,800엔
- ●퍼블리셔 / 세가

T&E SOFT에서 개발한 3D 골프 시뮬레이션의 3번째 작품을 이식했다. 시리즈 전체의 조작 방법은 동일하며, 다른 것은 코스뿐이다. 그래서 팬이라면 설명서가 없어도 전혀 문제가 없다.

노부나가의 야망 패왕전

- ●발매일 / 1994년 2월 25일
- ●가격 / 12,800엔
- ●퍼블리셔 / 코에이

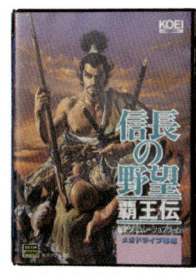

『노부나가의 야망』 시리즈의 5번째 작품을 이식. 외곽 성(支城)의 존재와 신하에게 상을 내리는 등의 새로운 요소가 추가되었다. 전투에서는 부대의 방향에 따라 전투력이 급변한다.

2020년 슈퍼 베이스볼

- ●발매일 / 1994년 3월 4일
- ●가격 / 9,800엔
- ●퍼블리셔 / EAV

SNK가 개발한 근미래형 야구 게임의 이식판. 다양한 플레이로 자금을 모으고, 강화 아머나 도우미 로봇을 구입할 수 있다. 필드에 지뢰가 설치되어 있는 등, 과격한 규칙도 특징이다.

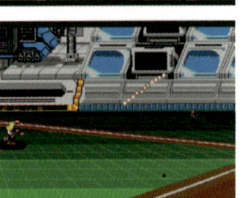

테크모 슈퍼 NBA 바스켓볼

- ●발매일 / 1994년 3월 4일
- ●가격 / 8,900엔
- ●퍼블리셔 / 테크모

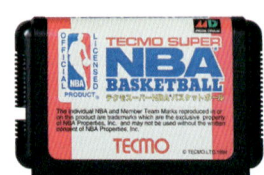

『테크모 슈퍼 볼』의 농구판. 각 선수의 능력이 데이터화 되어 있고, 시즌 게임에서는 개인 성적도 표시되는 등, 오래 전부터 농구팬이었다면 놓칠 수 없는 게임이다.

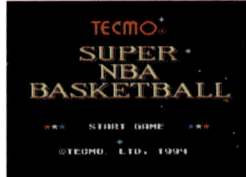

하이퍼 덩크 더 플레이오프 에디션

- ●발매일 / 1994년 3월 4일
- ●가격 / 8,800엔
- ●퍼블리셔 / 코나미

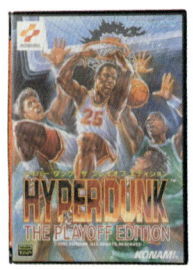
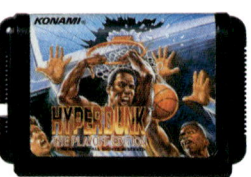

코나미에서 발매한 농구 게임으로, 세가 탭이 2개 있으면 최대 8명이 플레이할 수 있다. 조작성이 양호한 점과 화면이 보기 편하다는 점에서 플레이어의 평가는 꽤 좋다.

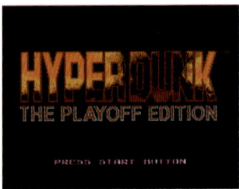

크레용 신짱 폭풍을 부르는 유치원생

- ●발매일 / 1994년 3월 11일
- ●가격 / 8,800엔
- ●퍼블리셔 / 마바

인기 만화를 원작으로 한 횡스크롤 액션 게임으로 슈퍼 패미컴에서 이식했다. 카드를 발견하는 것이 목표이며, 다수의 미니게임이 있어서 그쪽으로만 즐길 수도 있다.

MEGA DRIVE 1994

베어너클 III

●발매일 / 1994년 3월 18일
●가격 / 7,800엔
●퍼블리셔 / 세가

세가의 벨트 스크롤 액션 시리즈의 3번째 작품. 5명의 캐릭터(그중 하나는 히든 캐릭터)가 있고, 게이지 또는 체력을 소비해 스페셜 공격을 쓸 수 있으며, 득점에 따라 대시 공격이 강화된다.

WWF 로얄 럼블

●발매일 / 1994년 3월 25일
●가격 / 8,900엔
●퍼블리셔 / 어클레임

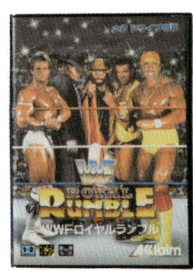

WWF의 슈퍼스타가 다수 등장하는 프로레슬링 게임. 싱글 매치 이외에 다수의 선수가 난입해서 싸우는 로얄 럼블 모드도 플레이할 수 있다. 미국 프로레슬링 팬을 위한 게임이다.

브이 파이브

●발매일 / 1994년 3월 25일
●가격 / 7,800엔
●퍼블리셔 / 텐겐

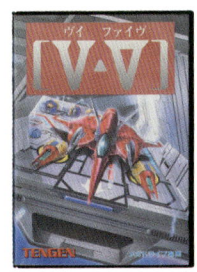

토아 플랜에서 개발한 아케이드용 횡스크롤 슈팅 게임의 이식판. 흔히 말하는 '글라디우스' 방식의 파워업을 채용했지만, 메가 드라이브판에서는 폭탄을 탑재한 해외판 사양으로도 플레이가 가능하다.

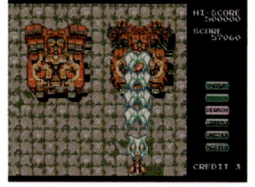

타임 도미네이터

●발매일 / 1994년 3월 25일
●가격 / 7,800엔
●퍼블리셔 / 빅 도카이

빅 도카이에서 개발한 사이드뷰 액션 게임. 주인공인 미닛이 악의 시간 통치자, 타임 도미네이터에게 맞선다. 점프와 킥을 이용한 공격이 가능하고, 에너지제를 채용하고 있다.

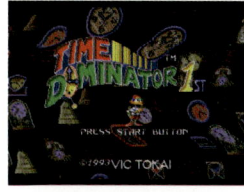

탄트알

- ●발매일 / 1994년 4월 1일
- ●가격 / 7,800엔
- ●퍼블리셔 / 세가

세가의 아케이드용 퍼즐 게임을 이식. 탈주범을 붙잡기 위해 퍼즐에 도전하는 방식으로, 다수의 미니게임 같은 퍼즐을 풀어 나간다. 캐릭터는 『보난자 브라더스』의 캐릭터가 사용된다.

드래곤볼 Z 무용열전

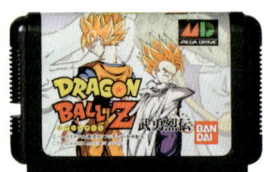

- ●발매일 / 1994년 4월 1일
- ●가격 / 8,800엔
- ●퍼블리셔 / 반다이

반다이의 메가 드라이브 첫 참전 작품이다. 드래곤볼의 캐릭터를 사용한 대전 격투 게임으로, 한쪽 캐릭터가 공중으로 간 경우에는 화면이 2분할 된다.

몬스터 월드 IV

- ●발매일 / 1994년 4월 1일
- ●가격 / 8,800엔
- ●퍼블리셔 / 세가

웨스턴에서 개발한 시리즈의 4번째 작품으로, 메가 드라이브 오리지널 액션 RPG이다. 소녀 아샤가 주인공이며, 수수께끼와 풍부한 액션이 플레이어의 지지를 받았다.

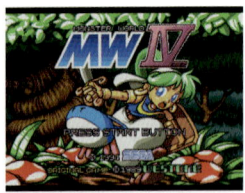

판타시 스타 복각판

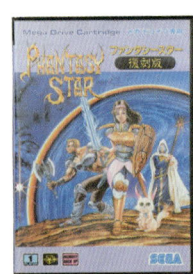

- ●발매일 / 1994년 4월 2일
- ●가격 / 4,800엔
- ●퍼블리셔 / 세가

원래는 캠페인 상품이었지만 팬들의 요청에 의해 정식 발매되었다. 내용물은 마크 III판과 완전히 똑같고, 호환 모드를 이용해 프로그램을 작동시킨다.

캡틴 랑

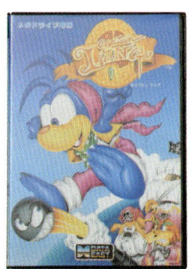

- 발매일 / 1994년 4월 22일
- 가격 / 6,800엔
- 퍼블리셔 / 데이터 이스트

데이터 이스트에서 개발한 횡스크롤 액션 게임. 점프를 중심으로 한 액션이며, 적을 밟거나 회전 어택을 사용해 쓰러뜨린다. 현재는 프리미엄 가격으로 거래되는 작품이다.

NBA JAM

- 발매일 / 1994년 4월 29일
- 가격 / 8,800엔
- 퍼블리셔 / 어클레임

미드웨어가 개발한 아케이드용 농구 게임을 이식. 2 on 2 농구로, 당시 NBA에 소속되어 있던 선수를 사용할 수 있다. 말도 안 될 정도의 점프력을 이용한 덩크슛이 매력이다.

아웃 러너즈

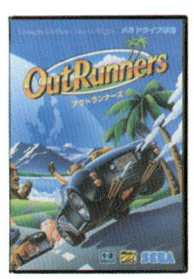

- 발매일 / 1994년 5월 13일
- 가격 / 7,800엔
- 퍼블리셔 / 세가

「아웃런」 시리즈 중 하나로 아케이드판에서는 8명까지 동시 플레이가 가능했다. 메가 드라이브판에서는 화면을 상하로 2분할해서 2P와 동시에 같은 코스를 달릴 수 있다.

윔블던

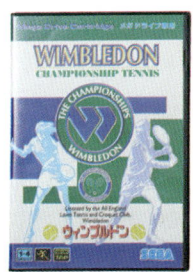

- 발매일 / 1994년 5월 20일
- 가격 / 6,800엔
- 퍼블리셔 / 세가

테니스 4대 대회의 이름을 내건 게임. 토너먼트 모드에서는 선수 성장 요소도 있다. 또한 세가 탭이 있다면 4명이 더블 플레이를 즐길 수 있도록 되어 있다.

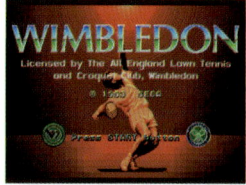
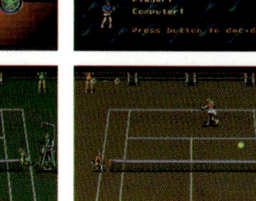

F117 스텔스 오퍼레이션 : 나이트 스톰

- ●발매일 / 1994년 5월 27일
- ●가격 / 9,800엔
- ●퍼블리셔 / EAV

미군의 스텔스 공격기 F-117 나이트 호크를 조작하는 플라이트 슈팅 게임. 미션 클리어형 게임으로 플레이어가 기체를 마음대로 조종하기 위해서는 나름대로 익숙해질 필요가 있다.

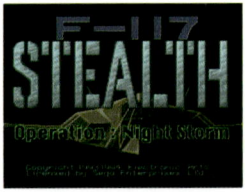 

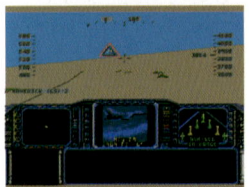 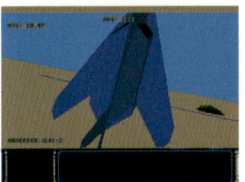

그레이티스트 헤비 웨이트

- ●발매일 / 1994년 5월 27일
- ●가격 / 7,800엔
- ●퍼블리셔 / 세가

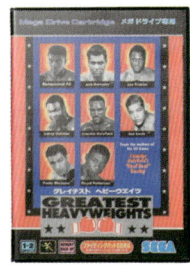 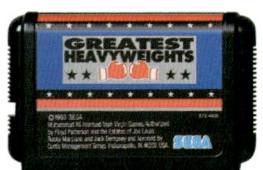

해외 개발사가 만들고 세가에서 발매된 복싱 게임이다. 사이드뷰에 복서의 크기가 커서 박력이 있다. 또한 시합 사이에 트레이닝으로 능력 향상이 가능하다.

 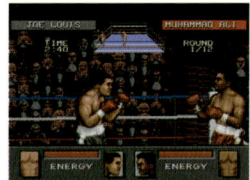

 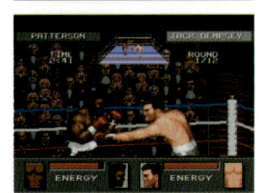

소닉·더·헤지혹 3

- ●발매일 / 1994년 5월 27일
- ●가격 / 5,800엔
- ●퍼블리셔 / 세가

『소닉』 시리즈의 3번째 작품이다. 본 작품만으로는 게임이 완결되지 않고 『소닉 & 너클즈』가 갖춰져야 완전해진다. 또한 너클즈로서는 본 작품이 첫 등장이다.

모탈 컴뱃

- ●발매일 / 1994년 5월 27일
- ●가격 / 7,800엔
- ●퍼블리셔 / 어클레임

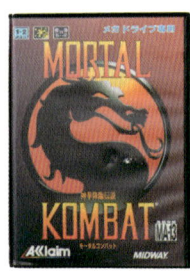 

미드웨이의 인기 대전 격투 게임 시리즈의 첫 작품을 이식. 실사 캐릭터가 싸우며, 적에게 이길 때 페이탈리티로 상대를 참살할 수 있는 것이 최대 특징이다. 미국에서 특히 인기가 있었다.

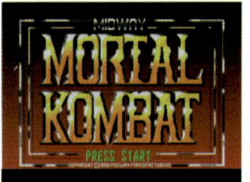 

MEGA DRIVE 1994

로보캅 VS 터미네이터

●발매일 / 1994년 5월 28일
●가격 / 8,900엔
●퍼블리셔 / 버진

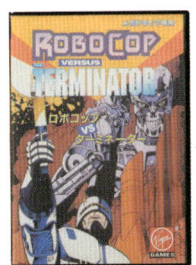

인기 영화 두 작품의 이름을 내건 호화로운 게임으로, 동명의 만화가 원작이다. 쓰러뜨린 적의 피가 흩날리는 호쾌한 게임인데, 출하량이 적어서 현재는 꽤 고액으로 거래되고 있다.

FIFA 인터내셔널 사커

●발매일 / 1994년 6월 10일
●가격 / 9,800엔
●퍼블리셔 / EAV

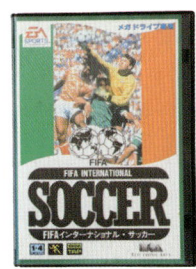
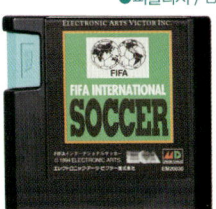

FIFA의 인가를 취득한 축구 게임으로, 각국의 국가대표 팀을 사용할 수 있다. 쿼터뷰 화면이 특징이며, 이후에 본 작품의 시리즈가 EA의 간판 게임으로 발전했다.

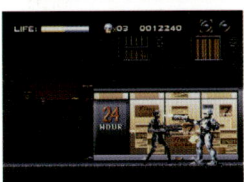

신 창세기 라그나센티

●발매일 / 1994년 6월 17일
●가격 / 8,000엔
●퍼블리셔 / 세가

넥스텍이 개발하고 세가가 발매한 메가 드라이브 오리지널 액션 RPG. 화면 사진을 보아도 알 수 있듯이, 닌텐도의 『젤다의 전설』과 비슷한 것은 애교이다.

척 록 II

●발매일 / 1994년 6월 24일
●가격 / 8,000엔
●퍼블리셔 / 버진

『툼 레이더』 시리즈로 유명한 코어 디자인이 개발한 횡스크롤 액션 게임. 아기가 곤봉으로 싸운다는, 일본인에게 인기가 없을 것 같은 디자인 때문에 출하량이 적어서 프리미엄이 됐다.

MEGA DRIVE 1994

챔피언스 월드 클래스 사커

- 발매일 / 1994년 6월 24일
- 가격 / 7,800엔
- 퍼블리셔 / 어클레임

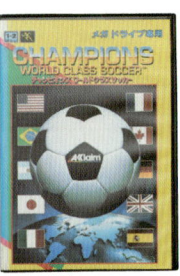

내셔널 팀들을 이용한 축구 게임으로, 슈퍼 패미컴판보다 3개월 늦게 발매되었다. 선수 개인이 아니라 팀 별로 능력치가 있으며, 최강은 독일로 설정되어 있다.

로드 모나크 마지막 전투 전설

- 발매일 / 1994년 6월 24일
- 가격 / 8,800엔
- 퍼블리셔 / 세가

일본 팔콤에서 개발한 PC용 리얼 타임 전략 게임을 이식. 메가 드라이브판의 경우, 기본적인 게임성은 동일하지만 상당히 어레인지 되어서 캐릭터성이 강해졌다.

아랑전설 2 새로운 싸움

- 발매일 / 1994년 6월 24일
- 가격 / 9,800엔
- 퍼블리셔 / 타카라

『아랑전설』 시리즈의 2번째 작품으로, 아케이드판에서 이식했다. 사용 캐릭터가 3명에서 8명으로 늘었으며, 체력 게이지가 붉게 변하면 초필살기를 쓸 수 있는 등, 게임성이 진화했다.

대항해시대 II

- 발매일 / 1994년 6월 24일
- 가격 / 11,800엔
- 퍼블리셔 / 코에이

코에이의 리코에이션 게임 『대항해시대』의 2번째 작품. 여전히 자유도가 높은 게임이지만 이번 작품에서는 6명 중에서 주인공을 고를 수 있고 이벤트나 목적이 각각 다르게 설정되어 있다.

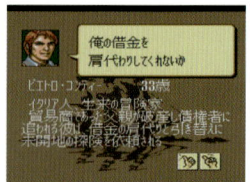
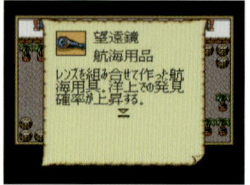

슈퍼 스트리트 파이터 II THE NEW CHALLENGERS

- 발매일 / 1994년 6월 25일
- 가격 / 10,900엔
- 퍼블리셔 / 캡콤

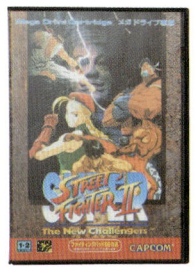

아케이드용으로 대인기였던 『스트리트 파이터II』의 상위 버전을 이식했다. 기본적인 규칙이나 시스템은 똑같지만, 4명의 새로운 캐릭터가 추가됨으로써 기존 캐릭터도 밸런스가 조정되었다.

NBA 프로 바스켓볼 '94

- 발매일 / 1994년 7월 1일
- 가격 / 9,800엔
- 퍼블리셔 / EAV

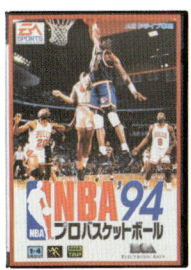
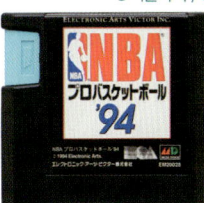

NBA에 소속된 선수와 팀이 실명으로 등장하는 농구 게임. 애초에 북미용 게임이었기 때문에 일본에서의 출하량이 적어서 정가 이상의 가격으로 거래되고 있다.

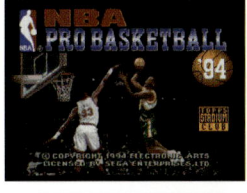

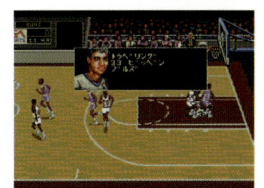

미소녀 전사 세일러문

- 발매일 / 1994년 7월 8일
- 가격 / 8,800엔
- 퍼블리셔 / 마바

반다이와 마텔의 합병회사인 마바에서 발매된 벨트 스크롤 액션 게임. 인기 만화이자 애니메이션인 『세일러문』의 캐릭터가 주인공이며, 캐릭터 5명의 능력이 각각 다르다.

J 리그 프로 스트라이커 2

- 발매일 / 1994년 7월 15일
- 가격 / 7,800엔
- 퍼블리셔 / 세가

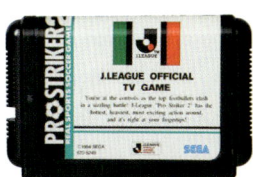

전년도에 발매됐던 『프로 스트라이커』 시리즈의 속편. J리그 소속 팀을 사용할 수 있으며 평가전, 리그전, 컵 전, 올스타전 등의 모드로 플레이할 수 있다.

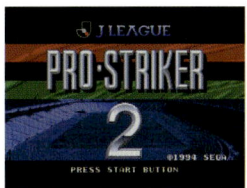

하이브리드 프론트

● 발매일 / 1994년 7월 22일
● 가격 / 8,800엔
● 퍼블리셔 / 세가

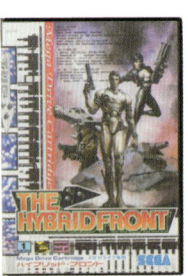

『어드밴스드 대전략』의 게임 엔진을 사용한 턴제 시뮬레이션 게임. 강경한 스토리와 할 맛 나는 게임성 등, 평가가 좋아서 팬들에게 사랑받은 작품이다.

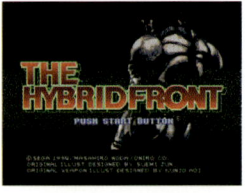

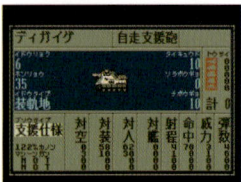

펄스맨

● 발매일 / 1994년 7월 22일
● 가격 / 7,800엔
● 퍼블리셔 / 세가

이후에 『포켓몬』으로 일약 유명해진 '게임 프리크'가 개발한 사이드뷰 액션 게임. 계속 달리면 몸에 전기를 띄게 되고, 스파이크링 상태가 되면 공격 방법이 늘어난다.

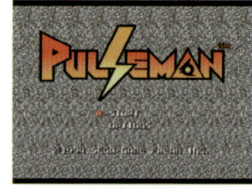

다이너마이트 헤디

● 발매일 / 1994년 8월 5일
● 가격 / 6,800엔
● 퍼블리셔 / 세가

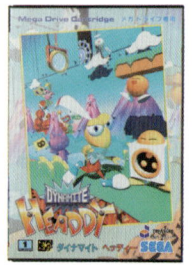

트레저가 개발하고 세가가 발매한 횡스크롤 액션 게임으로 주인공인 인형은 머리를 날려서 공격할 수 있다. 다양한 특수장치가 있는 스테이지도 플레이어에게 평가가 좋다.

파노라마 코튼

● 발매일 / 1994년 8월 12일
● 가격 / 9,500엔
● 퍼블리셔 / 선 소프트

석세스가 개발한 슈팅 게임 시리즈 『코튼』의 파생 작품. 내용은 유사 3D 슈팅이며, 오리지널처럼 차징 공격이나 마법을 이용한 공격도 가능하다.

MEGA DRIVE 1994

에코 더 돌핀 2

- ●발매일 / 1994년 8월 26일
- ●가격 / 6,800엔
- ●퍼블리셔 / 세가

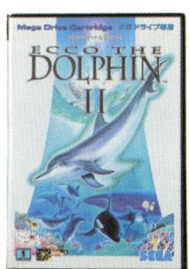
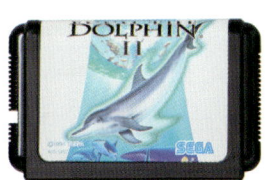

전작처럼 돌고래가 주인공인 액션 어드벤처 게임. 돌고래를 조작해서 바다 속을 나아가면 쾌감이 느껴지는데, 이번 역시 난이도가 꽤 높다. 또한 유사 3D 스테이지가 추가되었다.

랑그릿사 2

- ●발매일 / 1994년 8월 26일
- ●가격 / 9,800엔
- ●퍼블리셔 / 메사이어

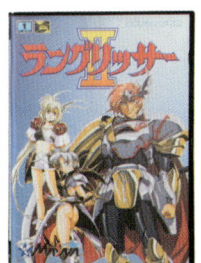

『랑그릿사』시리즈의 2번째 작품으로, 시스템은 전작으로부터 이어받고 있다. 스테이지 클리어형 시뮬레이션 RPG이며 그 사이에 시나리오가 진행된다.

모탈 컴뱃 II 궁극신권

- ●발매일 / 1994년 9월 9일
- ●가격 / 8,800엔
- ●퍼블리셔 / 어클레임

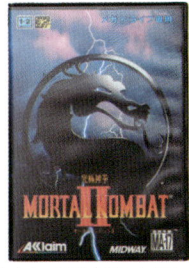
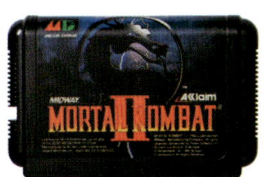

실사를 도입한 영상의 캐릭터가 싸우는 대전 격투 게임의 2번째 작품이다. 궁극신권이란 페이탈리티를 의미하는데, 본 작품에서는 프랜드십, 베이버리티, 스테이지 페이탈리티로 종류가 늘어났다.

혼두라더 하드코어

- ●발매일 / 1994년 9월 15일
- ●가격 / 9,000엔
- ●퍼블리셔 / 코나미

코나미에서 개발한 액션 슈팅 게임으로 예전부터 유명한 프리미엄 소프트 중의 하나이다. 4명의 캐릭터 중 한 명을 선택할 수 있고, 버튼으로 무장을 바꾸며 싸워 나간다.

드래곤 슬레이어 영웅전설

●발매일 / 1994년 9월 16일
●가격 / 8,800엔
●퍼블리셔 / 세가

일본 팔콤이 개발한 PC용 RPG를 이식한 것으로, 『드래곤 슬레이어』 시리즈의 6번째 작품이다. 게임성은 변함없이 커맨드 선택식 RPG로, 시나리오에 중점을 두고 있다.

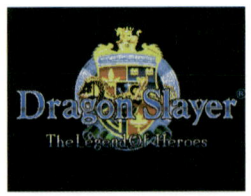

스파크 스타 로켓 나이트 어드벤처즈 2

●발매일 / 1994년 9월 23일
●가격 / 8,800엔
●퍼블리셔 / 코나미

전년도에 발매됐던 『로켓 나이트 어드벤처』의 속편. 사이드뷰 액션 게임으로, 메가 드라이브 후기의 코나미 게임 대부분이 그랬듯이 본 작품도 프리미엄화 되었다.

록맨 메가 월드

●발매일 / 1994년 10월 21일
●가격 / 8,500엔
●퍼블리셔 / 캡콤

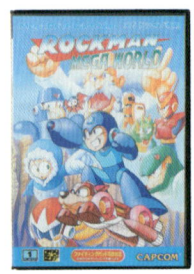

패미컴에서 발매됐던 『록맨』의 첫 작품부터 3번째 작품까지를 하나로 묶은 알찬 게임. 메가 드라이브를 위해 그래픽을 새로 작업해서 패미컴판보다 아름답다.

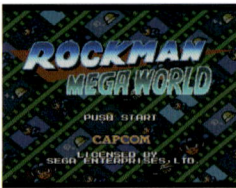

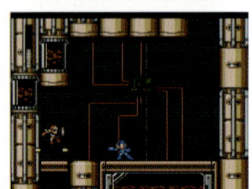

호혈사 일족

●발매일 / 1994년 11월 18일
●가격 / 9,800엔
●퍼블리셔 / 아틀라스

아틀라스의 아케이드용 대전 격투 게임을 이식. 일족의 새로운 당주를 정하기 위한 결투로, 참가 캐릭터 모두 캐릭터성이 강하며 특히 노파가 싸우는 게임이라는 것으로 화제가 됐다.

MEGA DRIVE 1994

사무라이 스피리츠

●발매일 / 1994년 11월 19일
●가격 / 8,800엔
●퍼블리셔 / 세가

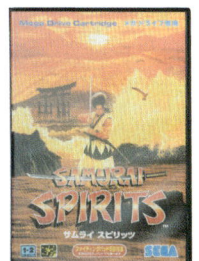

SNK의 아케이드용 대전 격투 게임을 이식. 화면 확대·축소 기능은 재현되지 못했지만, 게임성은 재현되어서 도검을 이용한 무거운 일격이 만드는 상쾌함은 건재하다. 한 번 해보면 충분히 즐길 수 있다.

스토리 오브 토르 빛을 계승하는 자

●발매일 / 1994년 12월 9일
●가격 / 8,800엔
●퍼블리셔 / 세가

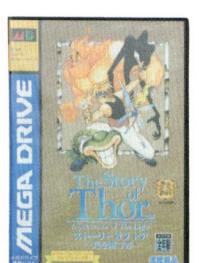

에이션트가 개발하고 세가가 발매한 액션 RPG. 무기를 이용한 공격과 정령 소환 등의 다채로운 액션이 가능하고 고시로 유조 씨의 배경음악도 듣는 맛이 있다. 한국에서는 '스토리 오브 도어'로 알려졌다.

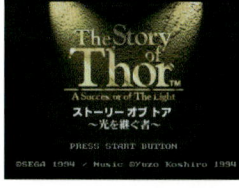

라이온 킹

●발매일 / 1994년 12월 9일
●가격 / 7,800엔
●퍼블리셔 / 버진

디즈니의 장편 애니메이션을 소재로 한 사이드뷰 액션 게임. 주인공은 사자인 아기 심바이며, 앞발을 능숙하게 사용해서 붙잡는 등의 다채로운 액션이 가능하게 되어 있다.

톰과 제리

●발매일 / 1994년 12월 16일
●가격 / 8,800엔
●퍼블리셔 / 알트론

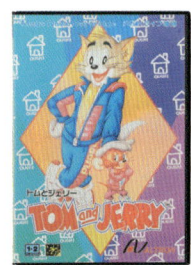

일본에서도 유명한 카툰 애니메이션 「톰과 제리」를 모티브로 한 사이드뷰 액션 게임. 애니메이션다운 코믹한 움직임이 재현되어서 보는 것만으로도 즐겁다.

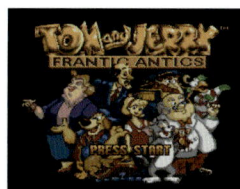

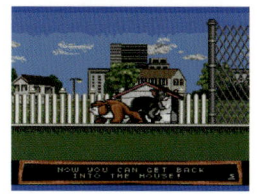

MEGA DRIVE 1994

나이젤 만셀 인디카

- ●발매일 / 1994년 12월 16일
- ●가격 / 7,800엔
- ●퍼블리셔 / 어클레임

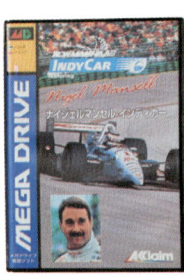
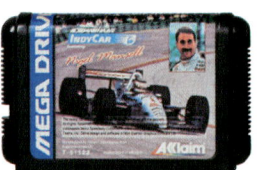

F1 드라이버로서 한 시대를 풍미했던 나이젤 만셀의 이름을 내건 레이스 게임. 게임 모드에 따라 상하 2분할 화면이 될 수도 있고 풀 화면이 될 수도 있다.

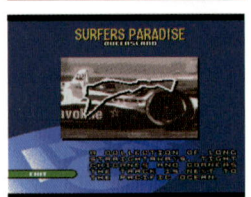

미키와 미니 매지컬 어드벤처 2

- ●발매일 / 1994년 12월 16일
- ●가격 / 7,800엔
- ●퍼블리셔 / 캡콤

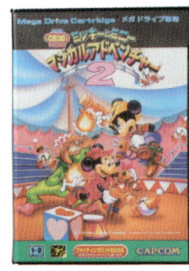
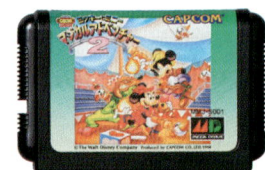

메가 드라이브에서는 익숙한 디즈니 게임이지만 본 작품은 캡콤에서 발매됐다. 슈퍼 패미컴판에서 이식된 것으로, 플레이어는 미키와 미니 중에서 선택할 수 있다.

테크모 슈퍼볼 2 스페셜 에디션

- ●발매일 / 1994년 12월 20일
- ●가격 / 9,980엔
- ●퍼블리셔 / 테크모

테크모가 개발한 미식축구 게임 시리즈의 3번째 작품이다. 선수의 세세한 데이터화는 건재하며, 어려운 미식축구 규칙은 알기 쉽게 해서 비교적 간단한 조작으로 시합을 즐길 수 있다.

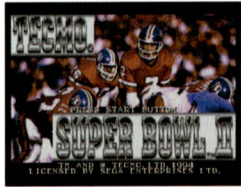
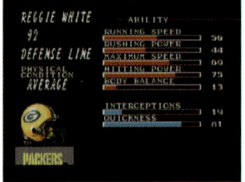
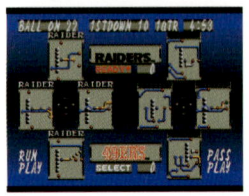
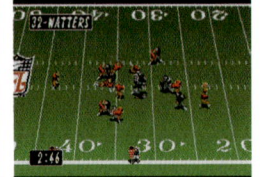

더 저스티스 파이어

옛날부터 있는 광선총. 시스템 상 액정 TV에서는 플레이할 수 없다. 일본에서는 『리썰 엔포서즈(2 포함)』에만 대응되어 있었지만, 해외에서는 그 밖의 두 작품에도 대응되었다.

흔히 말하는 광선총에 해당. 브라운관에서만 반응한다.

SG-1000 소개 Part3

Part1은 P33 / Part2는 P79

SG-1000과의 호환성을 가진 『오셀로 멀티 비전』은 이름 그대로 오셀로를 내장한 게임기. 또한 전용 소프트도 발매되어 있다. 『SG-1000Ⅱ』는 보다 유저 친화적이 되어서 등장한 개량판. 또한 전면 부분에 파츠(별매)를 장착하면 노래방 기기나 스테레오 기능을 수행할 수 있는 파이오니아 시스템 콤포넌트 TV 『SEEDSD-21』은 대응 게임팩 『SD-G5』를 장착해서 SG-1000의 게임을 즐길 수 있다.

오셀로 멀티 비전

메이커 / 츠쿠다 오리지널
발매일 / 1983년   가격 / 19,800엔

SG-1000Ⅱ

메이커 / 세가 엔터프라이제스
발매일 / 1984년   가격 / 15,000엔

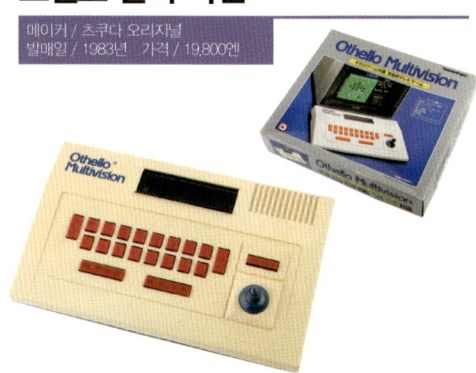
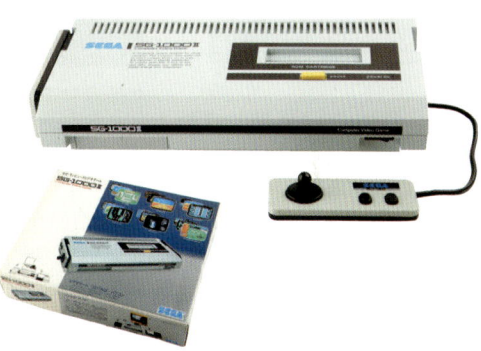

오셀로 멀티 비전   FG-2000

메이커 / 츠쿠다 오리지널
발매일 / 1984년   가격 / 19,800엔

SK-1100

메이커 / 세가 엔터프라이제스
발매일 / 1984년   가격 / 13,800엔

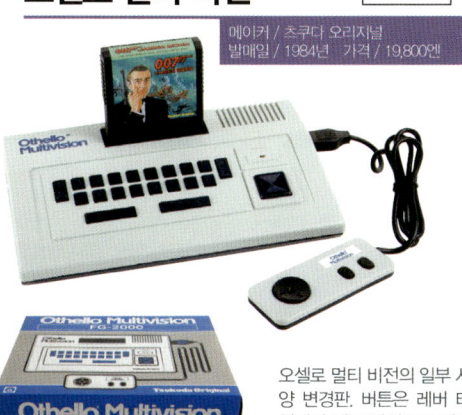

오셀로 멀티 비전의 일부 사양 변경판. 버튼은 레버 타입에서 패드 타입으로 변경되었다.

SG-1000에 장착하면 SC-3000에 상응하게 되는 외부 부착식 키보드. 마크Ⅲ까지 대응.

SD-G5

메이커 / 파이오니아
발매일 / 1983년   가격 / 19,800엔

파이오니아 시스템 콤포넌트 TV 『SEED SD-21』에 부착해서 SG-1000을 플레이할 수 있으나 유통량이 매우 적었다.

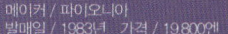
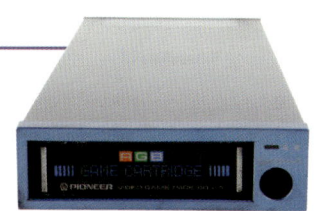

SEEDSD-21

리스타 더 슈팅 스타

- 발매일 / 1995년 2월 17일 ●가격 / 6,800엔
- 퍼블리셔 / 세가

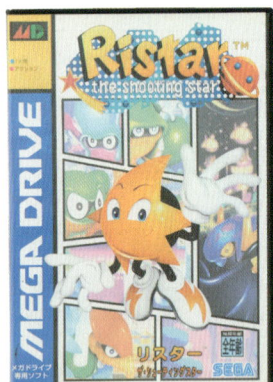

세가의 소닉 팀이 개발한 사이드뷰 액션 게임. 유성의 아이 「리스타」를 주인공으로 한 점프 액션이지만 2개의 팔로 다양한 물건을 잡을 수 있다는 것이 게임을 풍성하게 만들었다. 적을 붙잡아서 박치기로 쓰러뜨리거나 손잡이를 잡아서 날고, 봉을 잡은 후 회전하며 큰 점프를 하는 등의 다채로운 행동으로 재미가 배가된 것이다. 다만 『소닉』에 비해 스피드감이 떨어지고, 메가 드라이브의 절정기가 지난 시점에 나와 주목 받지 못하고 프리미엄 소프트가 되었다.

에일리언 솔저

- 발매일 / 1995년 2월 24일 ●가격 / 6,800엔
- 퍼블리셔 / 세가

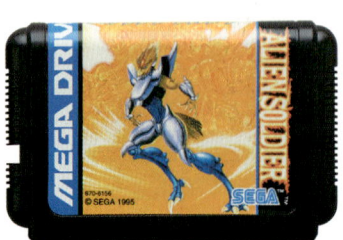

트레저가 개발하고 세가에서 발매한 횡스크롤 게임. 타이틀 아래에 적힌 「FOR MEGADRIVERS CUSTOM」이라는 글귀에서 개발사의 자신감을 엿볼 수 있다. 실제로 게임은 매우 어렵지만 플레이어의 실력에 따라 보스를 화려하게 순살시키는 것도 가능. 숙련자의 플레이는 시선을 빼앗길 정도로 아름답다. 주인공은 6종류의 무기 중 4종류를 장비할 수 있고, (2단) 점프나 호버링 같은 액션도 사용할 수 있다. 시공조작 O이동, O이동 폭장 같은 이동기도 필수이다.

MEGA DRIVE 1995

맥시멈 카네이지

- 발매일 / 1995년 5월 26일 ● 가격 / 7,800엔
- 퍼블리셔 / 어클레임

프리미엄 소프트가 많은 메가 드라이브 중에서도 최고봉이라 할 수 있는 작품. 무엇보다 유통되고 있는 수가 매우 적고, 어떤 상점에 입고된 것만으로 뉴스가 될 정도라서 케이스와 설명서가 있는 제품이라면 매매 가격은 50만 엔 정도가 된다. 메가 드라이브의 모든 소프트를 수집하는 것을 목표로 한다면, 본 작품이 큰 벽이 될 것이다. 게임은 스파이더맨을 주인공으로 한 사이드뷰 액션인데, 게임 도중에 베놈도 사용할 수 있다. 해외판 역시 프리미엄 가격으로 거래된다.

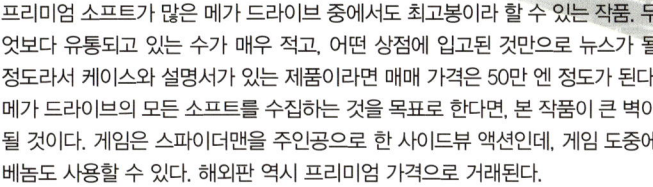
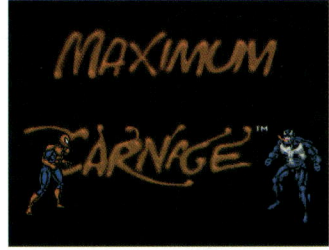

이치단트알

- 발매일 / 1995년 1월 13일
- 가격 / 6,800엔
- 퍼블리셔 / 세가

옴니버스 퍼즐 게임 『탄트알』의 속편으로, 동일한 게임성을 갖고 있다. 메가 드라이브판에서는 4명까지 참가 가능한 시합 모드와 RPG풍의 퀘스트 모드가 추가되었다.

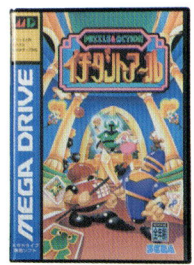
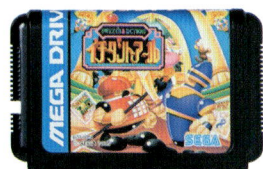

드래곤 슬레이어 영웅전설 II

- 발매일 / 1995년 1월 20일
- 가격 / 8,800엔
- 퍼블리셔 / 세가

『드래곤 슬레이어 영웅전설』 시리즈의 2번째 작품으로, PC게임에서 이식됐다. 전작처럼 전통적인 RPG의 형태를 띠고 있고, 게임성은 스토리를 중시한다.

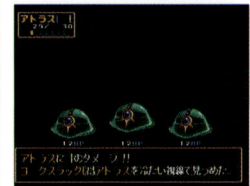

NBA JAM 토너먼트 에디션

- ●발매일 / 1995년 2월 24일
- ●가격 / 8,800엔
- ●퍼블리셔 / 어클레임

미드웨이가 개발한 아케이드용 농구 게임의 속편을 이식했다. 사용 가능한 선수가 늘어난 것이 포인트로, 전작에 이어서 인간의 능력을 벗어난 호쾌한 덩크를 즐길 수 있다.

 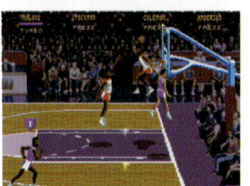

NFL 쿼터백 클럽 '95

- ●발매일 / 1995년 2월 24일
- ●가격 / 8,800엔
- ●퍼블리셔 / 어클레임

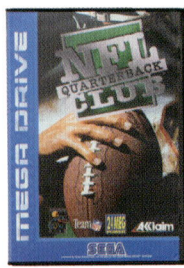

해외 개발사인 Iguana Entertainment가 만든 미식축구 게임을 이식했다. 북미에서의 큰 인기를 바탕으로 시리즈화 되었고, 오랫동안 팬들이 즐긴 게임이다.

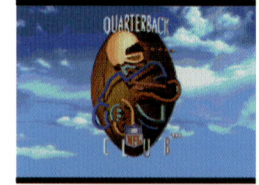 

서징 오라

- ●발매일 / 1995년 3월 17일
- ●가격 / 8,800엔
- ●퍼블리셔 / 세가

세가에서 발매된 RPG로, 캐릭터 디자인은 이노마타 무츠미 씨가 담당했다. 주인공이 마법사라서 전투는 마법 메인이고 영창(詠唱)을 방해받지 않도록 하는 등, 특이한 시스템을 가지고 있다.

미키 매니아

- ●발매일 / 1995년 3월 31일
- ●가격 / 7,800엔
- ●퍼블리셔 / 세가

미키마우스를 주인공으로 한 횡스크롤 액션 게임. 옛날 영화를 더듬어 간다는 설정으로, 화면은 흑백에서 시작해서 서서히 컬러로 변해간다. 본 작품 이외에 메가-CD에도 이식되었다.

TV 애니메이션 슬램덩크 강호맞대결!

- ●발매일 / 1995년 4월 28일
- ●가격 / 8,800엔
- ●퍼블리셔 / 반다이

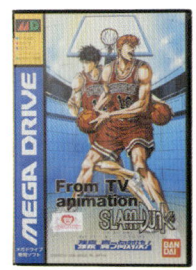

인기 만화와 애니메이션을 원작으로 한 농구 게임. 스토리 모드에서는 비주얼 장면도 풍부해서 원작의 재미가 충분히 재현되어 있다. 시합에서는 시점이 변화하는 것이 특징이다.

트루 라이즈

- ●발매일 / 1995년 4월 28일
- ●가격 / 7,800엔
- ●퍼블리셔 / 어클레임

아놀드 슈왈제네거 주연의 영화를 원작으로 한 액션 게임. 다양한 무기를 사용해서 적을 쓰러뜨리는 전통적인 내용이지만, 폭력성이 강하다는 점에서 18세 이상에게 추천한다.

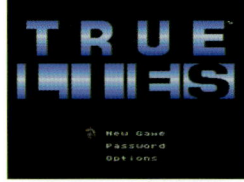

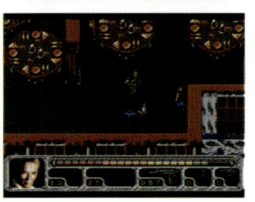

라이트 크루세이더

- ●발매일 / 1995년 5월 26일
- ●가격 / 7,800엔
- ●퍼블리셔 / 세가

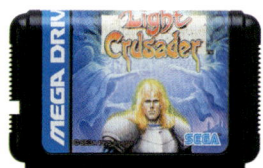

트레저에서 개발한 액션 RPG로 쿼터뷰 시점이 특징. 퍼즐성이 높은 게임인데, 다양한 장치를 작동시켜서 앞으로 나아가는 던전 형식으로 되어 있다.

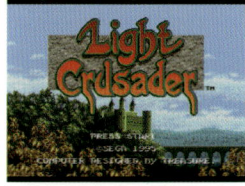

초구계 미라클 나인

- ●발매일 / 1995년 5월 26일
- ●가격 / 7,800엔
- ●퍼블리셔 / 세가

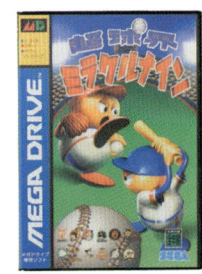

코미컬한 캐릭터와 쿼터뷰 시점(수비할 때는 탑뷰)이 특징인 야구 게임. 우타자인 경우와 좌타자인 경우의 시점이 변하는 것도 재미있다.

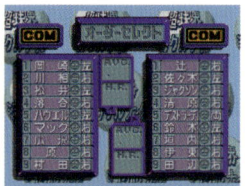
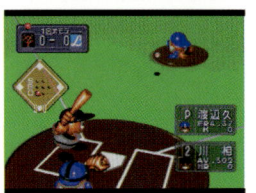

MEGA DRIVE 1995

프로 스트라이커 파이널 스테이지

● 발매일 / 1995년 8월 4일
● 가격 / 7,800엔
● 퍼블리셔 / 세가

J리그의 14개 팀과 선수가 실명으로 등장하는 축구 게임으로, 포메이션이나 선수 교체도 가능하다. 메가 드라이브 후기 게임으로는 드물게도 프리미엄화 되지 않았다.

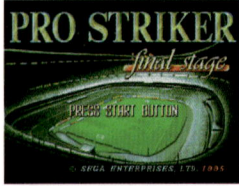

코믹스 존

● 발매일 / 1995년 9월 1일
● 가격 / 7,800엔
● 퍼블리셔 / 세가

자신이 그린 만화 세계에 들어가 버린 만화가가 주인공인 사이드뷰 액션 게임. 만화의 컷을 이동하면서 다양한 특수장치를 풀어가는 조금 특이한 게임이다.

저스티스 리그

● 발매일 / 1995년 9월 1일
● 가격 / 8,800엔
● 퍼블리셔 / 어클레임

미국 만화의 히어로(히로인)끼리 싸우는 격투 대전 게임. 배트맨 vs 슈퍼맨 같은 꿈의 대결을 즐길 수 있다. 히어로 모드에서 6명, 대전 모드에서는 9명의 캐릭터를 사용할 수 있다.

저지 드레드

● 발매일 / 1995년 9월 1일
● 가격 / 7,800엔
● 퍼블리셔 / 어클레임

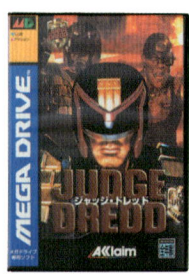

만화를 원작으로 한 사이드뷰 액션 게임으로 같은 해에 실베스터 스탤론 주연의 영화가 공개되었다. 다양한 장치의 스테이지를 클리어해서 출구를 찾는 것이 목표이다.

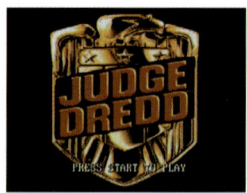

디 우즈

- ●발매일 / 1995년 9월 22일
- ●가격 / 5,800엔
- ●퍼블리셔 / 세가

슬라임이 되어버린 과학자가 주인공이라는 특이한 설정으로 대미지를 받으면 몸이 작아진다. 자포자기한 것 같은 전대미문의 패키지는 아주 유명하다.

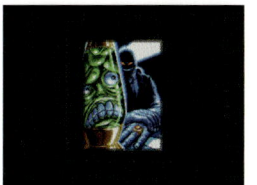

배트맨 포에버

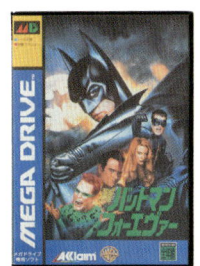

- ●발매일 / 1995년 10월 27일
- ●가격 / 8,800엔
- ●퍼블리셔 / 어클레임

같은 해에 공개된 영화를 바탕으로 한 사이드뷰 액션 게임. 와이어를 사용한 액션이 특징이며 난이도는 높다. 이 시기에 발매된 만큼 당연히 프리미엄화 되었다.

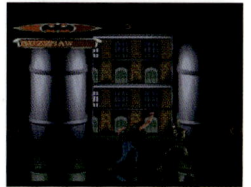

포어맨 포 리얼

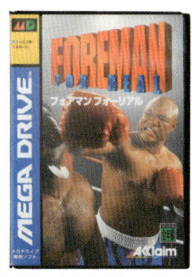

- ●발매일 / 1995년 10월 27일
- ●가격 / 8,800엔
- ●퍼블리셔 / 어클레임

전 헤비급 챔피언인 조지 포어맨의 이름을 내건 복싱 게임. 하반신을 자른 독특한 화면이 특징이고, 복서의 이동은 좌우 방향으로만 가능하게 되어 있다.

페펭가 PENGO

- ●발매일 / 1995년 12월 22일
- ●가격 / 4,980엔
- ●퍼블리셔 / 세가

1982년에 발매된 아케이드용 액션 게임 『펭고』와 그 리메이크판을 플레이할 수 있다. 플레이어의 캐릭터명 때문에 '착오로 해적판의 기판을 이식한 것이 아닌가'라는 문제가 제기되었다.

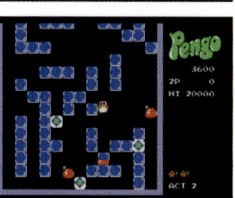

WWF RAW

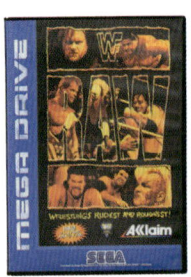

- 발매일 / 1995년 12월 31일
- 가격 / 8,800엔
- 퍼블리셔 / 어클레임

WWF(WWE)라는 타이틀은 매주 월요일에 방영된 방송 프로그램에서 유래했다. 슈퍼 32X판도 발매되어 있으며, 모두 프리미엄화 되어서 고액으로 거래된다.

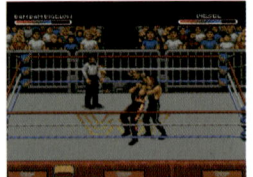

버추얼 바트

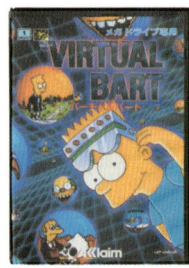

- 발매일 / 1995년 12월 31일
- 가격 / 8,800엔
- 퍼블리셔 / 어클레임

미국의 애니메이션 『심슨 가족』의 바트를 주인공으로 한 미니게임 모음. 『WWF RAW』와 함께 발매 예정 고지도 없이 어느 틈엔가 팔리고 있었고, 유통된 제품 수는 매우 적었다.

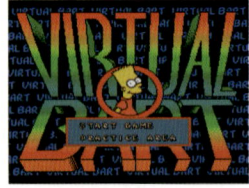

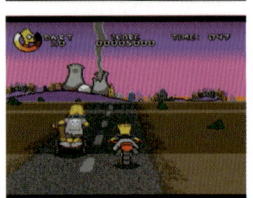
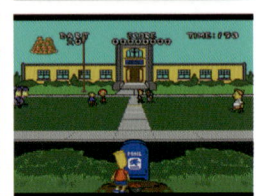

마도물어 I

- 발매일 / 1996년 3월 22일
- 가격 / 7,800엔
- 퍼블리셔 / 컴파일

메가 드라이브의 마지막 소프트가 된 RPG로 PC용 『마도물어 1, 2, 3』을 이식한 것이다. 아미고 캡슐로 적을 붙잡아서 싸우게 하는 시스템이 참신하다.

SG-1000 카트리지 소개 번외편

본 서적은 메가 드라이브 및 세가 마크Ⅲ에 관해서는 '컴플리트' 하고 있다. 모처럼 온 기회이므로 그 시조인 SG-1000에 관해서도 언급하기 위해 가능한 한 많은 패키지와 카트리지(세가 마이카드) 입수를 꾀했지만, 안타깝게도 전부를 모을 수는 없었고 카트리지만 입수한 것도 있다. 게재 여부를 고민했지만 귀중한 물건임에는 틀림없으므로, 아쉽지만 패키지만 입수했던 작품을 열거해 본다. 발매일 등의 정보는 P210~212를 참조하기 바란다.

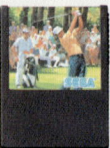

「사파리 헌팅」   「챔피언 골프」   「콩고봉고」

「스타 재커」   「팝 플레이머」   「스타포스」

MEGA DRIVE
MEGA-CD

MEGA DRIVE COMPLETE GUIDE
with MARK III

MEGA-CD 1991

솔 피스

- 발매일 / 1991년 12월 12일 ●가격 / 6,800엔
- 퍼블리셔 / 울프팀

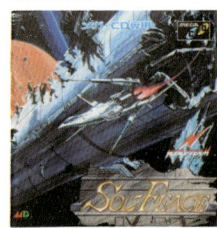

메가-CD 런칭 소프트가 된 횡스크롤 슈팅 게임으로 오리지널은 X68000판이다. 이동하는 방향에 따라, 플레이어 기체의 위아래에 달려 있는 포탑의 각도를 바꿀 수 있다.

헤비 노바

- 발매일 / 1991년 12월 12일 ●가격 / 6,800엔
- 퍼블리셔 / 마이크로넷

횡스크롤 액션 + 대전 격투 게임 같은 작품이지만 캐릭터 조작성이 안 좋은 등의 문제를 안고 있어서 플레이어의 평판은 나쁜 편이다.

노스탤지어 1907

- 발매일 / 1991년 12월 14일 ●가격 / 7,200엔
- 퍼블리셔 / S 웨이브

PC용 어드벤처 게임의 이식판으로, 메가-CD판은 음성이 들어가 있다. 호화 객선에 설치 된 폭탄을 해체하는 것이 목표인데, 해체 장면은 손에 땀을 쥐게 한다.

어네스트 에반스

- 발매일 / 1991년 12월 20일 ●가격 / 7,300엔
- 퍼블리셔 / 울프팀

카트리지로 발매됐던 『엘 비엔토』의 속편이며 시리즈 3부작의 가운데에 해당한다. 주인공은 트레저 헌터이며, 채찍을 사용한 액션이 특징이다.

MEGA-CD 1991

혹성 우드스톡 펑키 호러 밴드

- 발매일 / 1991년 12월 20일 ● 가격 / 6,800엔
- 퍼블리셔 / 세가

메가-CD의 첫 RPG이지만 그 내용 때문에 큰 물의를 빚었다. 전혀 대용량이라고 느껴지지 않는 그래픽과 몇 시간 만에 끝나는 시나리오가 문제시 되었지만 배경음악에 대한 평가는 높다.

천하포무 영웅들의 포효

- 발매일 / 1991년 12월 28일 ● 가격 / 7,800엔
- 퍼블리셔 / 게임 아츠

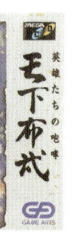

게임 아츠가 개발한 메가 드라이브의 오리지널 역사 시뮬레이션 게임. 시나리오는 4개이고 1,200명이나 되는 무장이 등장한다. CPU는 꽤 버겁지만 매우 보람이 있는 게임이다.

특수한 플라스틱 케이스

메가-CD의 패키지는 설명서도 겸하고 있지만, 2매 세트인 타이틀은 아래처럼 특수한 플라스틱 케이스에 수납되어 있다. CD 1장인 타이틀이라도 시뮬레이션 게임 등의 두꺼운 설명서가 필요할 경우, 또는 특별한 굿즈 등이 동봉되어 있을 경우에도 특수한 플라스틱 케이스가 사용되었다. 이외에 종이 케이스도 있었다.

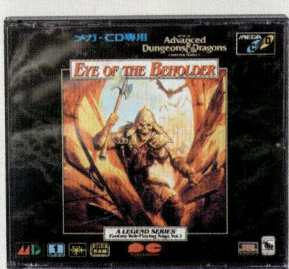
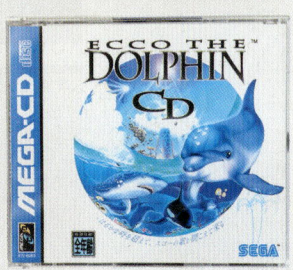

MEGA-CD 1992

루나 더 실버 스타

- 발매일 / 1992년 6월 26일 ●가격 / 7,800엔
- 퍼블리셔 / 게임 아츠

게임 아츠가 개발한 메가 드라이브 오리지널 RPG로 후에 많은 하드로 이식되었다. 시스템은 전통적인 RPG이지만 CD롬이란 대용량을 활용한 아름다운 비주얼과 오프닝 테마 등의 곡이 멋져서 플레이어의 마음을 사로잡았다. 지금까지의 게임과 비교했을 때 대단히 독특한 것은 아니지만, 세심한 구성이 나름대로 좋은 평가를 받았다. 메가 드라이브는 당시에도 양질의 RPG가 적다는 평가를 받았지만 본 작품 덕분에 유저의 가슴이 후련해졌다고 할 수 있다.

타임 걸

- 발매일 / 1992년 11월 13일 ●가격 / 7,800엔
- 퍼블리셔 / 울프팀

타이토가 발매한 아케이드용 LD(레이저 디스크) 게임을 이식했다. 지정된 키 입력에 성공하면 애니메이션이 이어지고, 실패했을 경우엔 목숨이 줄어드는 구성이다. 영상은 매끄럽고 아주 아름답지만, 게임성은 매우 단순하다. 주인공인 레이카는 한때 타이토의 마스코트 캐릭터를 맡아서 팬들의 인기를 모았다. 실수했을 경우에 나오는 레이카의 코미컬한 모습을 보는 것도 즐거움 중의 하나였다. 메가 드라이브판에서는 오프닝 주제곡이 추가되어 있다.

MEGA-CD 1992

정령신세기 페이에리어
- 발매일 / 1992년 2월 18일 ● 가격 / 7,400엔
- 퍼블리셔 / 울프팀

울프팀에서 개발한 메가 드라이브 오리지널 RPG. 본 작품 역시 비주얼 부분에 상당히 힘이 들어가 있고, 전투 장면에서는 적이나 아군이 크게 표시되어 있다.

코즈믹 판타지 Stories
- 발매일 / 1992년 3월 27일 ● 가격 / 7,800엔
- 퍼블리셔 / 일본 텔레넷

PC엔진으로 발매됐던 『코즈믹 판타지』의 첫 작품과 속편을 커플링해서 이식했다. 커맨드 입력식 RPG로 비주얼 장면에 꽤 힘이 들어가 있는 것이 특징이다.

데스 브링거 숨겨진 문장
- 발매일 / 1992년 4월 17일 ● 가격 / 7,400엔
- 퍼블리셔 / 일본 텔레넷

일본 텔레넷이 발매한 PC용 RPG를 이식했는데, 던전뿐만 아니라 마을에서 이동할 때도 유사 3D 표시를 고집했다. 나름대로 플레이어를 가리는 작품이라 할 수 있다.

 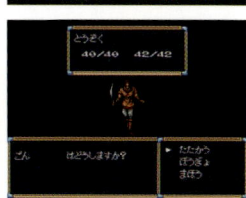

아일로드
- 발매일 / 1992년 5월 29일 ● 가격 / 7,800엔
- 퍼블리셔 / 울프팀

울프팀에서 개발한 메가 드라이브 오리지널 RPG. 본 작품도 유사 3D 표시를 고집한 작품으로, 건물 안을 이동할 때조차도 마치 던전을 헤매고 있는 느낌을 준다.

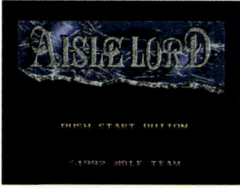 

MEGA-CD 1992

퀴즈 스크럼블 스페셜

- 발매일 / 1992년 5월 29일 ●가격 / 6,800엔
- 퍼블리셔 / 세가

메가-CD로서는 처음인 퀴즈 게임. 정답을 4가지 중에서 선택하는 방식으로 장르는 다양하다. 퀴즈 사이에는 미니게임도 있어서 컨티뉴 횟수를 늘릴 수 있다.

마법소녀 실키립

- 발매일 / 1992년 6월 19일 ●가격 / 7,400엔
- 퍼블리셔 / 일본 텔레넷

마법소녀계 TV 애니메이션을 강하게 의식한 어드벤처 게임. 차기 여왕 후보인 주인공이 라이벌과 적성을 겨룬다. 마법소녀라면 무조건 좋다는 플레이어라면 지나칠 수 없을 작품이다.

디토네이터 오간

- 발매일 / 1992년 7월 31일 ●가격 / 7,800엔
- 퍼블리셔 / 핫비

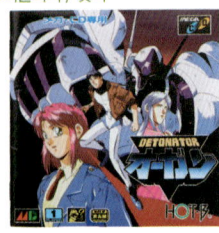

OVA를 원작으로 하는 커맨드 선택식 어드벤처 게임. 시나리오는 원작을 따르고 있고 비주얼은 아름답지만, 도중에 끝나버린다는 것이 플레이어의 평가를 끌어내리고 있다.

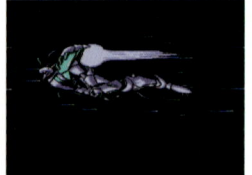

페르시아의 왕자

- 발매일 / 1992년 8월 7일 ●가격 / 7,800엔
- 퍼블리셔 / 빅터음악산업

브로더밴드사가 개발한 사이드뷰 액션 게임을 이식. 주인공의 매끄러운 움직임과 다양한 장치가 특징인 게임으로, 메가-CD판은 보이스와 비주얼 장면이 추가되었다.

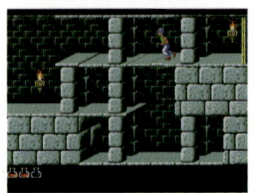

MEGA-CD 1992

썬더 스톰 FX

- 발매일 / 1992년 8월 28일 ● 가격 / 7,800엔
- 퍼블리셔 / 울프팀

데이터 이스트가 개발한 아케이드용 LD 게임을 이식. 애니메이션으로 표시되는 적 기체를 조준해서 공격하고, 지시가 있을 경우에는 방향키를 입력해서 게임을 진행한다.

부라이 팔옥의 용사 전설

- 발매일 / 1992년 9월 11일 ● 가격 / 7,800엔
- 퍼블리셔 / 세가

리버힐 소프트가 개발한 PC용 RPG를 이식했다. 가정용 기기로서는 PC엔진에 이은 발매였지만 하권에 해당하는 속편은 발매되지 않았다.

라이즈 오브 더 드래곤

- 발매일 / 1992년 9월 25일 ● 가격 / 6,800엔
- 퍼블리셔 / 세가

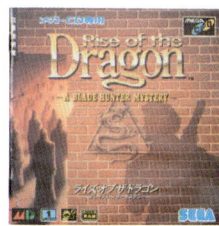 

해외 개발사인 시에라 온라인이 만든 어드벤처 게임. 리얼 타임으로 진행되고 자유도가 높은 행동이 가능하지만, 게임 오버가 되거나 아무런 이벤트가 발생하지 않는 경우도 많다.

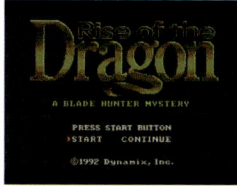 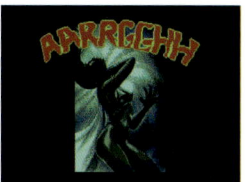

원더 독

- 발매일 / 1992년 9월 25일 ● 가격 / 7,200엔
- 퍼블리셔 / 빅터음악산업

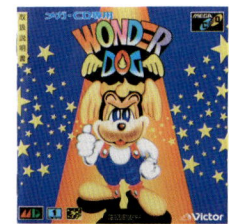 

빅터에서 발매된 메가 드라이브와 메가-CD 일체형 하드『원더 메가』의 마스코트 캐릭터가 주인공인 횡스크롤 액션 게임. 하지만 소닉이나 마리오처럼은 되지 못했다.

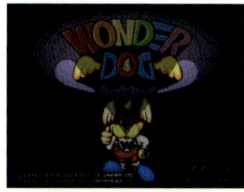 
 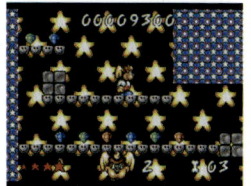

MEGA-CD 1992

블랙홀 어설트
- 발매일 / 1992년 10월 23일 ●가격 / 6,800엔
- 퍼블리셔 / 마이크로넷

전년도에 발매됐던 『헤비 노바』의 속편에 해당하는 대전 격투 게임. 토너먼트 모드, 리그 모드 등 4종류의 모드로 플레이할 수 있고, 그래픽도 크게 파워업 되어 있다.

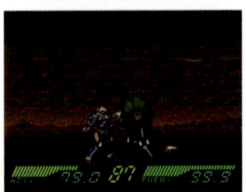 

프로야구 슈퍼 리그 CD
- 발매일 / 1992년 10월 30일 ●가격 / 7,800엔
- 퍼블리셔 / 세가

NPB에 소속된 12팀과 선수가 실명으로 등장하는 야구 게임. 각 선수의 얼굴을 닮은 그래픽이 준비되어 있어서, 타석에 섰을 때 표시된다.

 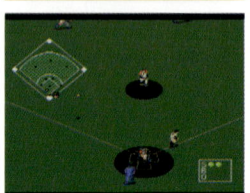

전인 알레스터
- 발매일 / 1992년 11월 27일 ●가격 / 6,800엔
- 퍼블리셔 / 컴파일

컴파일에서 개발한 『알레스터』 시리즈 중의 하나로, 메가-CD에서만 발매되었다. 『무자 알레스터』에 이은 일본풍 슈팅으로, SF화 된 전국시대가 무대이다.

 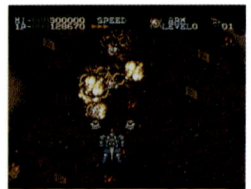

애프터 버너 III
- 발매일 / 1992년 12월 18일 ●가격 / 8,400엔
- 퍼블리셔 / CRI

『애프터 버너 II』(『II』는 첫 작품의 완성판 성격)의 속편 취급을 받는 유사 3D 슈팅이지만 실제로는 『스트라이크 파이터』의 속편이며, 평가는 별로 좋지 않다.

MEGA-CD 1992

갬블러 자기중심파 2 격투! 도쿄 마작랜드 편

- 발매일 / 1992년 12월 18일 ● 가격 / 7,800엔
- 퍼블리셔 / 게임 아츠

「갬블러 자기중심파」와 「슈퍼 즈간」의 캐릭터가 등장하는 마작 게임. 꿈의 나라를 모방한 「텐고 월드」에서 데이트를 하면서 마작으로 승부를 벌인다.

로드 블래스터 FX

- 발매일 / 1992년 12월 18일 ● 가격 / 7,800엔
- 퍼블리셔 / 울프팀

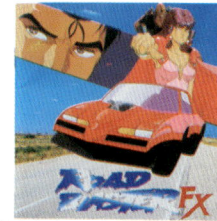

데이터 이스트가 개발한 아케이드용 LD 게임을 이식했다. 게임은 영상으로 진행되며 화면에 표시된 좌우, 브레이크, 터보 커맨드를 입력해서 성공하면 영상이 계속 흘러나온다.

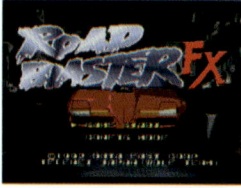

캡콤의 퀴즈 영주의 야망

- 발매일 / 1992년 12월 25일 ● 가격 / 7,800엔
- 퍼블리셔 / 시무스

캡콤이 개발한 아케이드용 퀴즈 게임을 이식했다. 적국에 들어갔을 때, 퀴즈를 규정 횟수만큼 맞히면 승리한다. 또한 다이묘에 따라 다양한 퀴즈를 유리하게 만드는 특성이 있다.

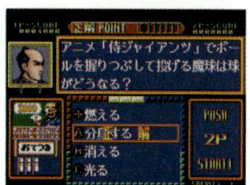

천무 메가 - CD 스페셜

- 발매일 / 1992년 12월 25일 ● 가격 / 9,800엔
- 퍼블리셔 / 울프팀

울프팀이 PC용으로 발매했던 역사 시뮬레이션을 이식했다. 메가 드라이브판에는 실사 영상이 추가되어 화려한 구성이었지만, 커서의 움직임이 느려서 조작성이 나쁘다는 단점이 있었다.

실피드

●발매일 / 1993년 7월 30일 ●가격 / 8,800엔
●퍼블리셔 / 게임 아츠

게임 아츠가 개발한 PC용 3D 슈팅 게임을 이식했다. 1986년에 발매됐던 PC-88판이 오리지널로, 꽤 시간이 지나서 이식되었기 때문에 신작이라고 해도 무방하다. 그래픽은 3D이지만 배경의 우주선 등은 영상이고, 기체나 적의 기체만 리얼 타임으로 묘사된다. 대미지를 받을 때마다 실드가 줄어들고, 실드가 바닥난 상태에서 총탄을 맞으면 게임 오버가 된다. 적을 쓰러뜨리면 득점에 따라 무기가 추가되고, 총탄을 맞으면 고장이 난다.

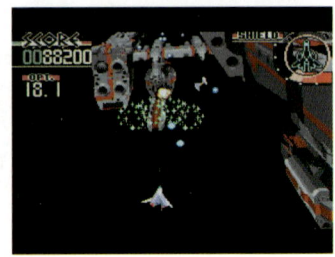

몽견관 이야기

●발매일 / 1993년 12월 10일 ●가격 / 7,800엔
●퍼블리셔 / 세가

시스템 사콤이 개발하고 세가가 발매한 어드벤처 게임. 버추얼 시네마 인터렉티브 무비로 불리는 방법을 통해, 미리 만들어놓은(프리 렌더링) 3D 영상으로 게임을 구성한다. 16비트 기기인 메가 드라이브(메가-CD)에서 풀 3D 게임을 즐기는 일이 가능해진 것이다. 내용은 머물면 나비로 만들어버리는 저택에서 주인공인 남매가 탈출하는 것을 목표로 구성되어 있다. 약간 흐릿한 그래픽을 통해 오히려 몽환적인 분위기를 연출하는 데 성공했다.

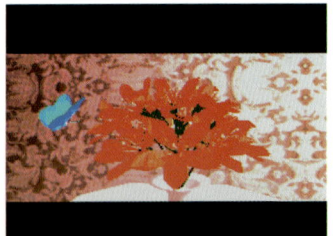

사이킥 디텍티브 시리즈 Vol.3 AYA

- 발매일 / 1993년 1월 3일 ●가격 / 7,600엔
- 퍼블리셔 / 데이터웨스트

데이터웨스트가 FM-TOWNS에서 발매한 어드벤처 시리즈의 3번째 작품을 이식했다. 사이코 다이브가 가능한 탐정이 주인공으로, 영상이나 음성이 다수 이용되고 있다.

유미미 믹스

- 발매일 / 1993년 1월 29일 ●가격 / 7,800엔
- 퍼블리셔 / 게임 아츠

만화가인 타케모토 이즈미 씨가 캐릭터 디자인과 각본을 담당한 어드벤처 게임. 캐릭터의 애니메이션이 다수의 장면에서 사용되었고, 멀티 엔딩도 적용되었다.

심 어스

- 발매일 / 1993년 3월 12일 ●가격 / 7,800엔
- 퍼블리셔 / 세가

『심 시티』의 개발자로 알려져 있는 윌 라이트의 작품으로, 가이아 이론에 기초해서 혹성을 성장시켜 나가는 게임이다. Ω에서 나타나는 에너지를 사용해서 혹성을 컨트롤한다.

닌자 워리어즈

- 발매일 / 1993년 3월 12일 ●가격 / 7,800엔
- 퍼블리셔 / 타이토

타이토가 개발한 아케이드용 횡스크롤 액션을 이식했다. 오리지널은 모니터 3대를 사용한 횡방향으로 긴 화면이었지만, 메가-CD판은 1.5화면 정도의 길이가 됐다.

울프 차일드

- ●발매일 / 1993년 3월 19일 ●가격 / 8,800엔
- ●퍼블리셔 / 빅터음악산업

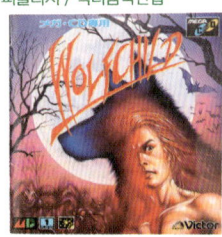 

코어 디자인사가 개발한 Amiga용 횡스크롤 액션 게임을 이식했다. 주인공(인간)이 늑대인간으로 변신하는 것이 특징으로, 변신 후에는 다양한 공격이 가능해진다.

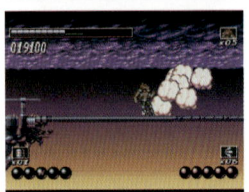 

재규어 XJ220

- ●발매일 / 1993년 3월 26일 ●가격 / 8,800엔
- ●퍼블리셔 / 빅터음악산업

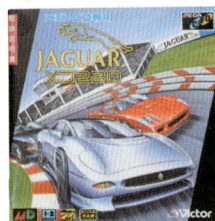 

영국의 자동차 메이커 재규어가 한정 생산한 명차를 조작하는 레이싱 게임. 머신 개조가 가능하다는 점과 CD 음원을 사용한 배경음악이 높은 평가를 받았다.

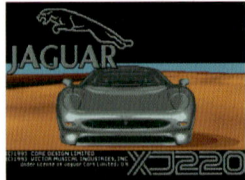 

아네트 또 다시

- ●발매일 / 1993년 3월 30일 ●가격 / 7,800엔
- ●퍼블리셔 / 울프팀

1991년에 발매된 『엘 비엔트』의 속편으로, 『어네스트 에반스』 시리즈 중 하나이다. 내용은 벨트 스크롤 액션인데 플레이어들에게 혹독한 평가를 받았다.

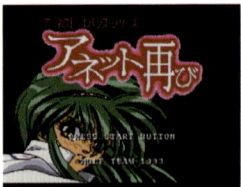 

파이널 파이트 CD

- ●발매일 / 1993년 4월 2일 ●가격 / 8,800엔
- ●퍼블리셔 / 세가

캡콤에서 개발한 아케이드용 벨트 스크롤 액션을 이식했다. 슈퍼 패미컴판과는 다르게 3명 중에서 주인공을 고를 수 있다. 이식 상황이 좋지 않아서 플레이어의 평가는 낮다.

SEGA CLASSIC ARCADE COLLECTION

- 발매일 / 1993년 4월 23일 ●가격 / 2,980엔
- 퍼블리셔 / 세가

세가가 개발한 옴니버스 소프트로 『골든 액스』, 『더 슈퍼 시노비』(해외판), 『컬럼스』, 『베어 너클』(해외판)을 플레이할 수 있다. 게다가 가격도 꽤 저렴하다.

스위치

- 발매일 / 1993년 4월 23일 ●가격 / 8,800엔
- 퍼블리셔 / 세가

세가에서 발매된 어드벤처 게임의 일종. 스위치를 누르면 일어나는 다양한 개그를 즐기는 게임으로 히사모토 마사미, 시바타 리에, 타니 케이 등 저명한 인물들이 참여했다.

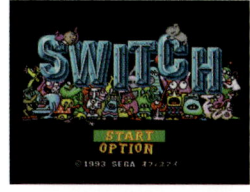 

란마 1/2 백란애가

- 발매일 / 1993년 4월 23일 ●가격 / 8,300엔
- 퍼블리셔 / 메사이어

메사이어에서 발매된 어드벤처 게임으로, 커맨드 입력 방식을 이용한 대전 격투 요소가 포함되었다. CD롬의 대용량을 활용한 무비와 영상이 아름다워서 팬이라면 지나칠 수 없는 작품이다.

삼국지 III

- 발매일 / 1993년 4월 23일 ●가격 / 14,800엔
- 퍼블리셔 / 코에이

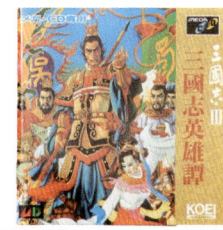 

코에이의 『삼국지』 시리즈 3번째 작품을 이식했다. 이미 카트리지판이 발매된 상황이지만, 메가-CD판에서는 무장 파일을 관람할 수 있게 되었다. 단지 그런 이유라면 가격이 좀 비싸다

 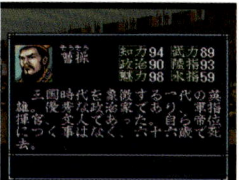

데바스테이터

- ●발매일 / 1993년 5월 28일 ●가격 / 7,800엔
- ●퍼블리셔 / 울프팀

OVA를 토대로 한 횡스크롤 액션 슈팅 게임이다. 영상을 다수 이용한 화려한 구성이지만 정작 중요한 게임성은 별로라서 플레이어의 평가는 낮다.

나이트 스트라이커

- ●발매일 / 1993년 5월 28일 ●가격 / 7,800엔
- ●퍼블리셔 / 타이토

타이토가 개발한 아케이드용 유사 3D 슈팅 게임을 이식했다. 오리지널은 아는 사람만 안다는 명작이었지만, 가정용 기기로는 메가-CD판이 첫 이식이었다.

 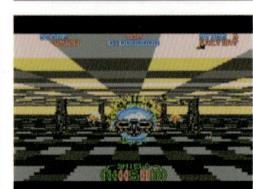

환영도시 -ILLUSION CITY-

- ●발매일 / 1993년 5월 28일 ●가격 / 4,980엔
- ●퍼블리셔 / 마이크로 캐빈

마이크로 캐빈이 개발한 PC용 RPG를 이식했다. 사이버 펑크 같은 세계관을 바탕으로 한 게임이며, 전통적인 시스템을 채용하고 있다. 메가-CD판은 비주얼이 강화되었다.

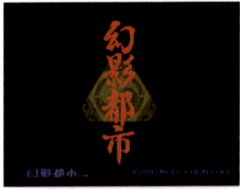 

A 랭크 썬더 탄생편

- ●발매일 / 1993년 6월 25일 ●가격 / 7,800엔
- ●퍼블리셔 / RIOT

RIOT에서 발매된 어드벤처 게임이다. 커맨드 선택식 전투도 채용하고 있지만 주목받지는 못했다. 예정되어 있던 속편 『역습편』은 결국 발매되지 못했다.

MEGA-CD 1993

메가 슈발츠 실드
- 발매일 / 1993년 6월 25일 ● 가격 / 7,800엔
- 퍼블리셔 / 세가

코가도 스튜디오가 개발한 인기 시뮬레이션 시리즈인 『슈발츠 실드』의 메가-CD판. PC엔진판을 바탕으로 한 이식이지만, 전투가 리얼 타임으로 되어 있는 등 변화된 점도 있었다.

다이나믹 컨트리 클럽
- 발매일 / 1993년 7월 16일 ● 가격 / 7,800엔
- 퍼블리셔 / 세가

세가에서 발매된 유사 3D 골프 게임. 당시로서는 전통적인 구성이라 생각되었지만, T&E SOFT의 골프 게임과 비교되어서 낮게 평가되는 경우가 많았다.

아쿠스 I, II, III
- 발매일 / 1993년 7월 23일 ● 가격 / 8,800엔
- 퍼블리셔 / 울프팀

울프팀을 대표하는 RPG 시리즈를 모아서 이식했다. 3D 던전이 무대이지만 오토 맵핑이 있기 때문에 그렇게까지 플레이어를 가리는 게임은 아니다.

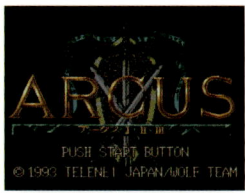 

성마전설 3X3 EYES
- 발매일 / 1993년 7월 23일 ● 가격 / 8,800엔
- 퍼블리셔 / 세가

주간 영매거진에 연재되던 인기 만화가 원작인 RPG. 원작에 따른 스토리와 비주얼을 중시한 게임성으로 완전히 원작 팬을 위한 게임이다.

MEGA-CD 1993

사이보그 009
●발매일 / 1993년 7월 30일 ●가격 / 7,800엔
●퍼블리셔 / RIOT

이시노모리 쇼타로의 만화와 애니메이션을 원작으로 한 횡스크롤 액션 게임. 주인공 시마무라 죠의 특수 능력인「가속 장치」를 사용하면 일정 시간 무적이 될 수 있다. 비주얼 장면도 풍부하다.

바리 암
●발매일 / 1993년 7월 30일 ●가격 / 7,500엔
●퍼블리셔 / 휴먼

휴먼이 발매한 횡스크롤 슈팅 게임. 플레이어의 기체는 파워업 하면 비행기 형태에서 로봇 형태로 변신한다. 플레이어들에게는 약간 단조롭다는 평가를 받았다.

경응유격대
●발매일 / 1993년 8월 6일 ●가격 / 7,400엔
●퍼블리셔 / 빅터 E

드래곤을 탄 바니걸이 주인공이라는 이색 횡스크롤 슈팅 게임. 플레이어 기체의 피격 판정 장소를 바꿀 수 있다는 매우 드문 기능이 있고 비주얼적인 면도 충실하다.

에가와 스구루의 슈퍼 리그 CD
●발매일 / 1993년 8월 6일 ●가격 / 7,800엔
●퍼블리셔 / 세가

에가와 스구루의 이름을 내건 야구 게임으로, 세가의『슈퍼 리그』시리즈의 마지막 작품이 되었다. 지나치게 등장하는 에가와 씨가 신경 쓰이지만 게임 자체는 평범하게 즐길 수 있는 레벨이다.

MEGA-CD 1993

작호 월드컵

- 발매일 / 1993년 8월 27일 ●가격 / 8,200엔
- 퍼블리셔 / 빅터 E

빅터 엔터테인먼트가 발매한 마작 게임. 지구 예선에서 승리해서 일본 대표가 되고, 세계 대표와 대전하는 장대한 내용이다. 물론 가볍게 즐길 수 있는 프리 대전도 가능하다.

 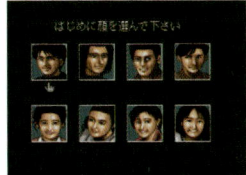

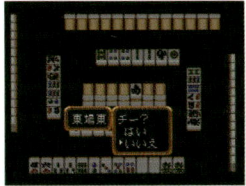 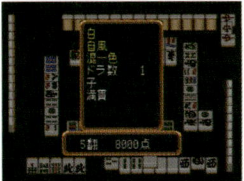

위닝 포스트

- 발매일 / 1993년 9월 17일 ●가격 / 9,800엔
- 퍼블리셔 / 코에이

코에이가 발매한 경마 시뮬레이션 시리즈의 첫 번째 작품을 이식했다. 플레이어는 마주로서 말을 육성하고 목장을 경영한다. 최종 목표는 개선문상에서 우승하는 것이다.

 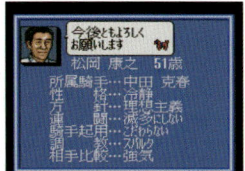

썬더 호크

- 발매일 / 1993년 9월 17일 ●가격 / 7,800엔
- 퍼블리셔 / 빅터 E

코어 디자인사가 개발한 유사 3D 슈팅 게임을 이식했다. 회전 기능과 확대·축소 기능을 사용해서 필드를 자유롭게 돌아다닐 수 있다. 규정 미션을 수행하면 스테이지가 클리어된다.

 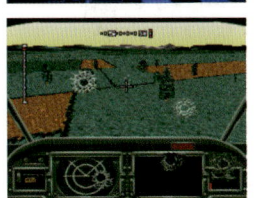

웃는 세일즈맨

- 발매일 / 1993년 9월 17일 ●가격 / 7,800엔
- 퍼블리셔 / 세가

후지코 후지오A의 만화와 애니메이션을 원작으로 한 어드벤처 게임이다. 커맨드 선택에 따라 스토리가 바뀌는 구성인데, 비주얼에 힘이 들어간 작품이다.

MEGA-CD 1993

소닉 더 헤지혹 CD

- 발매일 / 1993년 9월 23일 ●가격 / 8,800엔
- 퍼블리셔 / 세가

메가-CD로 발매된 『소닉』이지만, 카트리지판의 이식은 아니다. 게임성은 『소닉2』에 가깝고 새롭게 타임 워프 시스템이 채용되었다.

몽키 아일랜드 유령 해적대소동

- 발매일 / 1993년 9월 23일 ●가격 / 8,800엔
- 퍼블리셔 / 빅터 E

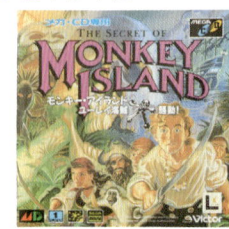

루카스 아츠에서 개발한 포인트 & 클릭 어드벤처를 이식했다. 전편에 걸쳐 개그 요소가 가득하고, 코드가 맞는 플레이어에게는 매우 높이 평가되는 게임이다.

푸른 늑대와 흰 사슴 원조비사

- 발매일 / 1993년 9월 24일 ●가격 / 9,800엔
- 퍼블리셔 / 코에이

코에이의 『푸른 늑대와 흰 사슴』 시리즈 3번째 작품을 이식했다. 게임 내용은 카트리지판과 완전히 동일하지만, 메가-CD판에는 인물 사전과 사운드 파일이라는 특전이 갖춰져 있다.

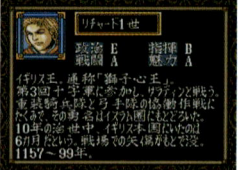

Vay 유성의 갑옷

- 발매일 / 1993년 10월 22일 ●가격 / 7,800엔
- 퍼블리셔 / 시무스

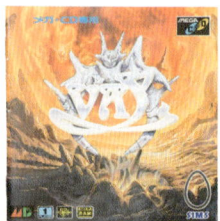

시무스가 개발한 메가 드라이브 오리지널 RPG. 판타지 세계를 무대로 했으며 특별히 눈에 띄는 특징이 없는 작품이지만, JRPG를 좋아하는 플레이어라면 안심하고 플레이할 수 있다.

MEGA-CD 1993

리썰 엔포서스

● 발매일 / 1993년 10월 29일 ● 가격 / 9,800엔
● 퍼블리셔 / 코나미

카트리지판도 발매되었던 코나미의 건 슈팅 게임이다. 실사를 도입한 영상을 사용했으며, 전용 건 컨트롤러 이외에 메가 드라이브의 패드로도 플레이가 가능하다.

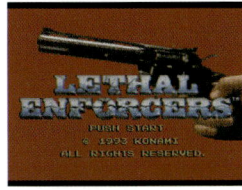 

다크 위저드 되살아난 어둠의 마도사

● 발매일 / 1993년 11월 12일 ● 가격 / 6,800엔
● 퍼블리셔 / 세가

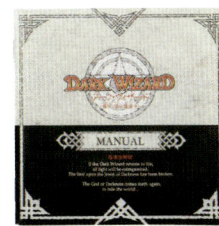 

메가 드라이브 오리지널 시뮬레이션 게임이다. 4명 중에서 주인공을 고를 수 있는데 시나리오가 각각 다르다. 맵 위에 마을이 있고, 유닛이 성장하는 등의 RPG 요소도 갖추고 있다.

아르슬란 전기

● 발매일 / 1993년 11월 19일 ● 가격 / 7,800엔
● 퍼블리셔 / 세가

다나카 요시키의 소설 'OVA'를 원작으로 한 시뮬레이션 RPG. 스테이지마다 승리와 패배의 조건이 있다. 주인공인 아르슬란은 스스로 움직일 수 없다는 것이 특이한 점이다.

 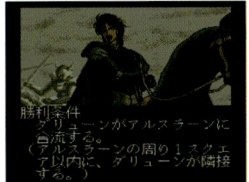

나이트 트랩

● 발매일 / 1993년 11월 19일 ● 가격 / 8,800엔
● 퍼블리셔 / 세가

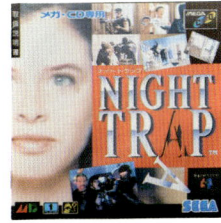 

게임 전편을 통틀어 실사 영상으로 진행되는 리얼 타임 어드벤처. 집에 침입하는 오거로부터 주민을 지키기 위해 트랩을 작동시킨다. 감시 카메라의 전환이 게임 진행의 열쇠다.

MEGA-CD 1993

알샤크

- 발매일 / 1993년 11월 26일 ●가격 / 8,800엔
- 퍼블리셔 / 썬더 스톰

라이트 스터프가 개발한 PC용 RPG를 이식했다. 우주 공간을 이동하고 있을 때 공격당하면 슈팅 게임이 된다는 특이한 시스템을 채용하고 있다.

더 서드 월드 워

- 발매일 / 1993년 11월 26일 ●가격 / 7,800엔
- 퍼블리셔 / 마이크로넷

후세인 대통령과 클린턴 대통령이 악수하고 있는 패키지 일러스트가 인상적인 전략 시뮬레이션 게임. 미국, 일본 등의 국가를 맡아서 경제적, 군사적인 세계 정복을 목표로 한다.

마이트 앤 매직 III

- 발매일 / 1993년 11월 26일 ●가격 6,800엔
- 퍼블리셔 / CRI

해외에서 인기 있는 유사 3D RPG의 3번째 작품을 이식. 6명의 캐릭터로 다양한 퀘스트를 공략해 나간다. 모든 장소가 유사 3D 표시이기 때문에 플레이어를 고르는 게임이라고도 할 수 있다.

 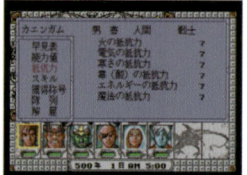

사이킥 · 디텍티브 · 시리즈 Vol.4 오르골

- 발매일 / 1993년 12월 10일 ●가격 7,600엔
- 퍼블리셔 / 데이터웨스트

데이터 웨스트의 『사이킥 · 디텍티브』 시리즈의 4번째 작품을 이식했다. 같은 시리즈로 Vol.6까지 발매되었지만 가정용 기기에 이식된 것은 Vol.3과 Vol.4뿐이다.

MEGA-CD 1993

전국전승

- 발매일 / 1993년 12월 28일 ●가격 / 8,500엔
- 퍼블리셔 / 새미

SNK가 개발한 아케이드용 벨트 스크롤 액션 게임을 이식했다. 주인공이 아이템을 획득해서 사무라이·닌자·닌견(忍犬)으로 변신한다는 내용이 특징이다.

샘플 제품 Part1

발매하기 전에 홍보를 목적으로 배포한 샘플에는 게임의 체험판(하단의 Part2 참조)이나 무비 데모 등이 수록되어 있다.

「우루세이 야츠라·디어 마이 프렌즈」 샘플

「비매품」「NOT FOR SALE」이란 문구 외에도 발매일과 가격이 기재되어 있고, CD 라벨의 디자인도 다르다.

샘플 제품 Part2

『경응유격대』 체험판

 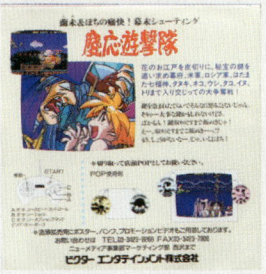

판매전용으로 제작된 『경응유격대』의 체험판에는 4종류의 POP도 동봉되어 있다. 또한 본 작품은 프로모션 비디오 등의 판촉 굿즈도 확인되었다.

『썬더 호크』 싱글컷 체험판

그리운 8cm 싱글 CD를 채용한 체험판. 재킷의 뒷면과 안쪽에는 PR 포인트나 조작 방법이 빠짐없이 적혀 있다.

MEGA-CD 1994

우루세이 야츠라 디어 마이 프렌즈

- 발매일 / 1994년 4월 15일 ●가격 / 7,800엔
- 퍼블리셔 / 게임 아츠

타카하시 루미코의 인기 만화「우루세이 야츠라」를 원작으로 한 어드벤처 게임. 커서를「줍는다」,「본다」,「이야기한다」등으로 변화시켜서 화면 위의 각 장소를 클릭하고 스토리를 진행하는 시스템이어서 인터렉티브 코믹이라고도 불린다. 시스템의 특성상 화면 위의 다양한 부분을 조사하고 반응을 즐기는 것을 좋아하는 플레이어에게 적합하다. 스토리는 오리지널이지만 메인 캐릭터의 성우는 애니메이션을 따르며, 삽입된 아름다운 그래픽이 게임의 분위기를 띄운다.

FORMULA ONE WORLD CHAMPIONSHIP 1993 HEAVENLY SYMPHONY

- 발매일 / 1994년 4월 23일 ●가격 / 7,800엔
- 퍼블리셔 / 세가

일반 플레이어에게는 마이너한 타이틀이지만, 일부에겐 메가 드라이브 No.1 레이싱 게임이라고 평가받는 숨겨진 명작. 후지 TV와 공동 개발하고, 카와이 카즈히토 씨가 감수를 해서 풍부한 실사 영상과 자료가 게임에 활기를 주고 있다. 특히 실제 레이스에서 일어난 일을 재현한 1993 모드는 상당히 매니악하다. 머신 세팅 같은 요소도 확실하게 담겨 있다. 하지만 너무 매니아용으로 만들어져서 난이도가 매우 높고, 그것이 일반 플레이어를 떠나게 하는 원인이 되었다.

MEGA-CD 1994

루나 이터널 블루

- 발매일 / 1994년 12월 22일 ●가격 / 9,800엔
- 퍼블리셔 / 게임 아츠

게임 아츠가 개발한 RPG『LUNAR』시리즈의 2번째 작품. 전작『루나 더 실버 스타』이후 1년 반 만에 발매되었으며, 매체는 동일한 메가―CD였다. '메가―CD의 마지막 초대작', 'CD 게임 사상 최강의 RPG' 같은 찬양 문구가 부끄럽지 않은 완성도로 많은 플레이어에게 오랫동안 지지받고 있다. CD롬의 대용량을 활용한 다양한 비주얼 장면과 다수의 유명 성우를 기용한 보이스 연출 등, 플레이어를 스토리로 끌어당기기 위한 연출이 눈에 띄었다.

이시이 히사이치의 대정계

- 발매일 / 1994년 1월 28일 ●가격 / 7,800엔
- 퍼블리셔 / 세가

이시이 히사이치의 만화를 토대로 한 시뮬레이션 게임. 정계를 테마로 한 매우 드문 장르로, 의원 당선부터 시작해 총리대신을 목표로 한다. 보드 게임 요소의 미니 게임도 다수 있다.

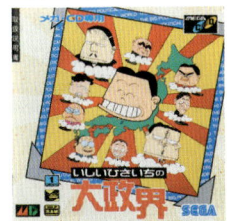

마이크로코즘

- 발매일 / 1994년 2월 25일 ●가격 / 8,900엔
- 퍼블리셔 / 빅터 E

해외 개발사인 시그노시스가 만든 유사 3D 슈팅 게임을 이식했다. 미크로화 한 플레이어의 기체가 뇌를 향해 나아간다는 내용으로, 인체를 모방한 필드에서 적과 싸운다.

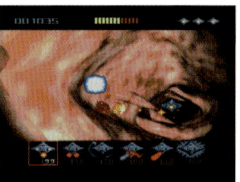
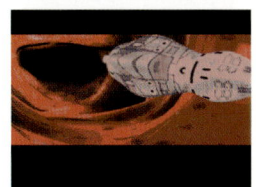
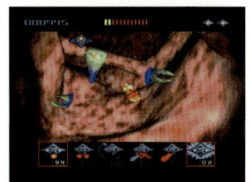

MEGA-CD 1994

진・여신전생

- ●발매일 / 1994년 2월 25일 ●가격 / 7,800엔
- ●퍼블리셔 / 시무스

슈퍼 패미컴으로 발매됐던 아틀라스의 RPG를 이식했다. 기본적인 스토리는 오리지널판과 동일하지만 세세한 내용의 변화가 다수 있어서 플레이어에 따라 찬반이 갈리고 있다.

F1 서커스 CD

- ●발매일 / 1994년 3월 18일 ●가격 / 8,800엔
- ●퍼블리셔 / 니치부츠

PC엔진으로 호평 받았던 레이스 게임 시리즈의 연작이지만, 이 시리즈의 특징이라 할 수 있는 탑뷰에서 유사 3D로 변경되어서 다른 작품이라고 해도 좋은 게임이 되었다.

 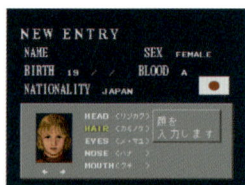

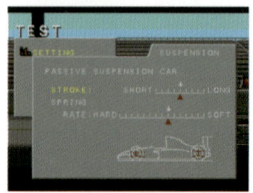 

게임 통조림 VOL.1

- ●발매일 / 1994년 3월 18일 ●가격 / 3,980엔
- ●퍼블리셔 / 세가

메가 모뎀을 사용한 통신으로 이용할 수 있었던 「게임 도서관」에서 배포되던 게임을 모은 것. 「프리키」, 「패들 파이터」, 「판타시 스타II 텍스트 어드벤처」 등을 플레이할 수 있다.

게임 통조림 VOL.2

- ●발매일 / 1994년 3월 18일 ●가격 / 3,980엔
- ●퍼블리셔 / 세가

2편은 『죽음의 미궁』, 『퍼터 골프』, 『테디보이 블루스』, 『멋지잖아! 사랑의 두근두근 펭귄랜드MD』 등을 플레이할 수 있다. 통조림 형태의 패키지가 매우 인상적이었다.

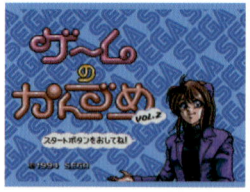 

 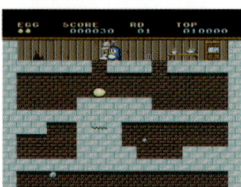

헤임달

● 발매일 / 1994년 3월 18일 ● 가격 / 8,800엔
● 퍼블리셔 / 빅터 E

해외 개발사인 코어 디자인이 만든 RPG를 이식했다. 쿼터뷰 필드와 리얼 타임 방식의 전투 등, 꽤나 개성이 강한 게임이다.

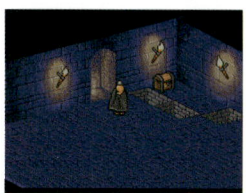 

AX-101

● 발매일 / 1994년 3월 25일 ● 가격 / 7,800엔
● 퍼블리셔 / 세가

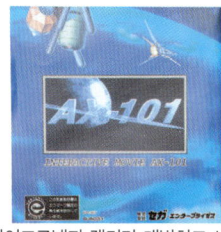 

마이크로넷과 겐키가 개발하고 세가에서 발매한 3D 슈팅 게임으로 버추얼 시네마 시리즈의 하나로 발매되었다. 배경이 영상이기 때문에 플레이어가 가동할 수 있는 것은 조준뿐이다.

윙 커맨더

● 발매일 / 1994년 3월 25일 ● 가격 / 7,800엔
● 퍼블리셔 / 세가

『울티마』로 유명한 Origin Systems가 개발한 유사 3D 슈팅 게임을 이식했다. 그래픽은 폴리곤을 사용한 3D가 아니라, 2D 영상을 확대・축소 기능으로 입체적으로 표시하고 있다.

 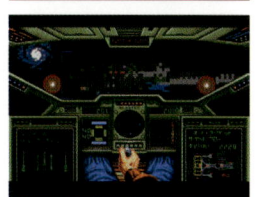

던전 마스터 II 스컬 킵

● 발매일 / 1994년 3월 25일 ● 가격 / 8,800엔
● 퍼블리셔 / 빅터 E

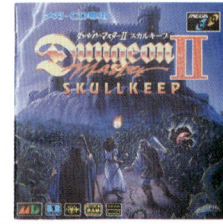 

세계적으로 히트한 리얼 타임제 유사 3D 던전 RPG의 2번째 작품(3번째 작품이라고도 할 수 있다)을 이식했다. 공복이나 피로 개념이 있어서 할 일은 많지만 익숙해지면 매우 재미있다.

노부나가의 야망 패왕전

- 발매일 / 1994년 3월 25일 ●가격 / 12,800엔
- 퍼블리셔 / 코에이

『노부나가의 야망』 시리즈 5번째 작품을 이식. 게임 내용은 카트리지판과 같고, 신하에게 상을 내리는 것과 방향 개념이 있는 전투가 특징. 메가-CD판은 무장 파일(열전) 관람이 가능하다.

팝플 메일

- 발매일 / 1994년 4월 1일 ●가격 / 7,800엔
- 퍼블리셔 / 세가

일본 팔콤이 개발한 횡스크롤 액션 게임을 이식. 가정용판에서는 공격 방법이 몸통 박치기에서 검을 휘두르는 방식으로 변경되었다. 또한 메가-CD판에는 보이스도 추가되었다.

배틀 판타지

- 발매일 / 1994년 4월 15일 ●가격 / 8,400엔
- 퍼블리셔 / 마이크로넷

대전 격투 게임 + RPG라는 특이한 조합. CPU, 2P와의 대전 모드 이외에도 스토리가 있는 RPG적인 모드가 있어서, 대전형으로 적과의 전투를 치르고 결과에 따라 경험치나 골드를 얻는다.

아이 오브 더 비홀더

- 발매일 / 1994년 4월 22일 ●가격 / 7,800엔
- 퍼블리셔 / 포니 캐니언

『던전 & 드래곤즈』를 원작으로 한 PC용 해외 제작 RPG를 이식했다. 마을이나 던전은 유사 3D 표시이고, 적과의 전투에서도 화면이 변하지 않고 그대로 진행된다.

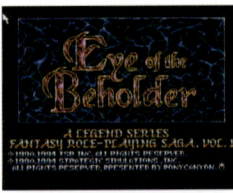

MEGA-CD 1994

폭전 언밸런스 존

- 발매일 / 1994년 4월 22일 ●가격 / 7,800엔
- 퍼블리셔 / SME

아카츠카 후지오가 캐릭터 디자인을 담당하고, 폭풍 슬럼프가 감수한 어드벤처 게임. 너무나도 기준을 벗어난 내용으로 플레이어에게 충격을 주었다. 완전히 사람을 가리는 게임이다.

가면 라이더 ZO

- 발매일 / 1994년 5월 13일 ●가격 / 7,800엔
- 퍼블리셔 / 토에이 비디오

메가-CD 오리지널 게임이지만 시스템은 아케이드용 LD게임과 동일하다. 화면에 표시되는 방향키나 버튼이 정확히 눌러지면 영상이 진행된다. 영상으로는 영화가 이용된다.

로도스도 전기 영웅전쟁

- 발매일 / 1994년 5월 20일 ●가격 / 7,800엔
- 퍼블리셔 / 세가

미즈노 료의 소설을 원작으로 한 RPG. PC를 주체로 해서 많은 작품이 발매되었지만 메가-CD판은 OVA를 따른다. 전투 장면에서는 택티컬 컴뱃 방식을 채용하고 있다.

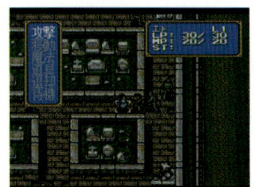 

드래곤즈 레어

- 발매일 / 1994년 6월 3일 ●가격 / 6,800엔
- 퍼블리셔 / 세가

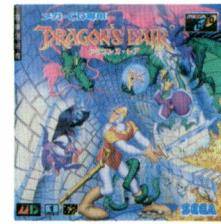 

해외 제작된 아케이드용 LD게임을 이식했다. 버튼이나 방향키 입력 지시가 없고 스스로의 힘으로 풀어가는 구성이라 매우 어렵다. 때문에 모든 해답이 실린 가이드가 동봉되어 있다.

MEGA-CD 1994

모탈 컴뱃 완전판

- 발매일 / 1994년 6월 3일 ● 가격 / 6,800엔
- 퍼블리셔 / 어클레임

미국에서 인기를 모았던 잔혹 대전 격투 게임을 이식. 실사 캐릭터가 쓰러뜨린 상대에게 페이탈리티를 이용해, 척추 째로 머리를 뽑아내는 등의 잔혹한 마무리가 가능하다.

WWF 매니아 투어

- 발매일 / 1994년 6월 24일 ● 가격 / 6,800엔
- 퍼블리셔 / 어클레임

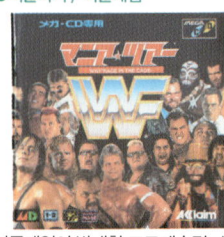 

어클레임이 발매한 프로레슬링 게임으로, 해외판 타이틀은 『WWF Rage in the Cage』이다. WWF(현 WWE)에 소속된 슈퍼스타가 다수 등장한다.

 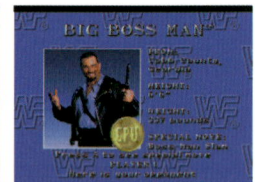
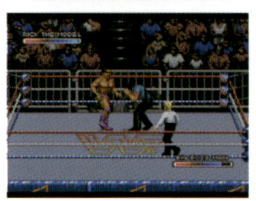 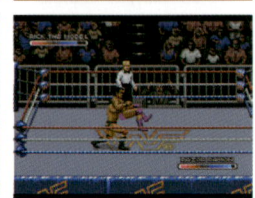

샤이닝 포스 CD

- 발매일 / 1994년 7월 22일 ● 가격 / 7,800엔
- 퍼블리셔 / 세가

게임 기어로 발매된 『샤이닝 포스』 시리즈의 외전 두 작품을 커플링해서 이식했다. 게임 기어판에는 없었던 개그 색채가 강한 추가 시나리오도 플레이할 수 있다.

섀도우 오브 더 비스트 II 수신의 주박

- 발매일 / 1994년 7월 29일 ● 가격 / 8,800엔
- 퍼블리셔 / 빅터 E

Amiga용 해외 제작 횡스크롤 액션 게임을 이식했다. 카트리지로 발매된 전작의 평판은 좋지 않았는데, 본 작품 역시 난이도가 매우 높아서 전작의 오명을 씻는 데 실패했다.

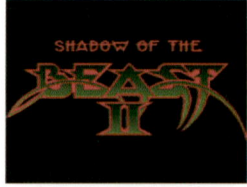 
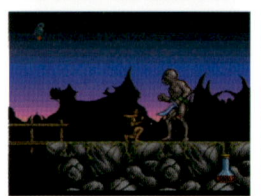 

MEGA-CD 1994

스타워즈 레벨 어설트

- ●발매일 / 1994년 9월 22일 ●가격 / 8,800엔
- ●퍼블리셔 / 빅터 E

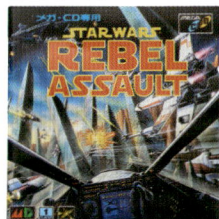 

루카스 아츠가 개발한 유사 3D 슈팅 게임으로, 영화 『스타워즈』가 원작이다. 난이도가 매우 높아서 연습 스테이지조차 쉽게 클리어할 수 없을 정도이다.

캡틴 츠바사

- ●발매일 / 1994년 9월 30일 ●가격 / 7,800엔
- ●퍼블리셔 / 테크모

패미컴과 슈퍼 패미컴에서 인기를 끌었던 『캡틴 츠바사』의 메가-CD판이다. 시스템은 2번째 작품을 바탕으로 했고, CD롬의 대용량을 살린 비주얼에는 힘이 실려 있다.

쥬라기 공원

- ●발매일 / 1994년 9월 30일 ●가격 / 7,800엔
- ●퍼블리셔 / 세가

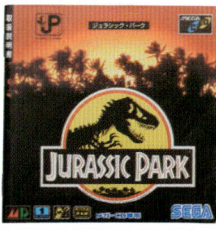 

유명 영화를 원작으로 한 작품. 카트리지판이 횡스크롤 액션 게임이었던 데 반해, 메가-CD판은 주관 시점의 어드벤처 게임으로 구성되었다.

배틀 콥스

- ●발매일 / 1994년 9월 30일 ●가격 / 8,000엔
- ●퍼블리셔 / 빅터 E

코어 디자인이 개발한 유사 3D 슈팅 게임으로 콕핏 시점의 FPS와 유사하다. 폴리곤은 사용되지 않았고 메가-CD의 확대·축소 기능을 사용해 3D풍 화면을 만들어냈다.

스타 블레이드

- ●발매일 / 1994년 10월 28일 ●가격 / 7,800엔
- ●퍼블리셔 / 남코

남코가 개발한 아케이드용 3D 슈팅 게임을 이식했다. 배경에 그려진 3D CG는 영상인데, 파괴할 수 있는 적기 등은 와이어 프레임으로 그려서 게임성을 재현하고 있다.

애프터 하르마게돈 외전 마수투장전 이클립스

- ●발매일 / 1994년 11월 11일 ●가격 / 7,800엔
- ●퍼블리셔 / 세가

『라스트 하르마게돈』의 개발 회사인 '브레인 그레이'에서 독립한 이이지마 타케오 씨가 만든 '팬드라박스'의 외전 작품. 스토리는 이어지지 않지만 플레이어의 평가는 높다.

 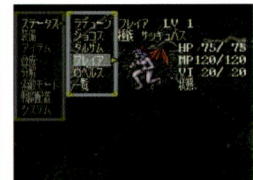

리썰 엔포서즈 II 더 웨스턴

- ●발매일 / 1994년 11월 25일 ●가격 / 9,800엔
- ●퍼블리셔 / 코나미

아케이드판으로 나와서 메가 드라이브에도 이식된 『리썰 엔포서즈』의 속편에 해당하며, 서부 개척시대의 미국이 무대다. 전작에 이어서 실사를 도입한 영상이 사용되고 있다.

NBA JAM

- ●발매일 / 1994년 12월 20일 ●가격 / 8,800엔
- ●퍼블리셔 / 어클레임

메가 드라이브로 3번째 작품이 되는 『NBA JAM』. 세밀한 차이는 있지만 중요한 게임성은 동일한 2 on 2 농구 게임이다. 본 작품에서도 인간의 능력을 벗어난 점프력의 덩크슛을 즐길 수 있다.

MEGA-CD 1994

소울 스타

- ●발매일 / 1994년 12월 22일 ●가격 / 8,000엔
- ●퍼블리셔 / 빅터 E

코어 디자인이 개발한 유사 3D 슈팅 게임. 『배틀 콥스』와 동일하게 콕핏 시점의 FPS로 되어 있다. 본 작품 역시 확대·축소 기능을 이용한 유사 3D이지만 게임성은 높이 평가되고 있다.

톰캣 얼레이

- ●발매일 / 1994년 12월 22일 ●가격 / 7,800엔
- ●퍼블리셔 / 세가

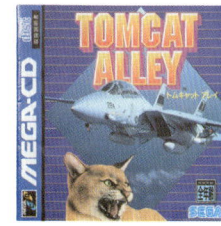 

F-14에 타서 적과 싸우는 내용으로, LD 게임과 동일한 시스템을 채용하고 있다. 실사 영상이 항상 나오므로, 커맨드 입력이나 공격에 성공하면 영상이 계속 이어진다는 느낌을 받는다.

일본 빅터판 원더 메가

일본 빅터판 원더 메가는 세가판을 앞서가는 형태로 발매되었다. 가격은 세가판보다 3,000엔 정도 비싸지만 게임 4종류와 노래방 4곡이 수록된 CD-ROM 「WONDERMEGA COLLECTION」이 동봉되어 있었다. 약 1년 후에는 2만 엔 이상 가격을 낮춘 원더 메가 M2가 발매되었다. 본체가 소형화, 경량화 되고(일부 기기도 해제), 무선 6버튼 컨트롤러가 표준 장비가 되었다.

원더 메가 빅터 Ver.

메이커 / 일본 빅터
발매일 / 1992년 4월 1일 가격 / 82,800엔

원더 메가 M2

메이커 / 일본 빅터
발매일 / 1993년 7월 2일 가격 / 59,800엔

MEGA-CD 1995

에코 더 돌핀 CD
●발매일 / 1995년 2월 24일 ●가격 / 4,980엔
●퍼블리셔 / 세가

카트리지로 발매되었던 『1』과 『2』를 커플링했다. 게임성에는 큰 변화가 없고 가격이 저렴해졌다. 카트리지판보다 메가-CD판이 희소성이 있다.

대봉신전
●발매일 / 1995년 2월 24일 ●가격 / 6,800엔
●퍼블리셔 / 빅터 E

중국의 전기적인 소설 『대봉신전』을 바탕으로 한 RPG로, 주인공은 태공망이다. 비주얼 장면은 조금 의심이 되지만 시스템은 전통적인 RPG라고 할 수 있다.

더블 스위치
●발매일 / 1995년 3월 24일 ●가격 / 6,800엔
●퍼블리셔 / 세가

1993년에 발매된 『나이트 트랩』의 속편 격인 작품. 덫을 작동시켜서 침입자를 격퇴하는 게임성은 동일하다. 전작도 마찬가지이지만 난이도가 꽤 높은 게임이다.

 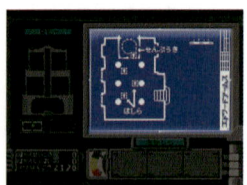

프라이즈 파이터
●발매일 / 1995년 3월 24일 ●가격 / 6,800엔
●퍼블리셔 / 세가

세가에서 발매된 버추얼 시네마 시리즈 중 하나로, 실사 영상을 사용한 복싱 게임이라는 매우 드문 장르이다. 영상은 흑백이지만 오히려 그것이 독특한 분위기를 연출한다.

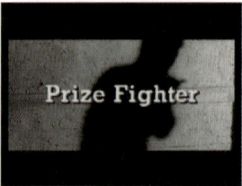 

MEGA-CD 1995-1996

아랑전설 SPECIAL

- 발매일 / 1995년 3월 31일 ●가격 / 6,800엔
- 퍼블리셔 / 빅터 E

아케이드용 대전 격투 게임에서 이식했으며, 가정용 기기에는 마지막 작품이 되었다. 오리지널과는 세밀한 부분에서 차이가 있고, 히든 캐릭터인 료 사카자키를 처음부터 쓸 수 있다.

파렌하이트

- 발매일 / 1995년 9월 1일 ●가격 / 6,800엔
- 퍼블리셔 / 세가

화재 현장에 진입하는 소방사의 활약을 그린 게임이다. 전편에 걸쳐 등장하는 실사 영상의 화재 현장은 박력이 있어서 목숨을 건 인명 구조 노력이 잘 재현되어 있다.

서지컬 스트라이크

- 발매일 / 1995년 12월 22일 ●가격 / 6,800엔
- 퍼블리셔 / 세가

호버 크래프트 같은 신병기에 탑승해서 싸우는 슈팅 게임이지만 내용은 LD 게임에 가깝다. 임무에 실패하면 온갖 욕설들이 나와서 「혼나는 게임」으로도 유명하다.

섀도우 런

- 발매일 / 1996년 2월 23일 ●가격 / 7,800엔
- 퍼블리셔 / 컴파일

카트리지에 이어서, 메가-CD 매체에서도 마지막 게임은 컴파일의 작품이 되었다. 게임 장르는 RPG로, 테이블 토크 RPG를 바탕으로 한 작품이다.

레이저 디스크와 메가 드라이브가 이룬 기적의 융합

1993년 파이오니아가 발매한 『레이저 액티브』는 일반적인 LD 플레이어로서의 기능은 물론이고, 본체 전면에 전용 팩을 증설해서 『PC엔진』(Hu-card, CD-ROM2, SUPER CD-ROM, LD-ROM2), 혹은 『메가 드라이브』(메가 드라이브, 메가-CD, MEGA-LD)를 즐길 수 있는 인터랙티브 머신이었다. LD-ROM2가 14개의 전용 소프트를 가졌던 것에 비해, MEGA-LD는 24개의 전용 소프트가 등장한 것을 보면 MEGA-LD 쪽이 매출이 좋았던 것 같다.

레이저 액티브

메이커 / 파이오니아
발매일 / 1993년 8월 20일 가격 / 89,800엔

PAC-N1(LD-ROM2팩)의 가격은
PAC-S1(MEGA-LD팩)과 동일

PAC-S1 MEGA-LD 팩
메이커 / 파이오니아
발매일 / 1993년 가격 / 39,000엔

MEGA-LD 전 타이틀

타이틀	퍼블리셔	발매일
I WILL	파이오니아	1993년 8월 20일
피라미드 패트롤	타이토	1993년 8월 20일
더 그레이트 피라미드	파이오니아 LDC	1993년 8월 20일
버추얼 카메라맨	트랜스 페가서스 리미티드	1993년 12월 10일
하이롤러 배틀	CRC 종합연구소	1993년 12월 20일
로켓 코스터	타이토	1993년 12월 20일
스페이스 버서커	파이오니아	1994년 2월 25일
3D MUSEUM	파이오니아	1994년 2월 25일
트라이어드 스톤	세가	1994년 3월 25일
버추얼 카메라맨2 태국, 푸켓 / 헌팅편	트랜스 페가서스 리미티드	1994년 4월 15일
HYPERION	타이토	1994년 5월 27일
재핑 「살의」	베타 필름	1994년 8월 25일
메론 브레인	파이오니아	1994년 9월 20일
Dr. 팔로우의 소중한 비디오	드라이어스	1994년 10월 25일
고스트 러시!	파이오니아	1994년 12월 3일
BACK TO THE 에도	TBS	1994년 12월 22일
DON QUIXOTE A DREAM IN SEVEN CRYSTALS	풀미 인터내셔널	1994년 12월 22일
로드 블래스터	파이오니아	1995년 1월 25일
미(美) 류전 컬렉션 와타나베 미나요	플래닛	1995년 2월 25일
타임 걸	타이토	1995년 3월 25일
블루 시카고 블루스	리버힐 소프트	1995년 4월 15일
미(美) 류전 컬렉션 Vol.2 사카키 유코	플래닛	1995년 4월 25일
GOKU	파이오니아	1995년 6월 15일
3D 버추얼 오스트리아	J.P.	1995년 3월 11일

『로드 블래스터』

『타임 걸』

『버추얼 카메라맨 2』

MEGA DRIVE
SUPER 32X

MEGA DRIVE COMPLETE GUIDE
with MARK III

버추어 레이싱 디럭스

- 발매일 / 1994년 12월 16일 ● 가격 / 8,800엔
- 퍼블리셔 / 세가

세가의 아케이드용 3D 레이스 게임 『버추어 레이싱』을 이식. 일반적인 카트리지판에 비해 그래픽의 질이 대폭 향상되어 32비트의 파워를 선보였다. 또한 포뮬러 차량뿐만 아니라 시판용 차량, 프로토 타입 차량을 선택할 수 있고, 각각 주행 중의 움직임과 속도가 다르다. 5개의 코스 중 하나를 선택할 수 있고 화면의 상하 분할로 2P 대전도 가능하다. 물론 4종류로 시점 변환(화면 분할 시에도)도 가능하다. 그야말로 빈틈없는 구성이다.

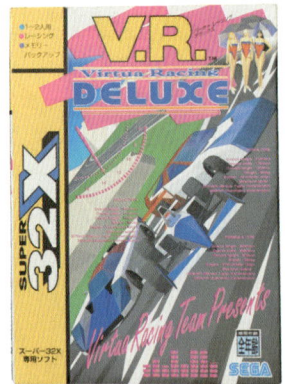
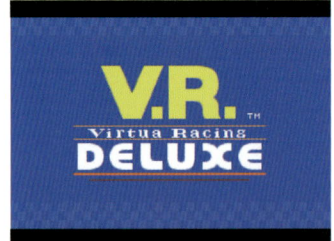
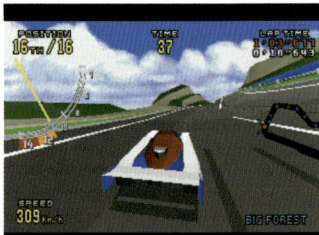
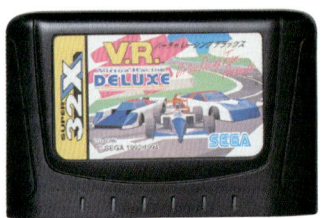

DOOM

- 발매일 / 1994년 12월 3일
- 가격 / 7,800엔
- 퍼블리셔 / 세가

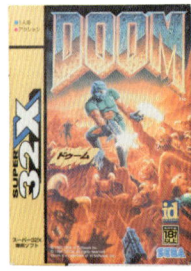

북미에서 FPS 붐에 불을 지핀 『DOOM』의 슈퍼 32X 이식판이다. 조작성이 매우 좋고 매끄럽게 미끄러지듯이 움직일 수 있지만, 그 때문에 3D 멀미에 걸리는 플레이어도 있으니 주의가 필요.

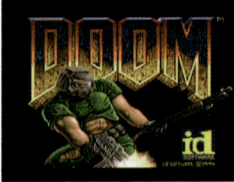

스타워즈 아케이드

- 발매일 / 1994년 12월 3일
- 가격 / 8,800엔
- 퍼블리셔 / 세가

ATARI의 아케이드용 유사 3D 슈팅 게임 『스타워즈』를 슈퍼 32X용으로 리메이크했다. 플레이어의 기체는 X윙과 Y윙 중에서 고를 수 있고, 아케이드 모드와 32X 모드를 플레이할 수 있다.

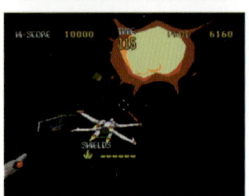

SUPER 32X 1994

스페이스 해리어

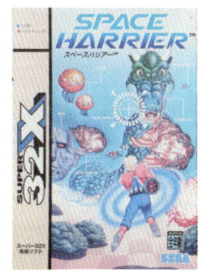

●발매일 / 1994년 12월 3일
●가격 / 4,980엔
●퍼블리셔 / 세가

다양한 하드에 이식된 유명 게임이지만, 의외로 메가 드라이브에서는 본 작품이 첫 이식이다. 화면은 매우 아름다우며, 발매 당시로서는 가장 오리지널에 가까운 이식작이었다.

메가-CD 의 사이드라벨

아래 사진의 오른쪽처럼 측면(등 부분) 상부에 「MD」로고가 있고, 그 밑에 노란색으로 MEGA-CD라고 기재되어 있으며, 다시 그 아래 작품명이 나오는 패턴이 많지만 왼쪽 같은 패턴도 확인된다. 사이드라벨에 관해서는 명확한 규정이 없거나(혹은 퍼블리셔 별로 정해져 있거나), 발매 시기에 따라 차이가 있는 것인지도 모르겠다. 사이드라벨은 잃어버리기 쉽지만, 엄연한 컬렉션의 하나이므로 소중하게 보관하는 것이 좋다.

작품 타이틀과 함께
간단한 게임 설명도 기재되어 있다.

소책자『MEGA-SOFT INFORMATION』

『MEGA-SOFT INFORMATION』은 일부 게임에 동봉되어 있던 소책자인데, 여기서는 Vol.3~6을 언급하려고 한다. Vol.3과 4에서는 『소닉 더 헤지혹3』 및 메가-CD 타이틀을 맹 어필했다. Vol.5와 6에서는 슈퍼 32X가 크게 소개되어 있다. 이 소책자를 통해 메가 드라이브, 메가-CD, 슈퍼 32X, 세가 새턴이 함께 판매되고 있었다는 것도 알 수 있다. 정말 엄청난 시대였다.

스텔라 어설트

●발매일 / 1995년 4월 26일 ●가격 / 7,800엔
●퍼블리셔 / 세가

슈퍼 32X 오리지널 3D 슈팅 게임. 당시 메가 드라이브로 발매된 3D 슈팅은 미리 그려진 영상을 배경으로 사용했지만, 본 작품은 전체가 리얼 타임으로 그려졌다. 언뜻 배경처럼 보이는 대형 함선에도 피격 판정이 있어서 파괴가 가능하다. 광대한 공간을 자유롭게 이동할 수 있는 것도 특징으로, 카트리지에 우주를 담았다 할 수 있다. 플레이어의 기체는 2종류로, 붉은 쪽은 오토 파일럿으로도 플레이가 가능하다. 2P 협력 플레이도 가능한데 한쪽이 조작, 한쪽이 공격을 맡는다.

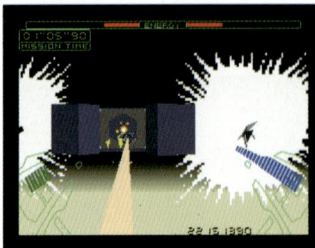

버추어 파이터

●발매일 / 1995년 10월 20일 ●가격 / 7,800엔
●퍼블리셔 / 세가

세가를 대표하는 대전 격투 게임 시리즈의 첫 작품을 이식한 것이다. 아케이드로는 이미 『2』가 가동되고 있었고, 같은 해 12월에 세가 새턴에서 이식판이 발매되었지만, 슈퍼 32X로는 『2』의 이식이 실현되지 않았다. 앞서 나온 세가 새턴판과 비교해서 그래픽은 약간 떨어지지만, 로드 시간이 없는 등, 게임 템포는 본 작품이 우위다. 특히 해외의 세가 새턴 보급이 늦어서 본 작품이 더욱 사랑받은 면도 있다. 일본에서 발매된 슈퍼 32X의 마지막 소프트이기도 하다.

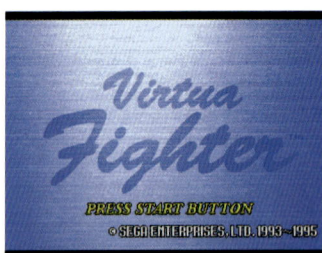
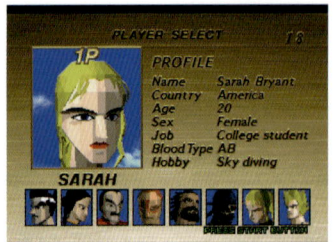

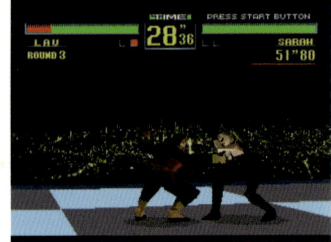

SUPER 32X 1995

애프터 버너 컴플리트

●발매일 / 1995년 1월 13일
●가격 / 4,980엔
●퍼블리셔 / 세가

체감 게임으로 인기를 얻었던 『애프터 버너II』를 이식한 것이다. 당시로서는 최고의 이식도를 자랑했지만, 다음 해에 거의 완전 이식이 된 세가 새턴판이 발매되었다.

사이버 브롤

●발매일 / 1995년 1월 27일
●가격 / 7,800엔
●퍼블리셔 / 세가

슈퍼 32X 오리지널 대전 격투 게임. 인간형 캐릭터 4명, 비인간 캐릭터 4명을 고를 수 있으며, 전자는 3곳에 파츠를 붙일 수 있다. 북미 시장을 의식했는지 피가 튀는 등의 잔혹한 장면이 눈에 띈다.

GOLF MAGAZINE PRESENTS 36 GREAT HOLES STARRING FRED COUPLES

●발매일 / 1995년 2월 24일
●가격 / 8,800엔
●퍼블리셔 / 세가

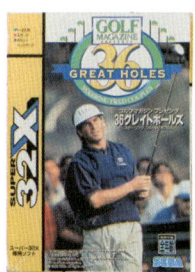

미국 골프 매거진의 협력을 받아 36홀을 수록한 골프 게임이다. 홀은 미국 선수권 코스에서 선정된 것으로, 투어 프로인 프레드 커플스 씨가 가이드를 해준다.

메탈 헤드

●발매일 / 1995년 2월 24일
●가격 / 7,800엔
●퍼블리셔 / 세가

로봇을 조작해서 싸우는 FPS. 맵의 대부분은 시가전으로 장애물 사용법이 공략의 열쇠가 된다. 무장은 메인인 체인 건 이외에 몇 종류가 있으며, TPS 시점으로 변경해서 플레이할 수도 있다.

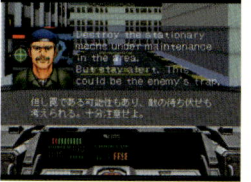

TEMPO

●발매일 / 1995년 3월 24일
●가격 / 7,800엔
●퍼블리셔 / 세가

레드 컴퍼니가 개발한 횡스크롤 액션 게임. 음악을 테마로 하고 있고, 주인공 캐릭터가 춤을 추는 등 분위기가 좋은 게임이다. 아이템도 음표 등 음악에 관계된 것이 많다.

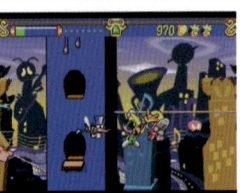

카오틱스

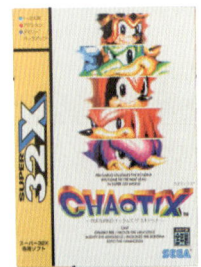
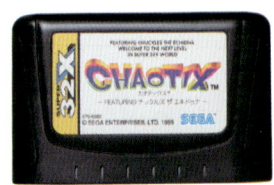

●발매일 / 1995년 4월 21일
●가격 / 7,800엔
●퍼블리셔 / 세가

『소닉3』에 등장한 너클즈가 주인공인 횡스크롤 액션 게임. 2명의 캐릭터가 빛으로 이어져 있고, 스프링처럼 늘어났다가 줄어드는 특성을 활용한 액션이 특징이다.

모탈 컴뱃 II 궁극신권

●발매일 / 1995년 5월 19일
●가격 / 9,800엔
●퍼블리셔 / 어클레임

잔혹 대전 격투 게임 『모탈 컴뱃』 시리즈의 2번째 작품을 이식했다. 실사 화상을 이용한 캐릭터와 페이탈리티를 이용한 패배 캐릭터를 참살하는 요소는 건재하다.

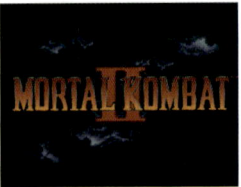

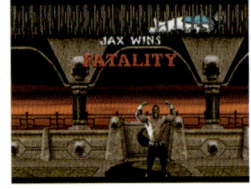

NFL 쿼터백 클럽 '95

●발매일 / 1995년 7월 14일
●가격 / 8,800엔
●퍼블리셔 / 어클레임

이미 카트리지판이 발매되어 있던 동명 소프트를 슈퍼 32X로 이식했다. 필드는 종방향으로 스크롤하는 방식이라 보기 편하고, 다수의 캐릭터가 동시에 움직여도 모두 표시가 된다.

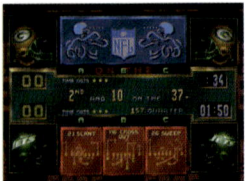

파라스쿼드

●발매일 / 1995년 7월 14일
●가격 / 7,800엔
●퍼블리셔 / 세가

세가가 개발한 3D 슈팅 게임으로 쿼터뷰가 특징이다. 해외에서는 세가의 아케이드용 슈팅 게임인 『잭슨』의 이름을 내걸었다. 적의 기체를 빼앗는 시스템이 참신했다.

삼국지IV

●발매일 / 1995년 7월 28일
●가격 / 14,800엔
●퍼블리셔 / 코에이

코에이가 개발한 『삼국지』 시리즈의 4번째 작품으로, 메가 드라이브에서는 슈퍼 32X판만 발매되었다. 무장에게 특기가 부여되어서, 범장과 명장의 차이가 확실해진 작품이다.

NBA 잼 토너먼트 에디션

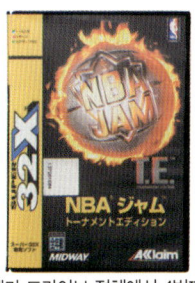

●발매일 / 1995년 9월 1일
●가격 / 9,800엔
●퍼블리셔 / 어클레임

메가 드라이브 전체에서 4번째 작품인 『NBA JAM』, 『토너먼트 에디션』으로 해서도 2번째 작품이다. 게임성은 변함없이 2 on 2 농구 게임이다.

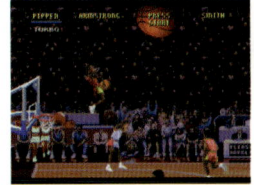

WWF RAW

●발매일 / 1995년 9월 1일
●가격 / 9,800엔
●퍼블리셔 / 어클레임

메가 드라이브에서 『WWF』 시리즈도 4개가 발매되었다. 메가 드라이브 & 슈퍼 32X 후기에 발매된 만큼, 출하량이 적어서 프리미엄화 되었다.

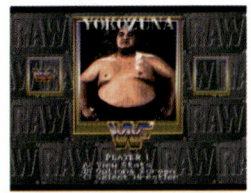
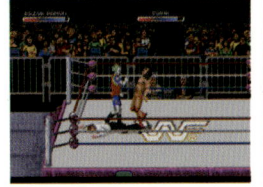
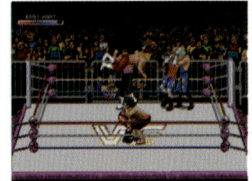

『R.I.B.4. 베이스볼』 　　『몽환전사 바리스』 　　『엑자일 시간의 틈새로』

『엘리미네이트 다운』 　　　　　　　　　『A랭크 썬더 탄생편』

『FZ 전기 AXIS』 　　『어섬 포섬』

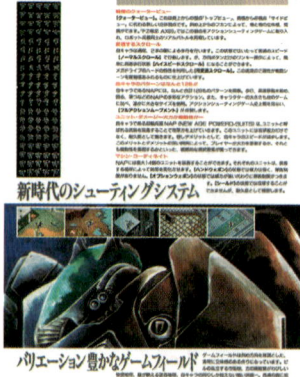

광고지 콜렉션

『화격』

『갤럭시 포스Ⅱ』
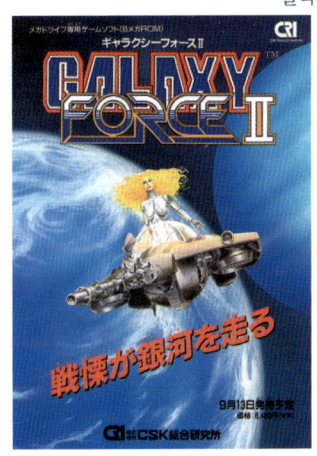

『슈퍼 에어 울프』

『킹 살몬』

『썬더 포스Ⅲ』
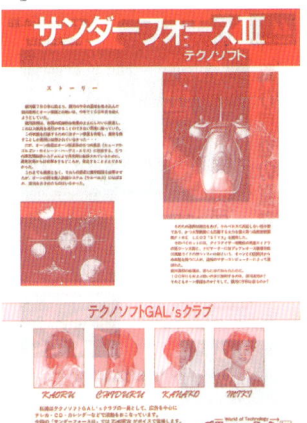

『스틸 탤론』

『스노우 브라더스』

『시저의 야망』

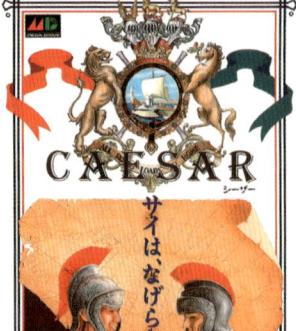

『시저의 야망 영어 Ver』

『타임 도미네이터』

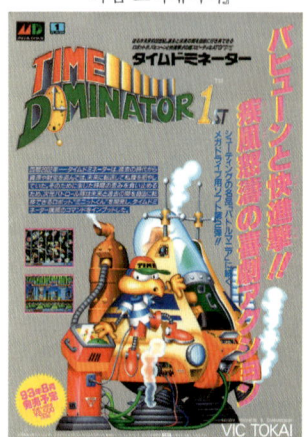

『정션 (JUNCTION)』

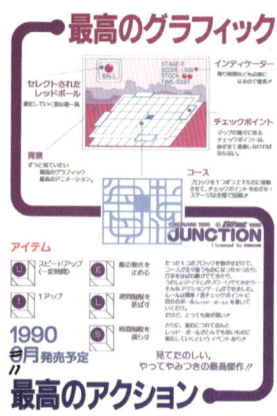

『007 사투』

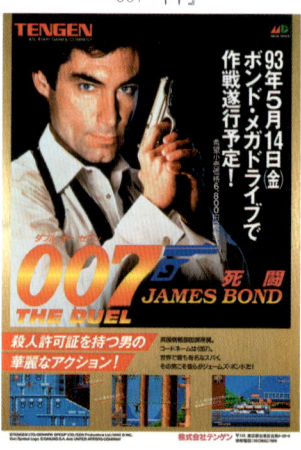

『TOP PRO GOLF2』 『슬랩 파이트』

『드래곤즈 리벤지』 『태스크포스 해리어 EX』

『챔피언스 월드 클래스 사커』 『나이트 스트라이커』

『닌자 워리어즈』 　　『테크모 슈퍼 볼』

  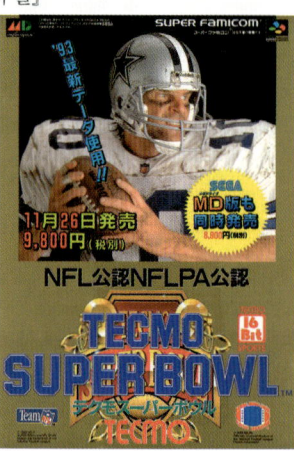

『패스테스트 원』 　　『배틀 매니아 대음양』

　『블루 알마낙』 　　『페르시아의 왕자』

『페이퍼 보이』 『마스터 오브 몬스터즈』

『헬파이어』 『루나 이터널 블루』

『마도물어Ⅰ』 『램파트』

MEGA DRIVE

『램파트 (다른 Ver)』

『어클레임 재팬 광고지』
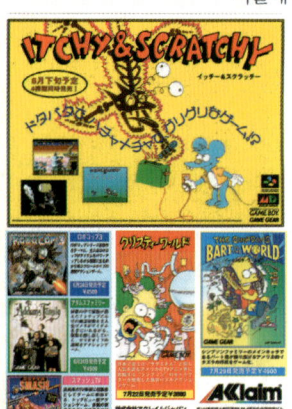

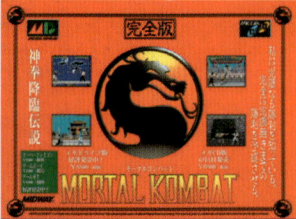

『원더 독』

『메가 드라이브 전용 게임 소프트 베스트 컬렉션』

『MEGAPRESS Vol.21』

『남코 광고지』

광고지콜렉션

『홈데이터 광고지』   『메가 월드 Vol.2』

 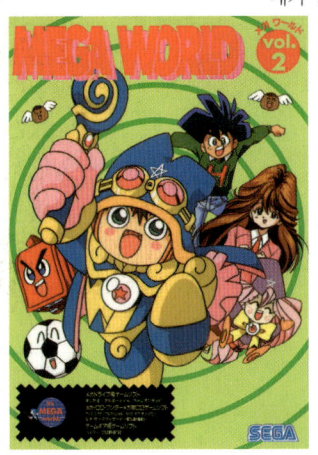 

『1991년 9월 카탈로그』   『메가 월드 Vol.3』

『메가 월드 Vol.4』   『XMD-1RGB(주변기기)』

『아일톤 세나의 슈퍼 모나코 GPⅡ』

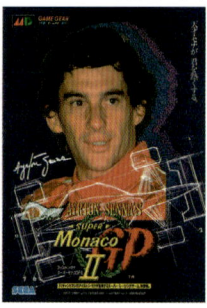
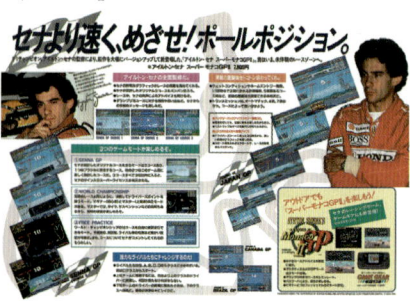

『사이 오 블레이드』

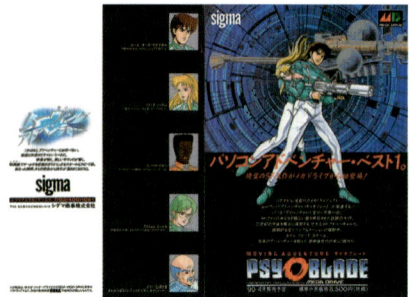

『시저의 야망Ⅱ』

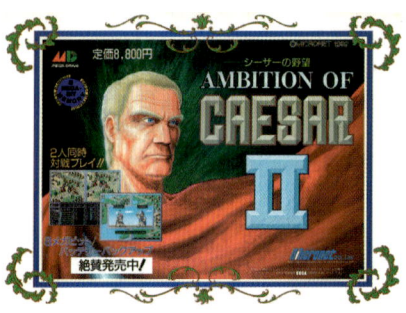

『코즈믹 판타지 Stories』　　　　　『스타 크루저』

『트윙클 테일』

『데빌 크래쉬 MD』

『바하무트 전기』

『마법소녀 실키립』

『바리 암』

ADVERTISEMENT

『랑그릿사 II』

『원더러즈 프롬 이스』

『원더보이 V 몬스터 월드 III』

『나카지마 사토루 감수 F-1 GRAND PRIX』

『마천의 창멸』

SEGA MARK III
HARDWARE

MEGA DRIVE COMPLETE GUIDE
with MARK III

SEGA MARKIII Hardware

세가 마크III

기능 강화로 패미컴과 정면승부

발매일 / 1985년 10월 20일
가격 / 15,000엔

SG-1000시리즈와의 호환성을 유지하면서 그래픽 등의 기능을 강화한 가정용 게임기. 패미컴의 대항마로서 일부 성능은 패미컴을 능가했다. TV에 무선 출력이 가능한 「텔레콤 팩」 등 패미컴에는 없는 유니크한 상품도 다수 발매되었다. 유럽 시장에서는 꽤 건투했지만 패미컴의 기세는 압도적이었고, 전 세계 점유율은 10%에 미치지 못했다. 2년 후인 1897년 10월에는 FM 음원과 속사 장치 등을 내장한 일부 사양 변경기기인 『세가 마스터 시스템』을 역수입하는 형태로 발매했지만, 패미컴의 아성을 무너뜨리지는 못했다. 그 소망은 차세대 기기 『메가 드라이브』로 이어지게 된다.

마크III의 카트리지는 「골드 카트리지」라는 명칭이었는데, 유일한 서드 파티인 사리오에서 발매한 2작품은 「실버 카트리지」라는 이름이 붙었다. 골드와 실버 모두 용량은 1~4M.

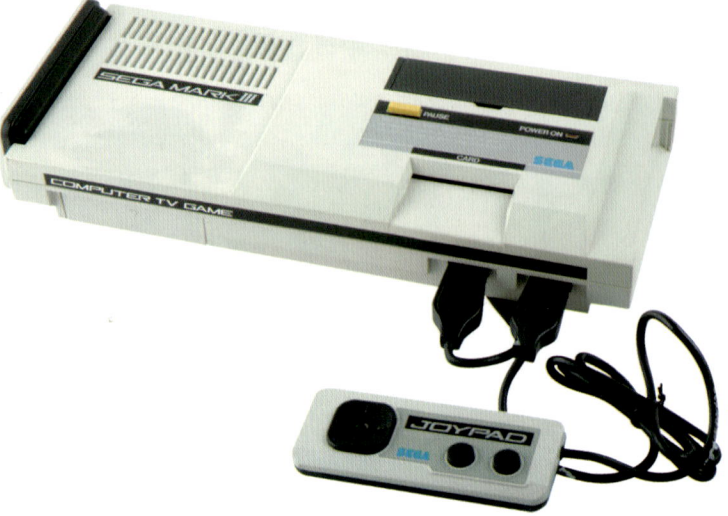

기본 스펙

CPU / Z80A
메모리 / 8KB
해상도 / 256 X 192도트
발색 수 / 64색(동시 발색 가능 64색)
사운드 / PSG 음원 3음 + 노이즈 1음

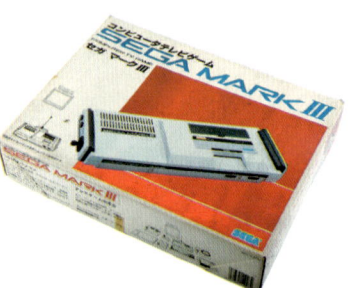

TV 그림 그리기

발매일 / 1985년
가격 / 8,800엔

태블릿 형태의 그림 소프트. 현재의 펜 태블릿과 구조는 비슷하다. 전용 펜으로 투명한 플라스틱 부분에 쓰면 자유롭게 그림을 그릴 수 있다(그린 그림은 TV에 송출된다). 펜의 굵기나 색깔을 원터치로 변경하는 것이 가능하다. SG시리즈에도 대응되어 있다.

무선으로 영상을 보내는 획기적인 주변기기도(광고지에서)

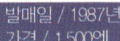

3-D 글래스

발매일 / 1985년
가격 / 8,800엔

입체 영상을 즐길 수 있는 주변기기. 『스페이스 해리어 3D』나 『잭슨 3D』 등에 대응되어 있다.

래피드 파이어 유닛

발매일 / 1987년
가격 / 1,500엔

세가·마크 III 본체와 컨트롤러 사이에 장착해서 사용하는 연사 유닛. 이를 통해 초당 20발의 연사 기능을 얻을 수 있다. SG-1000과 SC-3000에는 사용할 수 없다.

배틀 컨트롤

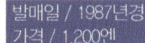

발매일 / 1987년경
가격 / 1,200엔

좌우로 돌릴 수 있는 아날로그 컨트롤러. 『알렉스 키드 BMX 트라이얼』, 『메구미 레스큐』 등에 대응.

세가·마스터 시스템

발매일 / 1987년 10월 18일
가격 / 16,800엔

1986년에 북미에서 발매되어, 이듬해에 일본에 역수입되었다. 단 3D 글래스 단자가 배치되어 있다거나 FM 음원이 내장되어 있는 등, 북미판에서 일부 사양이 변경되었다. 속사 기능이 표준으로 탑재된 것도 환영할 만한 개량 포인트 중의 하나다.

특별한 광고지

『슈퍼 H.Q.』는 다른 하드 작품 『게이샤 워리어즈』와 함께 소개되었는데, PC엔진에서 발매될 예정이었지만 꿈으로 끝나 버렸다. 미발매라는 의미로 귀중한 것이 『닌자 가이덴』. 아케이드판을 토대로 한 벨트 스크롤 액션을 예정했지만 어떤 이유에서인지 발매가 중지되었다. 덧붙여서 샘플판(미완성)이 유통되고 있고, 일단은 엔딩까지 플레이할 수 있는 상태라는 것을 감안하면 아슬아슬한 단계에서 발매 중지가 되었을 가능성이 크다.

『슈퍼 H.Q.』

다른 하드와 함께 실린 광고지.
『게이샤 워리어즈』는 결국 발매되지 못했다.

『헬파이어』

디자인뿐만 아니라
발매일도 변경된 경우.

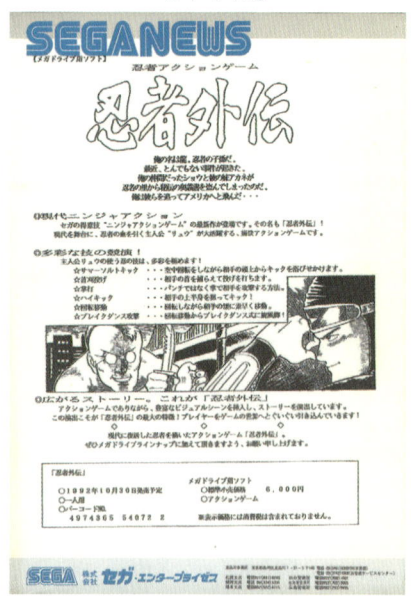

『닌자 가이덴』

미발매 소프트 광고지.
게임 개요가 적힌 귀중한 자료.

『디바인 실링』

어떤 이유에서인지 달력이 동봉된
비정규 작품의 광고지

SEGA MARK III
MYCARD MARK III

MEGA DRIVE COMPLETE GUIDE
with MARK III

MY CARD MARK III 1985

테디보이 블루스
- 발매일 / 1985년 10월 20일 ●가격 / 4,300엔
- 퍼블리셔 / 세가

세가의 아케이드용 액션 슈팅 게임을 이식했다. 아이돌 가수와의 제휴 게임으로, 이시노 요코의 데뷔 싱글 『테디보이 블루스』가 배경음악으로 사용되었다.

행온
- 발매일 / 1985년 10월 20일 ●가격 / 4,300엔
- 퍼블리셔 / 세가

세가의 체감 게임 제1탄 『행온』의 이식작이지만 실제로는 거의 다른 게임이 되었다. 액셀, 브레이크에 3단계 시프트가 있지만, 적의 차량과의 접촉은 즉시 대폭발로 이어진다.

그레이트 사커
- 발매일 / 1985년 10월 27일 ●가격 / 4,300엔
- 퍼블리셔 / 세가

마이카드 마크Ⅲ 오리지널 축구 게임. 종방향으로 스크롤하는 필드와 탑뷰가 특징이다. 한 팀은 골키퍼를 포함해서 6명이라 인원수가 적지만, 오프사이드 규정이 있는 본격 게임이다.

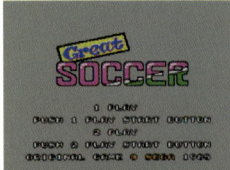 

이상한 성의 핏폿
- 발매일 / 1985년 12월 14일 ●가격 / 4,300엔
- 퍼블리셔 / 세가

마크Ⅲ 오리지널의 액션 퍼즐 게임. 붙잡힌 공주를 구하기 위해 주인공인 기사가 단신으로 성에 잠입한다. 손에 든 해머로 지형 블록을 파괴할 수 있다.

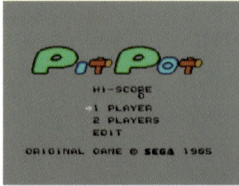 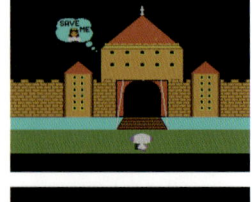

그레이트 베이스볼

- 발매일 / 1985년 12월 15일 ●가격 / 4,300엔
- 퍼블리셔 / 세가

마이카드 마크Ⅲ의 첫 야구 게임. 수비는 자동과 수동을 선택할 수 있고 (송구는 수동) 홈런 경쟁을 플레이할 수 있는 등, 패미컴의 『베이스볼』과 차별화를 노렸다.

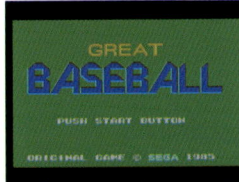 

 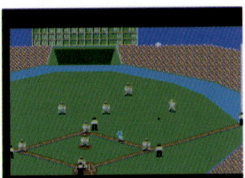

새틀라이트 7

- 발매일 / 1985년 12월 20일 ●가격 / 4,300엔
- 퍼블리셔 / 세가

메가Ⅲ 오리지널 종스크롤 슈팅 게임. 『제비우스』 타입의 대공, 대지 구분 공격 방식으로, 파워업도 가능하다. 또한 당시로서는 드물게 2인 동시 플레이가 가능했다.

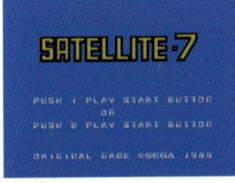 

아스트로 플래시

- 발매일 / 1985년 12월 22일 ●가격 / 4,300엔
- 퍼블리셔 / 세가

횡스크롤 슈팅 게임으로 이후에 아케이드로 역이식 되었다. 파워업이 룰렛 방식으로 이루어지므로, 원하는 곳에 맞추지 못하면 불필요한 무기로 바뀌게 되는 경우도 있다.

F-16 파이팅 팔콘

- 발매일 / 1985년 12월 22일 ●가격 / 4,300엔
- 퍼블리셔 / 세가

해외 개발사가 만든 플라이트 시뮬레이션 게임. 이 장르의 특성상 높은 하드 성능이 요구되지만, 마크Ⅲ에서 발매됐다는 것은 매우 의미가 있는 일이다.

 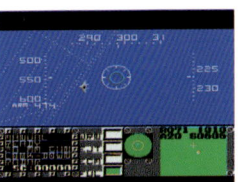

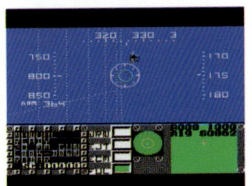 

MY CARD MARK III 1985-1986

그레이트 테니스

- 발매일 / 1985년 12월 22일 ● 가격 / 4,300엔
- 퍼블리셔 / 세가

타이틀 화면의 『슈퍼 테니스』는 해외판 타이틀을 그대로 유통했기 때문이다. 일본에서는 『그레이트 테니스』로 발매됐다. 게임 전에 선수 타입을 고를 수 있게 되어 있다.

 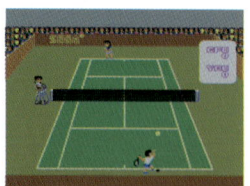
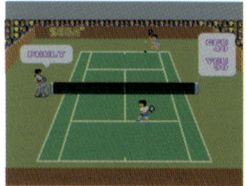 

청춘 스캔들

- 발매일 / 1986년 1월 31일 ● 가격 / 4,300엔
- 퍼블리셔 / 세가

세가의 아케이드용 횡스크롤 액션 게임을 이식했다. 마크Ⅲ판은 용량 문제로 인해, 원래 3개였던 스테이지가 1개가 되었다. 아케이드판의 난이도에 못지않게 마크Ⅲ판도 어렵다.

코미컬 머신 건 죠

- 발매일 / 1986년 4월 21일 ● 가격 / 4,300엔
- 퍼블리셔 / 세가

고정화면의 유사 3D 액션 슈팅 게임. 샷으로 공격하고 점프도 가능하다. 쓰러뜨린 적이 작게 변해서 주인공에게 달라붙기 때문에 점프로 떨쳐내야 한다.

 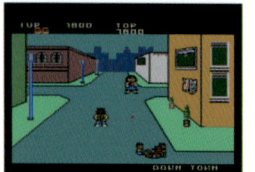

고스트 하우스

- 발매일 / 1986년 4월 21일 ● 가격 / 4,300엔
- 퍼블리셔 / 세가

마크Ⅲ 오리지널 사이드뷰 액션 게임으로 저택에 잠입해서 드라큘라를 쓰러뜨리는 것이 목표. 점프로 밟기나 펀치로 공격하고, 나이프를 얻으면 사정거리가 길어진다. 난이도는 매우 높다.

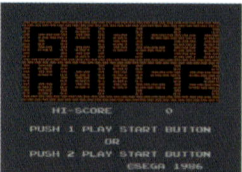 

스파이 VS 스파이

- ●발매일 / 1986년 9월 20일 ●가격 / 4,300엔
- ●퍼블리셔 / 세가

코믹한 대전형 액션 게임. 2명의 스파이가 상하 화면으로 나뉘어서, 같은 맵에서 아이템을 찾는다. 함정을 설치하거나 직접 공격해서 상대를 일정 시간 행동 불능으로 만들 수도 있다.

 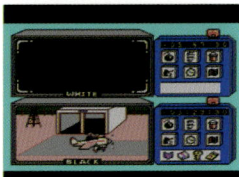

우디팝 신인류의 블록 깨기

- ●발매일 / 1987년 3월 15일 ●가격 / 5,500엔
- ●퍼블리셔 / 세가

흔히 말하는 「블록 깨기」로, 패들 컨트롤러를 사용해서 플레이한다. 파괴한 블록에서 아이템이 출현하거나 방해 캐릭터가 존재하는 등, 『알카노이드』의 영향이 강하다.

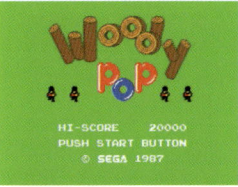 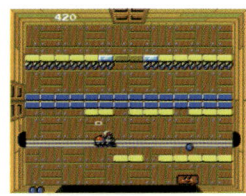

COLUMN 해외판 메가 드라이브

해외에서는 『SEGA GENESIS(제네시스)』라는 명칭으로 발매되었다. 특히 북미 시장에서 저명한 스포츠 선수나 뮤지션, 디즈니 작품 등과 라이선스 계약을 맺으며 공세를 높여서, SNES (슈퍼 패미컴의 북미판)와 가열찬 점유율 경쟁을 펼쳤다. 메가 드라이브(제네시스)는 전 세계에서 약 3,000만 대가 판매되었는데, 그중 거의 90%가 해외에서 올린 실적이다.

SEGA GENESIS

본체의 형태는 메가 드라이브와 동일하지만, 기본적으로 GENESIS의 게임을 메가 드라이브로 플레이할 수 없다. 단 지역 코드가 없고, 어떤 방법으로든 카트리지가 꽂히면 동작하는 경우도 있다.

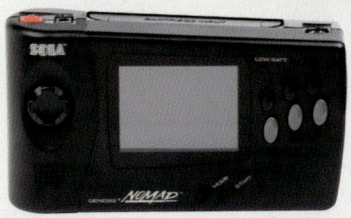

Sega Nomad

『메가 제트』를 원형으로 한 휴대형 게임기로, 3.25인치의 컬러 스크린을 내장하고 있다. AA 전지 6개로 동작 가능.

SEGA GENESIS 제2 모델

사각형 케이스로 컴팩트하게 바뀌었지만 헤드폰 단자를 없앴다. 또한 컴팩트하면서 저렴해진 『3』도 발매되었다.

패키지의 뒷면

『세가 마크Ⅲ』까지의 패키지 뒷면에는 대응하는 하드가 적혀 있었다. 특히 많은 하드가 발매된 SG-1000의 뒷면에는 대응 하드가 줄줄이 적혀 있다. 그리고 「파이오니아제는 1인 전용입니다」라는 경고 문구가 표기되었는데, 이는 SD-G5(P121에서 소개)를 가리키는 것으로 이 하드가 1인 플레이에만 대응했기 때문이다. 그밖에 마크Ⅲ 소프트에서 FM 음원에 대응하고 있는 것에 FM 로고가 들어가 있는 것도 재미있다(재생에는 FM 음원 팩이 필요).

『SG-1000 (모나코 GP)』

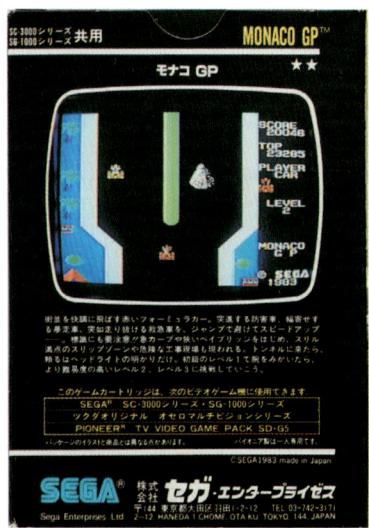

『마이카드 마크Ⅲ (청춘 스캔들)』

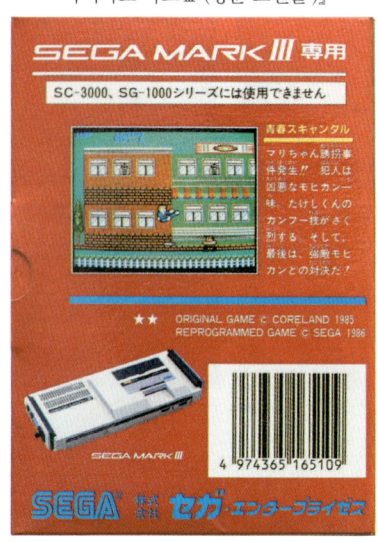

『골드 카트리지 (봄버 레이드)』

『메가 드라이브 (파노라마 코튼)』

SEGA MARK III
GOLD CARTRIDGE

MEGA DRIVE COMPLETE GUIDE
with MARK III

GOLD CARTRIDGE 1986

판타지 존
- 발매일 / 1986년 6월 15일 ●가격 / 5,000엔
- 퍼블리셔 / 세가

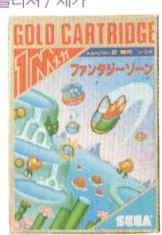

아케이드판보다 3개월 늦게 발매된 마크III판 『판타지 존』이다. 쇼핑을 이용한 파워업은 이어지고 있지만, 전선 기지의 수가 줄어서 일부 보스가 변경되었다.

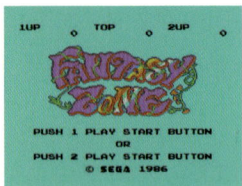

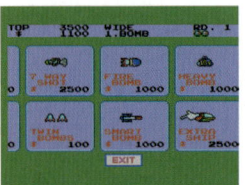

극악동맹 덤프 마츠모토
- 발매일 / 1986년 7월 20일 ●가격 / 5,000엔
- 퍼블리셔 / 세가

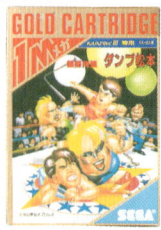
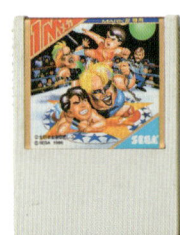

아케이드로 가동되던 『덤프 마츠모토』를 이식한 것이 아니라 마크III 오리지널 작품이다. 극악동맹이나 프레시 갸루즈를 조작해서 싸운다. 해외에는 캐릭터를 변경해서 판매되었다.

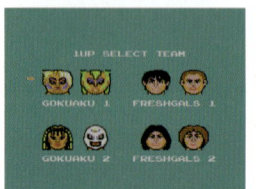

북두의 권
- 발매일 / 1986년 7월 20일 ●가격 / 5,000엔
- 퍼블리셔 / 세가

졸작이 많은 것으로 알려진 「북두의 권」 게임에서 가장 완성도가 높다고 평가되기도 한다. 횡스크롤 액션 게임으로 원작에 따른 보스전과 그 후의 연출은 꼭 봐야 한다.

액션 파이터
- 발매일 / 1986년 8월 17일 ●가격 / 5,000엔
- 퍼블리셔 / 세가

아케이드용 종스크롤 슈팅 게임을 이식했다. 레이싱과 슈팅을 합친 것 같은 구조로, 플레이어의 차량은 바이크에서 자동차로 바뀌고 마지막에는 하늘을 날게 된다.

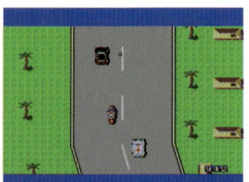
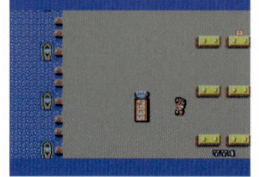

GOLD CARTRIDGE 1986

더 서킷

- ●발매일 / 1986년 9월 21일 ●가격 / 5,000엔
- ●퍼블리셔 / 세가

유사 3D 레이스 게임. 순위에 따라 받는 포인트를 이용해 플레이어의 차량을 파워업 시킬 수 있지만, 제한 시간을 넘기면 게임 오버가 된다. 또한 코스 에디트 기능도 있다.

 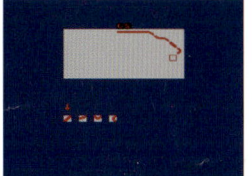

알렉스 키드의 미라클 월드

- ●발매일 / 1986년 11월 1일 ●가격 / 5,000엔
- ●퍼블리셔 / 세가

세가의 마스코트 캐릭터인 알렉스 키드의 데뷔작이다. 블록권으로 필드 위의 블록을 파괴할 수 있고, 샵에서는 아이템도 살 수 있다. 보스전에서의 가위바위보는 충격적이었다.

닌자

- ●발매일 / 1986년 11월 8일 ●가격 / 5,000엔
- ●퍼블리셔 / 세가

아케이드용 종스크롤 액션 슈팅 게임 『닌자 프린세스』를 어레인지 이식했다. 수리검으로 적을 공격하고 두루마리로 파워업도 할 수 있다. 목표는 붙잡힌 공주를 구출하는 것이다.

 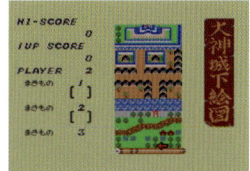

아수라

- ●발매일 / 1986년 11월 16일 ●가격 / 5,000엔
- ●퍼블리셔 / 세가

마크Ⅲ 오리지널 종스크롤 액션 슈팅 게임이다. 게임성은 단신으로 적지에 들어가는 『전장의 이리』와 유사하다. 탄수 무제한인 머신 건과 유한인 봄버 애로우로 공격한다.

GOLD CARTRIDGE 1986

아스트로 워리어

- ●발매일 / 1986년 12월 14일 ●가격 / 5,000엔
- ●퍼블리셔 / 세가

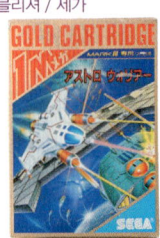

마크Ⅲ 오리지널 종스크롤 슈팅 게임이다. 플레이어의 기체는 파워업을 하면 2개의 옵션을 장비하고, 샷은 레이저로 바뀐다. 난이도는 낮아서 한 차례 클리어는 쉽게 할 수 있다.

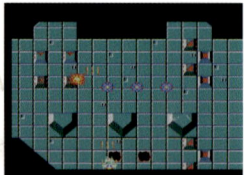

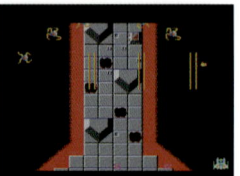

하이스쿨! 기면조

- ●발매일 / 1986년 12월 15일 ●가격 / 5,000엔
- ●퍼블리셔 / 세가

'주간 소년점프'에 연재되던 인기 만화를 원작으로 한 액션 어드벤처 게임. 카와 유이를 조작해서 기면조 5인을 붙잡는 것이 목표로, 아이템 발견과 사용 방식이 클리어의 열쇠가 된다.

그레이트 골프

- ●발매일 / 1986년 12월 20일 ●가격 / 5,000엔
- ●퍼블리셔 / 세가

마크Ⅲ의 스포츠 게임 『그레이트』 시리즈 중의 하나로, 쿼터뷰 시점이 특징이다. 조작 방법은 일반적인 골프 게임과 동일하고 멀티 플레이도 할 수 있다.

스페이스 해리어

- ●발매일 / 1986년 12월 21일 ●가격 / 5,500엔
- ●퍼블리셔 / 세가

『스페이스 해리어』의 이식작으로는 본 작품이 처음이다. 당시에도 이식은 무리라는 말을 들었지만, 기술을 구사하는 방식으로 게임성의 재현을 가능하게 만들었다.

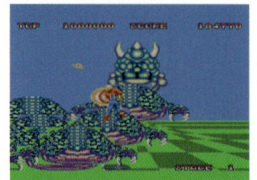

GOLD CARTRIDGE 1987

더블 타겟 신시아의 잠

- 발매일 / 1987년 1월 18일 ●가격 / 5,000엔
- 퍼블리셔 / 세가

아케이드용 횡스크롤 액션 슈팅 게임 『콰르텟』을 이식했다. 2인 동시 플레이가 가능하고, 득점에 따라 샷이 파워업 하는 등, 오리지널에서 바뀐 점이 많다.

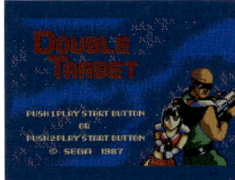

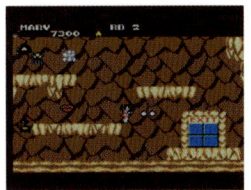
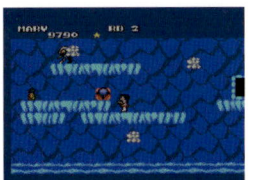

로레타의 초상

- 발매일 / 1987년 2월 18일 ●가격 / 5,000엔
- 퍼블리셔 / 세가

셜록 홈즈를 주인공으로 한 어드벤처 게임이다. 커맨드 선택식이지만 커서를 이용한 화면 지정이나 3D 던전 등도 있어서 커맨드만으로는 풀 수 없다.

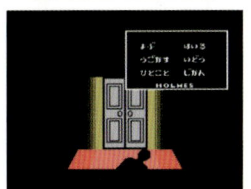

슈퍼 원더보이

- 발매일 / 1987년 3월 22일 ●가격 / 5,000엔
- 퍼블리셔 / 세가

웨스턴에서 개발한 아케이드용 횡스크롤 액션 게임을 이식했다. SG-1000용 카트리지로 먼저 발매되었지만, 이식도로 따지면 이 마크Ⅲ판이 압도적으로 높다.

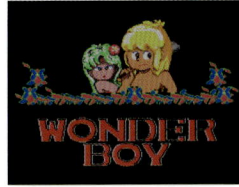

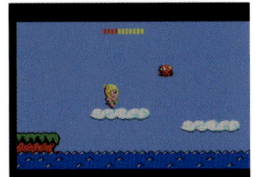

그레이트 발리볼

- 발매일 / 1987년 3월 29일 ●가격 / 5,000엔
- 퍼블리셔 / 세가

『그레이트』 시리즈의 배구 게임이다. 시합 전에 포인트를 분배해서 팀을 강화할 수 있고, 시합 중에는 타임을 걸어서 분배를 바꿀 수 있도록 되어 있다.

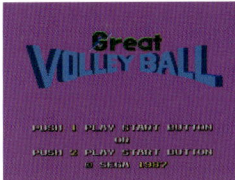

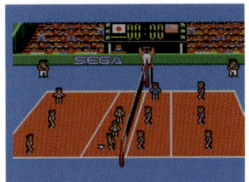

그레이트 바스켓볼

- ●발매일 / 1987년 3월 29일 ●가격 / 5,000엔
- ●퍼블리셔 / 세가

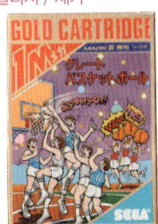 

8개국 중에서 각각 능력이 다른 팀을 고를 수 있다. 3점 슛이나 파울이 있는 본격 게임으로, 시합 사이에는 포인트를 분배해서 팀을 강화할 수 있다.

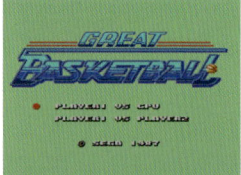 

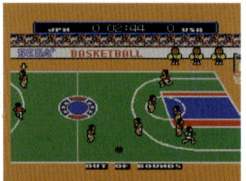 

그레이트 풋볼

- ●발매일 / 1987년 4월 29일 ●가격 / 5,000엔
- ●퍼블리셔 / 세가

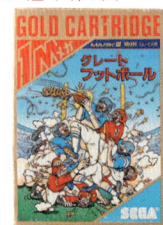 

세가 하드로서는 첫 미식축구 게임이다. 패스 4종류, 런 4종류의 총 8종류 중에서 포메이션을 선택한다. 플레이어에게 수비 턴이 없는 대담한 설계가 특징이다.

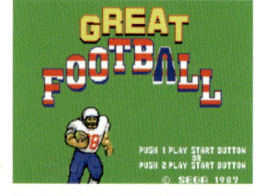 

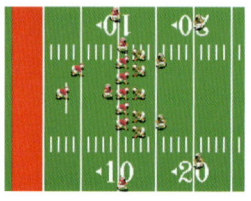 

스케반 형사II 소녀 철가면 전설

- ●발매일 / 1987년 4월 19일 ●가격 / 5,000엔
- ●퍼블리셔 / 세가

전년도까지 방송됐던 인기 드라마를 원작으로 한 액션 어드벤처 게임이다. 커맨드를 입력해서 수수께끼를 풀고, 전투 장면이 액션 게임으로 되어 있는 독특한 구성이다.

록키

- ●발매일 / 1987년 4월 19일 ●가격 / 5,000엔
- ●퍼블리셔 / 세가

대히트 영화를 원작으로 한 복싱 게임. 주인공 록키가 영화에서 실제로 싸웠던 3명과 시합을 벌인다. 또한 시합 사이에는 미니 게임을 이용해서 록키의 능력을 올릴 수 있다.

 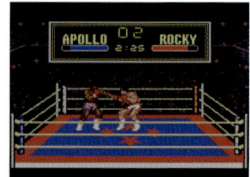

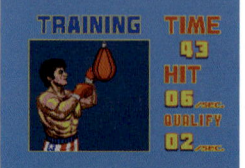 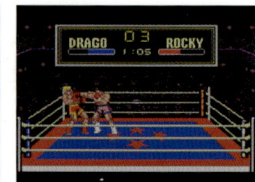

GOLD CARTRIDGE 1987

마계열전

●발매일 / 1987년 5월 17일 ●가격 / 5,000엔
●퍼블리셔 / 세가

1985년에 발매됐던 『드래곤 원』의 속편에 해당하는 횡스크롤 액션 게임. 점프와 킥을 이용한 공격이 가능하고, 마지막에 있는 보스를 쓰러뜨리면 스테이지 클리어가 된다.

엔듀로 레이서

●발매일 / 1987년 5월 18일 ●가격 / 5,500엔
●퍼블리셔 / 세가

세가의 체감 게임 제3탄이라고 주장하지만, 이식이라고는 할 수 없는 오리지널 내용으로 구성되어 있다. 화면은 쿼터뷰이며, 스테이지 사이에 플레이어 차량의 대미지 회복이나 파워업이 진행된다.

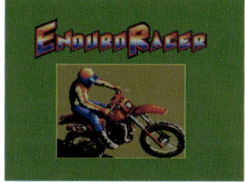

붉은 광탄 질리온

●발매일 / 1987년 5월 24일 ●가격 / 5,000엔
●퍼블리셔 / 세가

세가에서 발매되었던 광선총의 판촉 애니메이션을 원작으로 한 사이드뷰 액션 게임. 기지를 탐색하면서 플로피 디스크를 회수하고, 마지막에는 기지를 파괴하는 것이 목표다.

아웃런

●발매일 / 1987년 6월 30일 ●가격 / 5,500엔
●퍼블리셔 / 세가

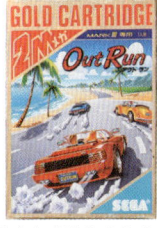

세가의 전설적 체감 레이스 게임. 다양한 하드에 이식된 게임이지만, 본 작품이 첫 이식작이다. 하드 성능 때문에 완전 이식과는 거리가 멀지만, 작품의 분위기는 느낄 수 있다.

GOLD CARTRIDGE 1987

월드 사커
- 발매일 / 1987년 7월 19일 ● 가격 / 5,000엔
- 퍼블리셔 / 세가

마크Ⅲ 오리지널 축구 게임으로, 8개국의 대표팀을 사용할 수 있다. 1팀에 소속된 선수는 6명뿐이지만, PK전이나 오프사이드 규정도 있는 본격 게임이다.

 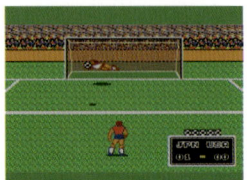

안미츠 공주
- 발매일 / 1987년 7월 19일 ● 가격 / 5,000엔
- 퍼블리셔 / 세가

인기 만화를 원작으로 한 액션 어드벤처 게임으로, 성을 빠져나와 케이크 가게에 가는 것이 목표다. 어드벤처 스테이지와 액션 스테이지가 교차해서 나타나는 구성이다.

 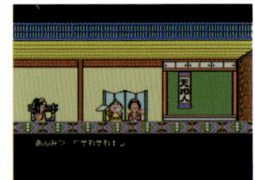

더 프로 야구 페넌트레이스
- 발매일 / 1987년 8월 17일 ● 가격 / 5,000엔
- 퍼블리셔 / 세가

투수의 후방에서 약간 빗겨난 시점이 참신한 야구 게임. 수비는 수동이지만 자동을 선택할 수 있고, 대전 이외에도 홈런 콘테스트나 올스타전 등의 다양한 모드를 플레이할 수 있다.

 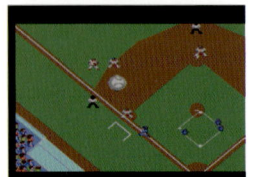

두근두근 펭귄 랜드 우주 대모험
- 발매일 / 1987년 8월 18일 ● 가격 / 5,000엔
- 퍼블리셔 / 세가

SG-1000용 퍼즐 게임 『두근두근 펭귄 랜드』의 속편이다. 시스템이나 규칙은 거의 동일하고, 필드 최하단까지 알을 깨뜨리지 않고 옮기면 스테이지 클리어가 된다.

나스카 '88

● 발매일 / 1987년 9월 20일 ● 가격 / 5,000엔
● 퍼블리셔 / 세가

마크Ⅲ 오리지널 액션 게임이다. 메인 검 이외에도 아이템으로 획득한 무기를 횟수 제한으로 사용할 수 있다. 또한 적의 일부를 돈으로 매수해서 아군으로 만들 수 있다.

마스터즈 골프

● 발매일 / 1987년 10월 10일 ● 가격 / 5,000엔
● 퍼블리셔 / 세가

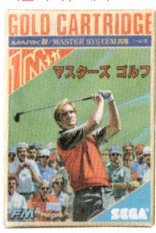

골드 카트리지로서는 전년도에 발매한 『그레이트 골프』 이후의 2번째 골프 게임이다. 유사 3D 표시가 특징이고, 스트로크 플레이와 매치 플레이를 즐길 수 있다.

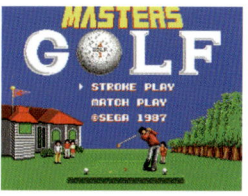
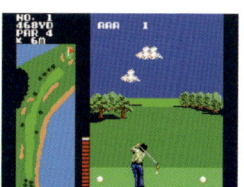

판타지 존Ⅱ 오파오파의 눈물

● 발매일 / 1987년 10월 17일 ● 가격 / 5,500엔
● 퍼블리셔 / 세가

세가의 명작 슈팅 『판타지 존』의 속편으로, 마크Ⅲ 오리지널 작품이다. 하나의 스테이지가 복수의 존으로 구성되어 있고, 워프 존을 사용해서 왕래할 수도 있다.

패사의 봉인

● 발매일 / 1987년 10월 18일 ● 가격 / 5,800엔
● 퍼블리셔 / 세가

코가도 스튜디오가 개발한 PC용 RPG를 이식한 것으로, 세가 하드에서 발매된 첫 RPG가 되었다. 천 재질의 맵과 금속 재질의 피규어가 동봉되었던 것으로도 유명하다.

GOLD CARTRIDGE 1987

마작 전국시대

- 발매일 / 1987년 10월 18일 ● 가격 / 5,000엔
- 퍼블리셔 / 세가

골드 카트리지로서는 첫 마작 게임이다. 2인 마작과 4인 마작 중에서 선택할 수 있고, 대전 상대는 8명 중에서 고를 수 있다. 또한 야키토리, 일발의 유무 등, 규칙 변경도 가능하다.

에일리언 신드롬

- 발매일 / 1987년 10월 18일 ● 가격 / 5,000엔
- 퍼블리셔 / 세가

세가의 아케이드용 탑뷰 액션 슈팅 게임을 이식한 것으로 오리지널에서 변경된 부분이 많다. 무기의 종류는 적어졌고 적 캐릭터의 디자인도 변경되었다.

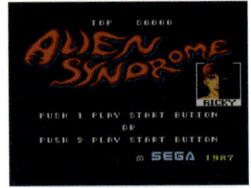 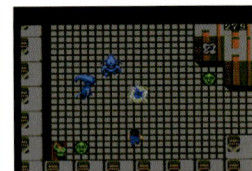

 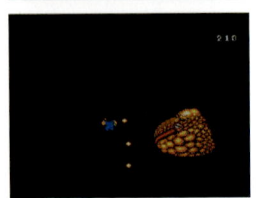

SDI

- 발매일 / 1987년 10월 24일 ● 가격 / 5,000엔
- 퍼블리셔 / 세가

세가에서 개발한 슈팅 게임을 이식했다. 오리지널은 버튼이 달린 스틱 + 트랙볼이라는 특이한 조작이지만, 본 작품은 패드로 조작할 수 있도록 어레인지 되었다.

 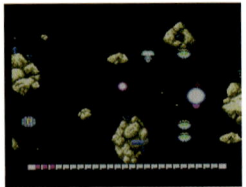

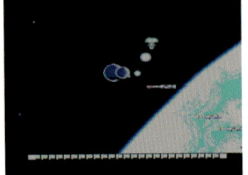 

잭슨 3D

- 발매일 / 1987년 11월 7일 ● 가격 / 5,000엔
- 퍼블리셔 / 세가

세가가 개발한 쿼터뷰 슈팅 게임 『잭슨』의 이름을 내건 작품으로, 3-D 글래스에 대응한 첫 게임이다. 3D를 활용해 고저의 차이가 나도록 스테이지가 구성되었다.

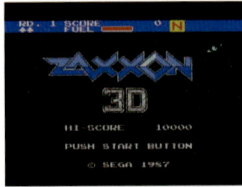 

알렉스 키드 BMX 트라이얼

●발매일 / 1987년 11월 15일 ●가격 / 5,500엔
●퍼블리셔 / 세가

패들 컨트롤이 동봉되어 발매된 레이스 게임. 버튼은 액셀이고, 스틱을 돌리면 좌우로 회전할 수 있다. 코스 위에는 게이트가 몇 개 있어서 각 스테이지로 워프 한다.

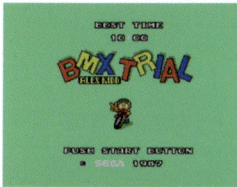 

애프터 버너

●발매일 / 1987년 12월 12일 ●가격 / 5,800엔
●퍼블리셔 / 세가

세가의 아케이드용 인기 체감 슈팅 게임을 이식. 본 작품의 첫 이식이지만 꽤 어레인지가 되어 있다. 하드의 성능 때문에 이식 상황은 매우 좋지 않아서 플레이어의 평가는 낮다.

 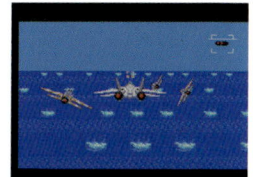

트라이 포메이션

●발매일 / 1987년 12월 13일 ●가격 / 5,000엔
●퍼블리셔 / 세가

같은 해에 발매되었던 『붉은 광탄 질리온』의 속편 격인 작품. 버기에 타는 강제 스크롤 스테이지와 도보 이동을 하는 임의 스크롤 스테이지를 교대로 클리어해 나간다.

판타시 스타

●발매일 / 1987년 12월 20일 ●가격 / 6,000엔
●퍼블리셔 / 세가

세가가 개발한 첫 RPG로, 시리즈화 되었다. SF를 테마로 했다는 점, 매끄럽게 스크롤하는 유사 3D 던전, 애니메이션처럼 움직이는 적 캐릭터 등이 특징인 역작이었다.

 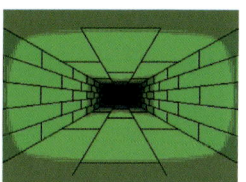

오파오파

●발매일 / 1987년 12월 20일 ●가격 / 5,000엔
●퍼블리셔 / 세가

『판타지 존』의 플레이어 기체인 '오파오파'를 사용한 도트이트(DOT-EAT, 팩맨 스타일—옮긴이) 게임이다. 쇼핑 시스템을 이용한 파워업은 건재하고, 샷으로 적을 쓰러뜨릴 수도 있다.

 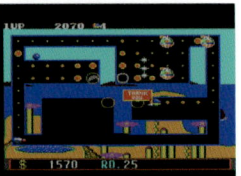

패밀리 게임즈

●발매일 / 1987년 12월 27일 ●가격 / 5,000엔
●퍼블리셔 / 세가

 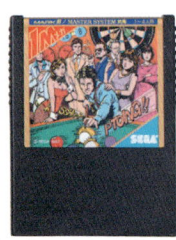

컴파일이 개발했으며 당구, 다트, 빙고라는 3가지 게임을 플레이할 수 있다. 주로 아동용이었던 당시의 가정용 하드에서 본 작품의 어덜트한 분위기는 눈에 띄는 존재였다.

메이즈 워커

●발매일 / 1988년 1월 31일 ●가격 / 5,000엔
●퍼블리셔 / 세가

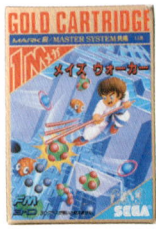 

3-D 글래스 대응 게임의 제2탄. 미로형 필드를 이동해서 골로 향하는 액션 게임이다. 봉 아이템을 들고 있으면 때려서 적을 쓰러뜨릴 수 있고, 골에 들어가기 위해서는 열쇠가 필요하다.

슈퍼 원더보이 몬스터 월드

●발매일 / 1988년 1월 31일 ●가격 / 5,500엔
●퍼블리셔 / 세가

웨스턴이 개발한 아케이드용 액션 RPG를 이식했다. 기본적인 게임성과 시스템은 아케이드판을 따랐지만, 마크III판의 독자적인 스테이지와 보스도 추가되었다.

GOLD CARTRIDGE 1988

갤럭틱 프로텍터

- ●발매일 / 1988년 2월 21일 ●가격 / 5,000엔
- ●퍼블리셔 / 세가

패들 컨트롤 전용 슈팅 게임이다. 플레이어의 기체는 별의 주위를 회전하듯 이동해서 날아오는 운석 등을 파괴한다. 아이템으로 파워업도 가능하다.

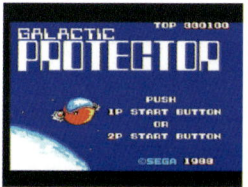 

스페이스 해리어 3D

- ●발매일 / 1988년 2월 29일 ●가격 / 5,500엔
- ●퍼블리셔 / 세가

3-D 글래스 대응 게임 제3탄으로, 『스페이스 해리어』의 3D판이다. 게임성은 기본적으로 동일하고 히든 커맨드를 사용해서 평범한 유사 3D 슈팅 게임으로도 플레이할 수 있다.

알레스터

- ●발매일 / 1988년 2월 29일 ●가격 / 5,000엔
- ●퍼블리셔 / 세가

컴파일에서 개발한 종스크롤 슈팅 게임으로, 본 작품을 시작으로 시리즈화 되었다. 서브 웨폰은 8종류가 있고, 같은 아이템을 습득하면 파워업이 가능하다.

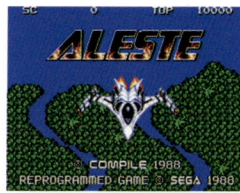 

알렉스 키드 더 로스트 스타즈

- ●발매일 / 1988년 3월 10일 ●가격 / 5,500엔
- ●퍼블리셔 / 세가

세가에서 개발한 종스크롤 액션 게임. 오리지널은 아케이드판으로 시리즈 3번째 작품이다. 화면 위의 게이지는 남은 시간을 나타내며 적과 접촉하면 대량으로 감소된다.

 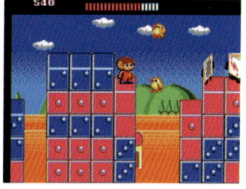

GOLD CARTRIDGE 1988

아르고스의 십자검

- 발매일 / 1988년 3월 25일 ● 가격 / 5,000엔
- 퍼블리셔 / 사리오

 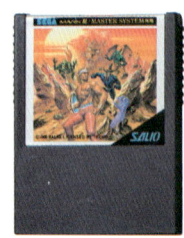

테크모에서 개발한 횡스크롤 액션 게임 『아르고스의 전사』를 이식. 디스커머라 불리는 대형 요요 같은 무기로 적을 쓰러뜨린다. 마크Ⅲ에서는 스테이지 수가 감소하고 보스가 추가되었다.

블레이드 이글

- 발매일 / 1988년 3월 26일 ● 가격 / 5,500엔
- 퍼블리셔 / 세가

3-D 글래스의 마지막 대응 소프트가 되었다. 종스크롤 슈팅 게임으로 고도의 개념이 있으며, 지상의 적은 고도를 낮춰서 공격해야 한다.

 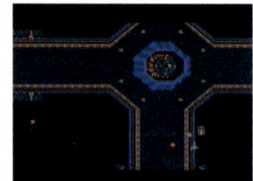

 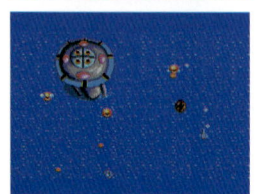

별을 찾아서…

- 발매일 / 1988년 4월 2일 ● 가격 / 5,500엔
- 퍼블리셔 / 세가

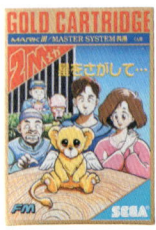 

골드 카트리지로 발매된 오리지널 어드벤처 게임이다. 주인공이 우연히 손에 넣은 알에서 태어난 '미오'라는 신비한 생명체를 둘러싼 감동적인 스토리다.

솔로몬의 열쇠 왕녀 리히터의 눈물

- 발매일 / 1988년 4월 17일 ● 가격 / 5,000엔
- 퍼블리셔 / 사리오

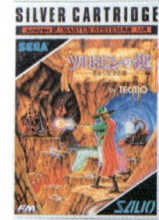 

테크모가 개발한 액션 퍼즐 게임 『솔로몬의 열쇠』를 이식했다. 열쇠를 획득해서 출구로 향하는 것이 목표이며, 주인공은 발판이 되는 블록을 만들어내거나 없앨 수 있다.

천재 바카본

- ●발매일 / 1988년 6월 2일 ●가격 / 5,500엔
- ●퍼블리셔 / 세가

아카츠카 후지오의 유명 만화와 애니메이션을 원작으로 한 어드벤처 게임. 커맨드 선택식인 메인 화면 이외에도 던전을 탐색하거나 슈팅 스테이지를 클리어하기도 한다.

 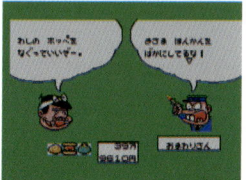

검성전

- ●발매일 / 1988년 6월 2일 ●가격 / 5,500엔
- ●퍼블리셔 / 세가

세가가 개발한 횡스크롤 액션 게임으로, 요마에게 지배당한 일본을 구하는 것이 목표이다. 일본풍 세계관이 특징이지만 남코의 『원평토마전』과 매우 유사하다.

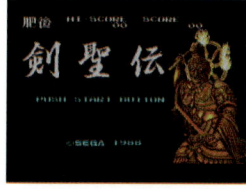 

로드 오브 소드

- ●발매일 / 1988년 6월 2일 ●가격 / 5,500엔
- ●퍼블리셔 / 세가

골드 카트리지 오리지널의 횡스크롤 액션 게임. 주인공의 무기는 활과 검으로, 적과의 거리에 따라 구분해서 사용한다. 스토리성이 강하고 플레이 타임이 길지만, 세이브나 패스워드는 없다.

SHINOBI 忍

- ●발매일 / 1988년 6월 19일 ●가격 / 5,500엔
- ●퍼블리셔 / 세가

아케이드용 횡스크롤 액션 게임을 이식했는데, 마크Ⅲ판이 첫 이식이다. 하드의 성능 차이로 인해 이식도는 그리 높지 않지만, 유사 3D인 보너스 스테이지를 포함해서 원작의 분위기는 나오고 있다.

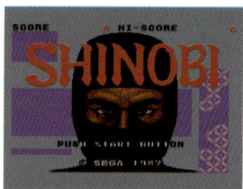 

GOLD CARTRIDGE 1988

캡틴 실버

- 발매일 / 1988년 7월 2일 ●가격 / 5,500엔
- 퍼블리셔 / 세가

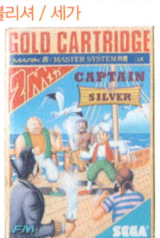 

데이터 이스트에서 개발한 아케이드용 횡스크롤 액션 게임을 이식했다. 샵에서 쇼핑이 가능하고 공격은 어느 정도 파워업 되지만, 플레이어가 적과 살짝 닿기만 해도 쓰러진다.

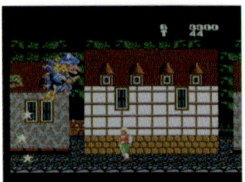 

슈퍼 레이싱

- 발매일 / 1988년 7월 2일 ●가격 / 5,500엔
- 퍼블리셔 / 세가

 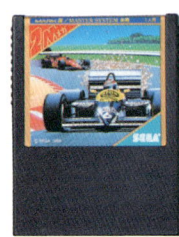

탑뷰 레이스 게임으로, 마크Ⅲ 오리지널 작품이다. 팀에 소속되어서 챔피언을 목표로 하지만, 외벽에 부딪치면 플레이어의 차량이 폭발하는 등, 가혹한 부분도 있다.

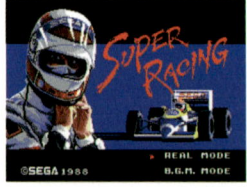 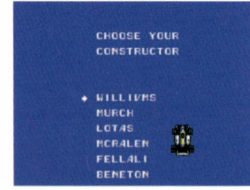

파이널 버블보블

- 발매일 / 1988년 7월 2일 ●가격 / 5,500엔
- 퍼블리셔 / 세가

타이토가 개발한 아케이드용 고정화면 액션 『버블보블』의 이식판이다. 다양하게 어레인지 되어서 오리지널과는 다른 부분이 많지만, 플레이어의 평가는 높다.

 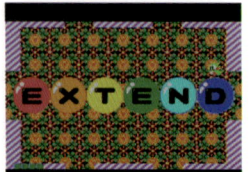

메구미 레스큐

- 발매일 / 1988년 7월 30일 ●가격 / 5,000엔
- 퍼블리셔 / 세가

 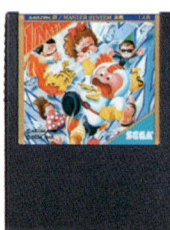

패들 컨트롤 전용 소프트로, 블록 깨기를 어레인지 한 것 같은 게임성을 보여준다. 화재 현장에서의 구조가 게임 테마로, 총 30스테이지를 클리어하면 엔딩이다.

썬더 블레이드

- ●발매일 / 1988년 7월 30일 ●가격 / 5,500엔
- ●퍼블리셔 / 세가

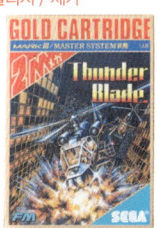 

세가의 아케이드용 체감 게임을 이식. 게임 내용은 종스크롤 & 유사 3D 슈팅인데 스테이지마다 내용이 다르다. 아케이드판보다는 하드 성능이 떨어지지만 꽤 노력한 이식이라 평가된다.

마왕 골베리어스

- ●발매일 / 1988년 8월 14일 ●가격 / 5,500엔
- ●퍼블리셔 / 세가

컴파일이 개발한 액션 RPG. 메인은 탑뷰 화면 전환식이지만, 횡스크롤 화면과 종스크롤 화면도 있다. 적을 쓰러뜨림으로써 획득하는 파인드를 소비해서 파워업도 가능하다.

열구 코시엔

- ●발매일 / 1988년 9월 9일 ●가격 / 5,500엔
- ●퍼블리셔 / 세가

고교 야구를 모티브로 한 야구 게임이다. 지구를 선택해 고교 이름을 짓고 전국 제패를 목표로 한다. 타자가 안타를 치면 3종류의 응원이 랜덤으로 나오는 것이 특징이다.

공작왕

- ●발매일 / 1988년 9월 23일 ●가격 / 5,800엔
- ●퍼블리셔 / 세가

'주간 영점프'에 연재되고 있던 만화를 원작으로 한 액션 어드벤처 게임이다. 어드벤처 파트와 액션 파트가 확실히 나누어져 있고, 패스워드로 컨티뉴가 가능하다.

GOLD CARTRIDGE 1988

R-TYPE
- 발매일 / 1988년 10월 1일 ●가격 / 5,800엔
- 퍼블리셔 / 세가

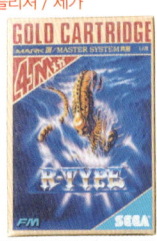 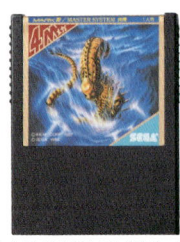

아이렘에서 개발한 아케이드용 횡스크롤 슈팅 게임을 이식했다. 4메가비트라는 대용량 롬을 이용해 모든 스테이지를 수록했다. 그래픽은 조금 조악하지만 재미는 충분히 전해진다.

 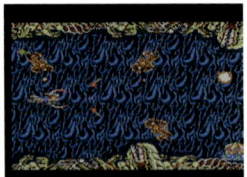
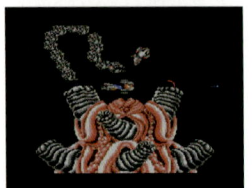 

더블 드래곤
- 발매일 / 1988년 10월 1일 ●가격 / 5,500엔
- 퍼블리셔 / 세가

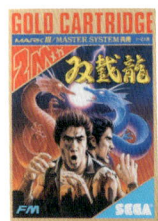 

테크노스 재팬이 개발한 아케이드용 벨트 스크롤 액션을 이식했다. 아케이드판에서는 매우 유효했던 '팔꿈치 치기'가 사용하기 힘들어지고, 대신에 '날아차기'가 유효하게 되었다.

이스
- 발매일 / 1988년 10월 15일 ●가격 / 5,800엔
- 퍼블리셔 / 세가

일본 팔콤에서 개발한 인기 액션 RPG를 이식했다. 내용은 거의 PC판을 따르지만 일부 던전의 맵은 상이하다. 오리지널의 재미를 그대로 재현한 멋진 이식작이다.

스포츠 패드 사커
- 발매일 / 1988년 10월 29일 ●가격 / 9,800엔
- 퍼블리셔 / 세가

스포츠 패드(트랙볼)와 동봉된 버전도 발매되었지만, 이후에는 스포츠 패드와 대응하는 게임이 발매되지 않았다. 이외에는 현상품(비매품)인 『그레이트 아이스하키』만이 대응되었다.

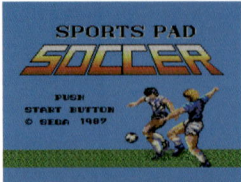 
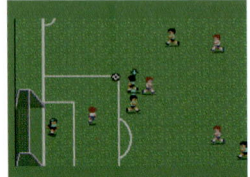 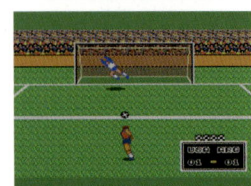

GOLD CARTRIDGE 1988-1989

초음전사 보그맨

- 발매일 / 1988년 12월 1일 ● 가격 / 5,000엔
- 퍼블리셔 / 세가

1988년에 방송되었던 TV 애니메이션을 원작으로 한 사이드뷰 액션 게임이다. 탐색형 게임으로, 화면상에서 2종류의 맵을 확인하면서 나아가야 한다.

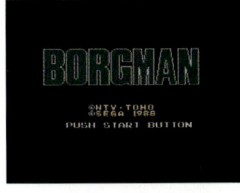 

 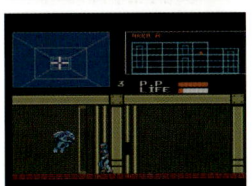

봄버 레이드

- 발매일 / 1989년 2월 4일 ● 가격 / 5,500엔
- 퍼블리셔 / 세가

마크Ⅲ & 마스터 시스템에 대응하는 게임으로는 마지막이 되었다. 게임 내용은 종스크롤 슈팅인데, 플레이어의 기체에 부속된 옵션의 포메이션을 바꿀 수 있다.

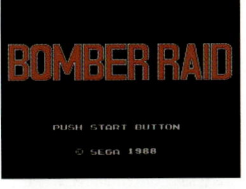 

세가와 B.B. 퀸즈의 이상한 콜라보

음악 그룹 「B.B.퀸즈」의 4번째 앨범이며 세가와의 제휴 작품. B.B.퀸즈의 멤버 이외에도 그 그룹이 소속되어 있던 음악 사무소 '빙 스튜디오'의 아티스트가 참가해서 세가 작품의 어레인지 송을 부른다는 의문의 기획 음반이며, 데뷔한 지 얼마 되지 않은 오오구로 마키의 이름도 발견된다. 이 CD를 메가-CD에 넣으면 『테디 보이 블루스』를 플레이할 수 있다.

「SING!! ~SEGA GAME MUSIC presented by B.B.Queens」

유명 아티스트가 다수 참가한, 세가 팬은 반드시 들어야 할 앨범

SG-1000 SOFTWARE

SG-1000 전 타이틀 리스트

● 노란색은 패키지 & 카트리지 화상 탑재

발매일	타이틀	가격	발매일	타이틀	가격	발매일	타이틀	가격
1983년	보더 라인	3,800엔	1983년	팝 플레이머	4,300엔	1984년	허슬 츄미	4,300엔
1983년	사파리 헌팅	3,800엔	1983년	팩카	3,800엔	1984년	프리키	4,300엔
1983년	N-서브	3,800엔	1983년	세가 갤러가	4,300엔	1984년	걸스 가든	4,300엔
1983년	마작	4,300엔	1983년	스페이스 슬랄롬	4,300엔	1985년	잭슨	4,300엔
1983년	챔피언 골프	4,300엔	1983년	지피 레이스	4,300엔	1985년	챔피언 프로레슬링	4,300엔
1983년	세리자와 8단의 외통 장기	4,300엔	1983년	파친코	3,800엔	1985년	GP 월드	4,300엔
1983년	콩고봉고	3,800엔	1983년	엑셀리온	4,300엔	1985년	코나미의 신입사원 토오루 군	4,300엔
1983년	YAMATO	4,300엔	1984년	고르고 13	4,300엔	1985년	코나미의 하이퍼 스포츠	4,300엔
1983년	챔피언 테니스	3,800엔	1984년	오거스	4,300엔	1985년	스타 포스	4,300엔
1983년	스타 재커	4,300엔	1984년	파친코 II	3,800엔	1985년	오셀로	4,300엔
1983년	챔피언 베이스볼	4,300엔	1984년	홈 마작	4,800엔	1985년	스페이스 인베이더	4,300엔
1983년	신밧드 미스터리	4,300엔	1984년	사파리 레이스	3,800엔	1986년	더 캐슬	5,000엔
1983년	모나코 GP	4,300엔	1984년	챔피언 복싱	4,300엔	1987년	로레타의 초상	5,000엔
1983년	세가 플리퍼	3,800엔	1984년	챔피언 사커	3,800엔	※『로레타의 초상』(P195)은 골드 카트리지로 발매		
			이하는 세가·마이카드					
1985년	챔피언 골프	4,300엔	1985년	드롤	4,300엔	1985년	본 잭	4,300엔
1985년	모나코 GP	4,300엔	1985년	체큰 팝	4,300엔	1985년	C-SO!	4,300엔
1985년	지피 레이스	4,300엔	1985년	뱅크 패닉	4,300엔	1986년	걸 케이브	4,300엔
1985년	챔피언 복싱	4,300엔	1985년	록큰 볼트	4,300엔	1986년	닌자 프린세스	4,300엔
1985년	스타 포스	4,300엔	1985년	엘리베이터 액션	4,300엔	1986년	슈퍼 탱크	4,300엔
1985년	드래곤 원	4,300엔	1985년	소코반	4,300엔	1986년	챔피언 검도	4,300엔
1985년	줌 909	4,300엔	1985년	챔피언십 로드 러너	4,300엔	1986년	원더보이	4,300엔
1985년	총 리프터	4,300엔	1985년	히어로	4,300엔	1986년	챔피언 빌리어드	4,300엔
1985년	핏폴 II	4,300엔	1985년	챔피언 아이스하키	4,300엔	1987년	더 블랙 오닉스	4,300엔
1985년	두근두근 펭귄 랜드	4,300엔	1985년	행온 II	4,300엔			

『사파리 헌팅』

『N-서브』

『마작』

『세리자와 8단의 외통 장기』

『YAMATO』

『챔피언 테니스』

『챔피언 베이스볼』

『신밧드 미스터리』

『세가 플리퍼』

SG-1000 SOFTWARE

『팩카』
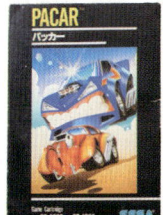

『세가 갤러가』

『지피 레이스』
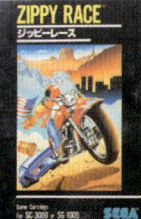

『액셀리온』

『고르고 13』

『오거스』

『파친코 II』

『홈 마작』
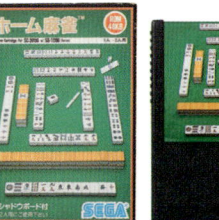

『챔피언십 로드 런너』

『사파리 레이스』
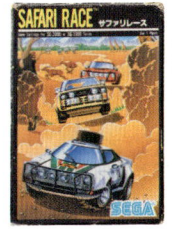

『챔피언 복싱』

『챔피언 사커』

『허슬 츄미』

『프리키』

『잭슨』

SG-1000 SOFTWARE

『챔피언 프로레슬링』

『GP 월드』

『코나미의 신입사원 토오루 군』

『코나미의 하이퍼 스포츠』

『오셀로』

『더 캐슬』

『모나코 GP』

『지피 레이스』

『챔피언 복싱』

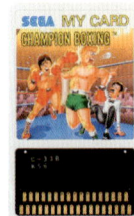

『드래곤 원』

『줌 909』

『춉 리프터』

『핏폴 Ⅱ』

『드롤』
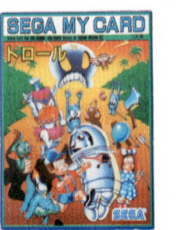

『체크 팝』

SG-1000 SOFTWARE

『뱅크 패닉』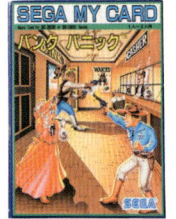

『록큰 볼트』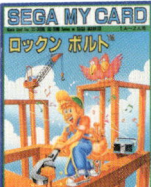

『엘리베이터 액션』

『소코반』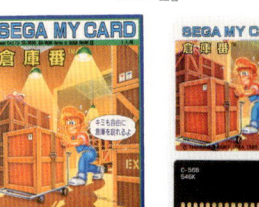

『챔피언십 로드 러너』

『히어로』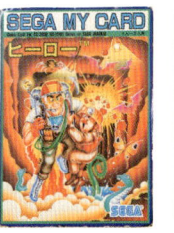

『챔피언 아이스하키』

『행온 II』

『본 잭』

『C-SO!』

『걸 케이브』

『슈퍼 탱크』

『원더보이』

『더 블랙 오닉스』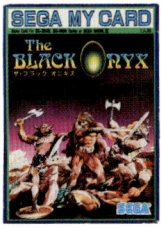

메가 드라이브 게임소프트 검색

메가 드라이브 가나다순

타이틀	발매일	퍼블리셔	페이지
A-Z			
007 사투	1993년 05월 14일	텐겐	088
2020년 슈퍼 베이스볼	1994년 03월 04일	EAV	108
A열차로 가자 MD	1992년 04월 10일	세가	066
DJ 보이	1990년 05월 19일	세가	021
ESWAT : 사이버 폴리스 이스와트	1990년 07월 14일	세가	022
F1 서커스 MD	1991년 12월 20일	일본 물산	055
F117 스텔스 오퍼레이션:나이트 스톰	1994년 05월 27일	EAV	112
F22 인터셉터	1993년 02월 12일	EAV	083
FIFA 인터내셔널 사커	1994년 06월 10일	EAV	113
FZ 전기 AXIS	1990년 10월 12일	울프팀	026
G-LOC	1993년 02월 26일	세가	084
GODS	1993년 03월 26일	PCM	085
JuJu 전설	1992년 01월 31일	세가	062
J리그 챔피언 사커	1993년 02월 26일	쇼가쿠칸 프로 게임 아츠	084
J리그 프로 스트라이커	1993년 06월 18일	세가	090
J리그 프로 스트라이커 완전판	1993년 12월 17일	세가	099
J리그 프로 스트라이커2	1994년 07월 15일	세가	115
LHX 어택 쵸퍼	1993년 06월 26일	EAV	089
MiG-29	1993년 11월 26일	텐겐	097
NBA JAM	1994년 04월 29일	어클레임	111
NBA JAM 토너먼트 에디션	1995년 02월 24일	어클레임	124
NBA 프로 바스켓볼 '94	1994년 07월 01일	EAV	115
NBA 프로 바스켓볼 불스 VS 레이커스	1993년 04월 02일	EAV	086
NBA 플레이 오프 불스 VS 블레이저스	1993년 07월 30일	EAV	092
NFL 쿼터백 클럽 '95	1995년 02월 24일	어클레임	124
NFL 풋볼 '94	1994년 02월 04일	세가	105
NFL 프로 풋볼 '94	1994년 02월 18일	EAV	106
PGA 투어 골프 II	1993년 04월 16일	EAV	087
R.B.I.4. 베이스볼	1992년 12월 18일	텐겐	077
SD 바리스	1992년 02월 14일	일본 텔레넷	063
T.M.N.T. 리턴 오브 더 슈레더	1992년 12월 22일	코나미	078
T.M.N.T. 토너먼트 파이터즈	1993년 12월 03일	코나미	098
T2 디 아케이드 게임	1994년 02월 25일	어클레임	107
TEL TEL 마작	1990년 06월 08일	선 소프트	022
TEL TEL 스타디움	1990년 10월 21일	선 소프트	027
TOP PRO GOLF	1992년 06월 19일	소프트 비전	068
TOP PRO GOLF2	1993년 06월 25일	S·I	091
TV 애니메이션 슬램덩크 강호맞대결!	1995년 04월 28일	반다이	125
WHIP RUSH 혹성 볼테가스의 비밀	1990년 05월 26일	세가	021
WWF RAW	1995년 12월 31일	어클레임	128
WWF 로얄 럼블	1994년 03월 25일	어클레임	109
XDR	1990년 08월 26일	유니팩	024
가			
가이아레스	1990년 12월 26일	일본 텔레넷	031
강철 제국	1992년 03월 13일	핫 비	059
갤럭시 포스 II	1991년 09월 13일	CRI	049
갬블러 자기중심파 카타야마 마사유키의 마작 도장	1990년 12월 14일	게임 아츠	029
건 스타 히어로즈	1993년 09월 10일	세가	081
건틀렛	1993년 09월 17일	텐겐	081
게인 그라운드	1991년 01월 03일	세가	034
고스트 버스터즈	1990년 06월 30일	세가	022
골든 액스	1989년 12월 23일	세가	015
골든 액스 II	1991년 12월 27일	세가	057
골든 액스 III	1993년 06월 25일	세가	091
공아	1991년 08월 02일	일본 텔레넷	047
공작왕 2 환영성	1989년 11월 25일	세가	013
교! 교! 교!	1990년 11월 02일	토아 플랜	027
구계 도중기	1991년 07월 12일	남코	046
구극 타이거	1991년 02월 22일	토레코	039
그라나다	1990년 11월 16일	울프팀	027
그랜드 슬램	1992년 06월 12일	일본 텔레넷	068

제목	발매일	제작사	페이지
그레이 랜서	1992년 07월 17일	메사이어	070
그레이티스트 헤비 웨이트	1994년 05월 27일	세가	112
기동경찰 패트레이버 98식 기동하라!	1992년 10월 23일	마바	074
기사전설	1993년 07월 30일	코단샤 총연	092
나			
나이젤 만셀 인디카	1994년 12월 16일	어클레임	120
나카지마 사토루 감수 F-1 GRAND PRIX	1991년 12월 20일	바리에	056
나카지마 사토루 감수 F1 HERO MD	1992년 05월 15일	바리에	067
나카지마 사토루 감수 F-1 슈퍼 라이선스	1992년 12월 11일	바리에	077
난세의 패자	1991년 11월 29일	아스믹	053
노부나가의 야망 무장풍운록	1991년 12월 20일	코에이	056
노부나가의 야망 전국판	1993년 09월 15일	코에이	094
노부나가의 야망 패왕전	1994년 02월 25일	코에이	107
닌자무뢰전설	1991년 12월 05일	세가	054
다			
다나 여신탄생	1991년 12월 20일	IGS	055
다라이어스 II	1990년 12월 20일	타이토	018
다윈 4081	1990년 04월 07일	세가	020
다이나 브라더스	1992년 07월 24일	CRI	071
다이나 브라더스 2	1993년 12월 03일	CRI	098
다이너마이트 듀크	1990년 10월 27일	세가	027
다이너마이트 헤디	1994년 08월 05일	세가	116
대마계촌	1989년 08월 03일	세가	010
대선풍	1990년 06월 23일	세가	022
대항해시대	1992년 04월 29일	코에이	067
대항해시대 II	1994년 06월 24일	코에이	114
더 뉴질랜드 스토리	1990년 03월 10일	타이토	019
더 슈퍼 시노비	1989년 12월 02일	세가	013
더 슈퍼 시노비 II	1993년 07월 23일	세가	092
더 킥복싱	1993년 01월 29일	MCW	083
더블 드래곤 II	1991년 12월 20일	PALSOFT	056
데빌 크래쉬 MD	1991년 10월 10일	테크노 소프트	050
데빌즈 코스	1994년 01월 28일	세가	105
데이비드 로빈슨 바스켓볼	1992년 07월 10일	세가	070
데이비스 컵	1994년 02월 25일	텐겐	107
데인저러스 시드	1990년 12월 18일	남코	030
데저트 스트라이크 만안작전	1993년 04월 23일	EAV	087
도라에몽 꿈 도둑과 7인의 고잔스	1993년 03월 26일	세가	086
드래곤 슬레이어 영웅전설	1994년 09월 16일	세가	118
드래곤 슬레이어 영웅전설 II	1995년 01월 20일	세가	123
드래곤볼Z 무용열전	1994년 04월 01일	반다이	110
드래곤즈 리벤지	1993년 12월 10일	텐겐	098
드래곤즈 아이 플러스 상하이 III	1991년 11월 02일	홈 데이터	052
드림팀 USA	1992년 12월 26일	EAV	078
디 우즈	1995년 09월 22일	세가	127
딕 트레이시	1991년 03월 01일	세가	040
뜻밖의 표주박섬 : 대통령을 노려라!	1992년 08월 07일	세가	072
라			
라스탄 사가 II	1990년 08월 10일	타이토	023
라이덴 전설	1991년 07월 06일	마이크로넷	046
라이온 킹	1994년 12월 09일	버진	119
라이트 크루세이터	1995년 05월 26일	세가	125
람보 III	1989년 10월 21일	세가	012
랑그릿사	1991년 04월 26일	메사이어	036
랑그릿사 2	1994년 08월 26일	메사이어	117
랜드 스토커 황제의 재보	1992년 10월 30일	세가	060
램파트	1992년 12월 11일	텐겐	077
레밍스	1992년 11월 20일	선 소프트	076
레슬볼	1991년 02월 08일	남코	035
레슬 워	1991년 06월 28일	세가	046
레인보우 아일랜드 엑스트라	1990년 10월 05일	타이토	025
렌타 히어로	1991년 09월 20일	세가	038
로드 러시	1992년 11월 20일	EAV	076

로드 러시 II	1993년 07월 23일	EAV	092
로드 모나크 마지막 전투 전설	1994년 06월 24일	세가	114
로드 블래스터즈	1992년 02월 28일	텐겐	064
로보캅 VS 터미네이터	1994년 05월 28일	버진	113
로얄 블러드	1992년 06월 25일	코에이	069
로켓 나이트 어드벤처즈	1993년 08월 06일	코나미	093
록맨 메가 월드	1994년 10월 21일	캡콤	118
롤링 썬더 2	1991년 11월 19일	남코	053
루나크	1991년 11월 15일	타이토	052
리스타 더 슈팅 스타	1995년 02월 17일	세가	122
리썰 엔포서즈	1993년 12월 10일	코나미	099
마			
마도물어 I	1996년 03월 22일	컴파일	128
마물헌터 요코 제7의 경종	1991년 03월 22일	메사이어	041
마벨 랜드	1991년 06월 28일	남코	046
마블 매드니스	1993년 08월 13일	텐겐	080
마스터 오브 몬스터즈	1991년 07월 26일	도시바 EMI	047
마스터 오프 웨폰	1991년 09월 27일	타이토	049
마왕 연사자	1991년 10월 25일	타이토	051
마이클 잭슨 문 워커	1990년 08월 25일	세가	017
마작 COP 룡 백랑의 야망	1989년 12월 14일	세가	014
마징사가	1993년 02월 26일	세가	085
마천의 창멸	1993년 12월 29일	코단샤 총연	101
매지컬 햇의 날아라 터보! 대모험	1990년 12월 15일	세가	030
매지컬☆타루루토 군	1992년 04월 24일	세가	067
맥도날드 트래저 랜드 어드벤처	1993년 09월 23일	세가	094
맥시멈 카네이지	1995년 05월 26일	어클레임	123
메가 로 매니아	1993년 04월 23일	CRI	088
메가 트랙스	1991년 08월 06일	남코	048
메가 판넬	1990년 11월 22일	남코	028
메탈 팡	1993년 12월 17일	빅터 E	100
모탈 컴뱃	1994년 05월 27일	어클레임	112
모탈 컴뱃 II 궁극신권	1994년 09월 09일	어클레임	117
몬스터 월드 IV	1994년 04월 01일	세가	110
몽환전사 바리스	1991년 12월 27일	일본 텔레넷	057
무자 알레스터	1990년 12월 21일	토아 플랜	031
뮤턴트 리그 풋볼	1993년 09월 10일	EAV	094
미드나이트 레지스탕스	1991년 03월 29일	데이터 이스트	041
미소녀 전사 세일러문	1994년 07월 08일	마바	115
미키 매니아	1995년 03월 31일	세가	124
미키와 미니 매지컬 어드벤처 2	1994년 12월 16일	캡콤	120
바			
바리스 III	1991년 03월 22일	일본 텔레넷	041
바하무트 전기	1991년 03월 08일	세가	040
배드 오 맨	1992년 04월 24일	핫 비	066
배트맨	1990년 07월 27일	선 소프트	023
배트맨 리턴즈	1993년 02월 19일	세가	084
배트맨 포에버	1995년 10월 27일	어클레임	127
배틀 골퍼 유이	1991년 02월 15일	세가	039
배틀 매니아	1992년 03월 06일	빅 도카이	058
배틀 매니아 대음양	1993년 12월 24일	빅 도카이	082
배틀 토드	1993년 03월 26일	세가	086
뱀파이어 킬러	1994년 03월 18일	코나미	102
버닝 포스	1990년 11월 19일	남코	026
버밀리온	1989년 12월 16일	세가	014
버추어 레이싱	1994년 03월 18일	세가	102
버추얼 바트	1995년 12월 31일	어클레임	128
베리텍스	1991년 04월 05일	아스믹	042
베어너클 분노의 철권	1991년 08월 02일	세가	047
베어너클 II 사투로의 진혼가	1993년 01월 14일	세가	083
베어너클 III	1994년 03월 18일	세가	109
보난자 브라더스	1991년 05월 17일	세가	043
볼 잭스	1993년 04월 23일	남코	087

볼피드	1991년 01월 25일	타이토	038
부기우기 볼링	1993년 12월 17일	비스코	100
북두의 권 신 세기말 구세주 전설	1989년 07월 01일	세가	011
불꽃의 투구아 돗지탄평	1992년 07월 10일	세가	070
브이 파이브	1994년 03월 25일	텐겐	109
블럭 아웃	1991년 11월 01일	세가	052
블루 알마낙	1991년 06월 22일	코단샤 총연	044
비스트 워리어즈	1991년 11월 29일	일본 텔레넷	053
빅센 357	1992년 10월 23일	메사이어	073
뿌요뿌요	1992년 12월 18일	세가	061
뿌요뿌요 통	1994년 12월 02일	컴파일	104
사			
사무라이 스피리츠	1994년 11월 19일	세가	119
사상 최대의 소코반	1990년 01월 30일	메사이어	018
사신 드락소스	1993년 02월 19일	EAV	084
사이 오 블레이드	1990년 04월 27일	시그마 상사	021
사이드 포켓	1992년 12월 11일	데이터 이스트	076
사이버 볼	1990년 07월 28일	세가	023
사천명왕	1990년 08월 10일	시그마 상사	024
삼국지 II	1991년 12월 26일	코에이	057
삼국지 III	1992년 11월 08일	코에이	075
삼국지열전 난세의 영웅들	1991년 04월 29일	세가	043
샤이닝 & 더 다크니스	1991년 03월 29일	세가	035
샤이닝 포스 신들의 유산	1992년 03월 20일	세가	059
샤이닝 포스 II 고대의 봉인	1993년 10월 01일	세가	082
섀도우 댄서 더 시크릿 오브 시노비	1990년 12월 01일	세가	028
섀도우 오브 더 비스트 마성의 정	1992년 03월 27일	빅터 음악 산업	065
서징 오라	1995년 03월 17일	세가	124
세인트 소드	1991년 06월 28일	타이토	045
소닉 & 너클즈	1994년 10월 28일	세가	103
소닉 더 헤지혹	1991년 07월 26일	세가	037
소닉 더 헤지혹2	1992년 11월 27일	세가	061
소닉 더 헤지혹3	1994년 05월 27일	세가	112
소닉 스핀볼	1993년 12월 10일	세가	098
소드 오브 소단	1991년 10월 11일	세가	050
소서리안	1990년 02월 24일	세가	019
소서 킹덤	1992년 02월 07일	메사이어	063
수라의 문	1992년 08월 07일	세가	072
수왕기	1988년 11월 27일	세가	008
슈퍼 H.Q.	1992년 10월 23일	타이토	074
슈퍼 대전략	1989년 04월 29일	세가	009
슈퍼 리그	1989년 04월 22일	세가	011
슈퍼 리얼 바스켓볼	1990년 03월 02일	세가	019
슈퍼 모나코 GP	1990년 08월 09일	세가	017
슈퍼 발리볼	1991년 02월 01일	비디오 시스템	039
슈퍼 스트리트 파이터 II THE NEW CHALLENGERS	1994년 06월 25일	캡콤	115
슈퍼 썬더 블레이드	1988년 10월 29일	세가	008
슈퍼 에어 울프	1991년 03월 29일	큐고 무역	041
슈퍼 판타지 존	1992년 01월 14일	선 소프트	058
슈퍼 하이드라이드	1989년 10월 06일	아스믹	012
슈퍼 행온	1989년 10월 06일	세가	012
스노우 브라더스	1993년 05월 28일	텐겐	089
스타 크루저	1990년 12월 21일	메사이어	030
스토리 오브 토르 빛을 계승하는 자	1994년 12월 09일	세가	119
스톰 로드	1992년 03월 27일	MCW	065
스트라이더 비룡	1990년 09월 29일	세가	025
스트리트 스마트	1991년 07월 19일	토레코	047
스트리트 파이터 II 대시 플러스	1993년 09월 28일	캡콤	095
스페이스 해리어 II	1988년 10월 29일	세가	008
스플래터 하우스 PART2	1992년 08월 04일	남코	071
스플래터 하우스 PART3	1993년 03월 19일	남코	085
스피드 볼 2	1992년 06월 19일	CRI	069
슬라임 월드	1992년 04월 30일	MCW	067

217

슬랩 파이트	1993년 06월 11일	텐겐	090
시간의 계승자 판타시 스타Ⅲ	1990년 04월 21일	세가	021
시저의 야망	1991년 02월 24일	마이크로넷	039
시저의 야망Ⅱ	1992년 05월 28일	마이크로넷	068
신 창세기 라그나센티	1994년 06월 17일	세가	113
신비한 바다의 나디아	1991년 03월 19일	남코	040
썬더 포스Ⅱ MD	1989년 06월 15일	테크노 소프트	010
썬더 포스Ⅲ	1990년 06월 08일	테크노 소프트	016
썬더 포스Ⅳ	1992년 07월 24일	테크노 소프트	060
썬더 폭스	1991년 06월 26일	타이토	045
썬더 프로레슬링 열전	1992년 03월 27일	휴먼	065

아

아득한 오거스타	1993년 12월 17일	T&E 소프트	100
아랑전설 숙명의 싸움	1993년 04월 23일	세가	088
아랑전설2 새로운 싸움	1994년 06월 24일	타카라	114
아리시아 드라군	1992년 04월 24일	게임 아츠	066
아아 하리마나다	1993년 09월 03일	세가	094
아웃 러너즈	1994년 05월 13일	세가	111
아웃런	1991년 08월 09일	세가	037
아웃런 2019	1993년 03월 26일	시무스	086
아이 러브 미키 & 도널드 이상한 매직 박스	1992년 12월 18일	세가	077
아이 러브 미키마우스 신비한 성 대탐험	1990년 11월 21일	세가	028
아이 러브 덕 그루지아 왕의 비보	1991년 12월 20일	세가	055
아일톤 세나의 슈퍼 모나코 GPⅡ	1992년 07월 17일	세가	070
아쿠스 오딧세이	1991년 06월 14일	울프팀	044
아토믹 로보 키드	1990년 12월 14일	토레코	029
아트 얼라이브	1992년 03월 27일	세가	064
알라딘	1993년 11월 12일	세가	096
알렉스 키드 천공마성	1989년 02월 10일	세가	011
애로우 플래시	1990년 10월 20일	세가	026
애프터 버너Ⅱ	1990년 03월 23일	전파신문사	020
어드밴스드 대전략 독일 전격 작전	1991년 06월 17일	세가	036
어섬 포섬	1993년 12월 25일	텐겐	100
언데드 라인	1991년 12월 20일	PALSOFT	055
에어 다이버	1990년 03월 09일	아스믹	019
에어 매니지먼트 넓은 하늘에 걸다	1992년 11월 01일	코에이	075
에어 매니지먼트Ⅱ 항공왕을 노려라	1994년 02월 18일	코에이	106
에어로 블래스터즈	1991년 01월 31일	카네코	038
에일리언 솔저	1995년 02월 24일	세가	122
에일리언 스톰	1991년 06월 28일	세가	045
에코 더 돌핀	1993년 07월 30일	세가	080
에코 더 돌핀2	1994년 08월 26일	세가	117
엑스렌자	1993년 05월 28일	세가	089
엑자일 시간의 틈새로	1991년 12월 06일	일본 텔레넷	054
엘 비엔토	1991년 09월 20일	울프팀	049
엘레멘탈 마스터	1990년 12월 14일	테크노 소프트	029
엘리미네이트 다운	1993년 06월 25일	S·I	091
열혈 고교 피구부 축구 편 MD	1992년 08월 07일	PALSOFT	072
오소마츠 군 엉망진창 극장	1988년 12월 24일	세가	008
오자키 나오미치의 슈퍼 마스터즈	1989년 09월 09일	세가	012
올림픽 골드	1992년 07월 24일	세가	071
와니와니 World	1992년 01월 31일	카네코	063
와드너의 숲 SPECIAL	1991년 04월 26일	비스코	042
와이아라에의 기적	1994년 02월 25일	세가	107
용호의 권	1994년 01월 14일	세가	104
우주전함 고모라	1991년 09월 30일	UPL	050
울트라맨	1993년 04월 09일	마바	087
원더러즈 프롬 이스	1991년 11월 01일	일본 텔레넷	052

원더보이Ⅲ 몬스터 레어	1990년 12월 22일	세가	031
원더보이Ⅴ 몬스터 월드Ⅲ	1991년 10월 25일	세가	051
월드컵 사커	1989년 07월 29일	세가	011
위자드 오브 이모탈	1993년 08월 10일	EAV	093
윈터 올림픽	1994년 02월 11일	세가	105
윔블던	1994년 05월 20일	세가	111
유☆유☆백서 마강통일전	1994년 09월 30일	세가	103
유☆유☆백서 외전	1994년 01월 28일	세가	105
유럽 전선	1993년 01월 16일	코에이	083
이치단트알	1995년 01월 13일	세가	123
이터널 챔피언스	1994년 02월 18일	세가	106
인섹터 X	1990년 09월 07일	핫 비	024
자			
자금성	1991년 04월 27일	선 소프트	043
작정물어	1991년 03월 29일	일본 텔레넷	042
작황 등용문	1993년 11월 05일	세가	096
장기의 별	1991년 10월 31일	홈 데이터	051
저스티스 리그	1995년 09월 01일	어클레임	126
저지 드레드	1995년 09월 01일	어클레임	126
전장의 이리Ⅱ	1991년 09월 27일	세가	050
정글 스트라이크 계승된 광기	1993년 12월 17일	EAV	099
정션(JUNCTION)	1990년 11월 25일	마이크로넷	028
제너럴 카오스 대혼전	1994년 01월 14일	EAV	104
제독의 결단	1992년 09월 24일	코에이	072
제로 윙	1991년 05월 31일	토아 플랜	044
제임스 폰드Ⅱ 코드 네임 로보콧	1993년 06월 09일	EAV	090
조단 VS 버드 ONE on ONE	1993년 09월 24일	EAV	095
조우! 조우! 조우! 레스큐 대작전	1993년 04월 29일	EAV	088
죠 몬타나 풋볼	1991년 03월 01일	세가	040
죠 몬타나Ⅱ 스포츠 토크 풋볼	1992년 01월 24일	세가	062
주얼 마스터	1991년 08월 30일	세가	048
줌!	1990년 01월 13일	세가	018
중장기병 레이노스	1990년 03월 16일	메사이어	020
쥬라기 공원	1993년 08월 27일	세가	093
지노그	1991년 01월 25일	메사이어	034
차			
참 야차원무곡	1991년 03월 29일	울프팀	042
챔피언스 월드 클래스 사커	1994년 06월 24일	어클레임	114
척 록Ⅱ	1994년 06월 24일	버진	113
체르노브	1992년 10월 16일	데이터 이스트	073
초구계 미라클 나인	1995년 05월 26일	세가	125
초투룡열전 디노 랜드	1991년 08월 02일	울프팀	048
치비 마루코짱 와쿠와쿠 쇼핑	1992년 01월 14일	남코	062
치키치키 보이즈	1992년 10월 16일	세가	073
카			
카멜레온 키드	1992년 05월 29일	세가	068
캡틴 랑	1994년 04월 22일	데이터 이스트	111
커스	1989년 12월 23일	마이크로넷	014
컬럼스	1990년 06월 30일	세가	016
컬럼스Ⅲ 대결! 컬럼스 월드	1993년 10월 15일	세가	095
코믹스 존	1995년 09월 01일	세가	126
쿨 스팟	1994년 02월 18일	버진	106
큐티 스즈키의 링사이드 엔젤	1990년 12월 12일	아스믹	029
크라잉 아생명 전쟁	1992년 10월 30일	세가	074
크랙 다운	1990년 12월 20일	세가	030
크레용 신짱 폭풍을 부르는 유치원생	1994년 03월 11일	마바	108
크루 볼	1993년 12월 26일	EAV	101
크루드 버스터	1992년 02월 28일	데이터 이스트	064
클락스	1990년 09월 07일	남코	024
킬링 게임 쇼	1993년 08월 20일	EAV	093
킹 살몬	1992년 09월 26일	핫 비	073
킹 오브 더 몬스터즈	1993년 11월 26일	세가	097
타			

타수진	1989년 12월 09일	세가	013
타임 도미네이터	1994년 03월 25일	빅 도카이	109
탄트알	1994년 04월 01일	세가	110
태스크포스 해리어 EX	1991년 12월 20일	토레코	056
태즈 매니아	1992년 12월 25일	세가	078
태평기	1991년 12월 13일	세가	054
태합입지전	1993년 05월 28일	코에이	089
터보 아웃런	1992년 03월 27일	세가	065
테크모 슈퍼 NBA 바스켓볼	1994년 03월 04일	테크모	108
테크모 슈퍼 볼	1993년 11월 26일	테크모	097
테크모 슈퍼 볼 2 스페셜 에디션	1994년 12월 20일	테크모	120
테크모 월드컵 '92	1992년 01월 31일	시무스	062
토잼 & 얼	1992년 03월 13일	세가	064
톰과 제리	1994년 12월 16일	알트론	119
투기왕 킹 콜로서스	1992년 06월 26일	세가	069
트루 라이즈	1995년 04월 28일	어클레임	125
트윙클 테일	1992년 07월 24일	WAS	071
파			
파노라마 코튼	1994년 08월 12일	선 소프트	116
파워 몽거	1993년 06월 18일	EAV	090
파워 애슬리트	1992년 12월 11일	카네코	076
파이널 블로우	1990년 03월 23일	타이토	020
파이어 무스탕	1991년 05월 31일	타이토	044
파이팅 마스터즈	1991년 12월 06일	토레코	054
파친코 쿠냥	1992년 12월 18일	S·I	078
파티 퀴즈 MEGA Q	1993년 11월 05일	세가	096
판타시 스타 복각판	1994년 04월 02일	세가	110
판타시 스타 천년기의 끝에	1993년 12월 17일	세가	099
판타시 스타 II 되돌아오지 않는 시간의 끝에서	1989년 03월 21일	세가	009
판타지아 미키마우스 매직	1991년 11월 22일	세가	053
패스테스트 원	1991년 06월 28일	휴먼	045
팻맨	1990년 10월 12일	산리츠 전기	026
펄스맨	1994년 07월 22일	세가	116
페리오스	1990년 07월 20일	남코	023
페블 비치의 파도	1993년 10월 29일	세가	095
페이퍼 보이	1992년 06월 26일	텐겐	069
페펭가 PENGO	1995년 12월 22일	세가	127
포가튼 월드	1989년 11월 18일	세가	013
포어맨 포 리얼	1995년 10월 27일	어클레임	127
푸른 늑대와 흰 사슴 원조비사	1993년 03월 25일	코에이	085
프로 스트라이커 파이널 스테이지	1995년 08월 04일	세가	126
프로 야구 슈퍼 리그 '91	1991년 08월 30일	세가	049
프로 풋볼	1992년 11월 20일	EAV	075
프로 하키	1992년 11월 20일	EAV	075
플래시 백	1993년 12월 29일	선 소프트	101
플린트 스톤	1993년 11월 19일	타이토	097
피트 파이터	1992년 03월 27일	텐겐	066
하			
하드 드라이빙	1990년 12월 21일	텐겐	031
하이브리드 프론트	1994년 07월 22일	세가	116
하이퍼 덩크 더 플레이오프 에디션	1994년 03월 04일	코나미	108
항구의 트레지아	1992년 02월 14일	일본 텔레넷	063
헤르쪼크 쯔바이	1989년 12월 15일	테크노 소프트	014
헤비 유닛 메가 드라이브 스페셜	1990년 12월 26일	토호	032
헬파이어	1990년 09월 28일	메사이어	025
호혈사 일족	1994년 11월 18일	아틀라스	118
혼두라 더 하드코어	1994년 09월 15일	코나미	117
홀리필드 복싱	1992년 10월 30일	세가	074
화격	1991년 04월 26일	핫 비	043

메가-CD 가나다순

타이틀	발매일	발매일	페이지
A~Z			
AX-101	1994년 03월 25일	세가	153
A랭크 썬더 탄생편	1993년 06월 25일	RIOT	142
F1 서커스 CD	1994년 03월 18일	니치부츠	152
FORMULA ONE WORLD CHAMPIONSHIP HEAVENLY SYMPHONY1993	1994년 04월 23일	세가	150
NBA JAM	1994년 12월 20일	어클레임	158
SEGA CLASSIC ARCADE COLLECTION	1993년 04월 23일	세가	141
Vay 유성의 갑옷	1993년 10월 22일	시무스	146
WWF 매니아 투어	1994년 06월 24일	어클레임	156
가			
가면 라이더 ZO	1994년 05월 13일	토에이 비디오	155
갬블러 자기중심파2 격투! 도쿄 마작 랜드 편	1992년 12월 18일	게임 아츠	137
게임 통조림 VOL.1	1994년 03월 18일	세가	152
게임 통조림 VOL.2	1994년 03월 18일	세가	152
경응유격대	1993년 08월 06일	빅터 E	144
나			
나이트 스트라이커	1993년 05월 28일	타이토	142
나이트 트랩	1993년 11월 19일	세가	147
노부나가의 야망 패왕전	1994년 03월 25일	코에이	154
노스텔지어 1907	1991년 12월 14일	S 웨이브	130
닌자 워리어즈	1993년 03월 12일	타이토	139
다			
다이나믹 컨트리 클럽	1993년 07월 16일	세가	143
다크 위저드 되살아난 어둠의 마도사	1993년 11월 12일	세가	147
대봉신전	1995년 02월 24일	빅터 E	160
더 서드 월드 워	1993년 11월 26일	마이크로넷	148
더블 스위치	1995년 03월 24일	세가	160
던전 마스터 II 스컬 킵	1994년 03월 25일	빅터 E	153
데바스테이터	1993년 05월 28일	울프팀	142
데스 브링거 숨겨진 문장	1992년 04월 17일	일본 텔레넷	133
드래곤즈 레어	1994년 06월 03일	세가	155
디토네이터 오간	1992년 07월 31일	핫 비	134
라			
라이즈 오브 더 드래곤	1992년 09월 25일	세가	135
란마 1/2 백란애가	1993년 04월 23일	메사이어	141
로도스도 전기 영웅전쟁	1994년 05월 20일	세가	155
로드 블래스터 FX	1992년 12월 18일	울프팀	137
루나 더 실버 스타	1992년 06월 26일	게임 아츠	132
루나 이터널 블루	1994년 12월 22일	게임 아츠	151
리썰 엔포서즈	1993년 10월 29일	코나미	147
리썰 엔포서즈 II 더 웨스턴	1994년 11월 25일	코나미	158
마			
마법소녀 실키립	1992년 06월 19일	일본 텔레넷	134
마이크로코즘	1994년 02월 25일	빅터 E	151
마이트 앤 매직 III	1993년 11월 26일	CRI	148
메가 슈발츠 실드	1993년 06월 25일	세가	143
모탈 컴뱃 완전판	1994년 06월 03일	어클레임	156
몽경관 이야기	1993년 12월 10일	세가	138
몽키 아일랜드 유령 해적대소동	1993년 09월 23일	빅터 E	146
바			
바리 암	1993년 07월 30일	휴먼	144
배틀 콥스	1994년 09월 30일	빅터 E	157
배틀 판타지	1994년 04월 15일	마이크로넷	154
부라이 팔옥의 용사 전설	1992년 09월 11일	세가	135
블랙홀 어설트	1992년 10월 23일	마이크로넷	136
사			
사이보그 009	1993년 07월 30일	RIOT	144
사이킥 디텍티브 시리즈 Vol.3 AYA	1993년 01월 03일	데이터웨스트	139
사이킥 디텍티브 시리즈 Vol.4 오르골	1993년 12월 10일	데이터웨스트	148
삼국지 III	1993년 04월 23일	코에이	141
샤이닝 포스 CD	1994년 07월 22일	세가	156

제목	발매일	제작사	페이지
섀도우 런	1996년 02월 23일	컴파일	161
섀도우 오브 더 비스트 II 수신의 주박	1994년 07월 29일	빅터 E	156
서지컬 스트라이크	1995년 12월 22일	세가	161
성마전설 3X3 EYES	1993년 07월 23일	세가	143
소닉 더 헤지혹 CD	1993년 09월 23일	세가	146
소울 스타	1994년 12월 22일	빅터 E	159
솔 피스	1991년 12월 12일	울프팀	130
스위치	1993년 04월 23일	세가	141
스타 블레이드	1994년 10월 28일	남코	158
스타워즈 레벨 어설트	1994년 09월 22일	빅터 E	157
심 어스	1993년 03월 12일	세가	139
썬더 스톰 FX	1992년 08월 28일	울프팀	135
썬더 호크	1993년 09월 17일	빅터 E	145
아			
아네트 또 다시	1993년 03월 30일	울프팀	140
아랑전설 SPECIAL	1995년 03월 31일	빅터 E	161
아르슬란 전기	1993년 11월 19일	세가	147
아이 오브 더 비홀더	1994년 04월 22일	포니 캐니언	154
아일로드	1992년 05월 29일	울프팀	133
아쿠스 I, II, III	1993년 07월 23일	울프팀	143
알샤크	1993년 11월 26일	샌드 스톰	148
애프터 버너 III	1992년 12월 18일	CRI	136
애프터 하르게돈 외전 마수투장전 이클립스	1994년 11월 11일	세가	158
어네스트 에반스	1991년 12월 20일	울프팀	130
에가와 스구루의 슈퍼 리그 CD	1993년 08월 06일	세가	144
에코 더 돌핀 CD	1995년 02월 24일	세가	160
우루세이 야츠라 디어 마이 프렌즈	1994년 04월 15일	게임 아츠	150
울프 차일드	1993년 03월 19일	빅터 음악 산업	140
웃는 세일즈맨	1993년 09월 17일	세가	145
원더 독	1992년 09월 25일	빅터 음악 산업	135
위닝 포스트	1993년 09월 17일	코에이	145
윙 커맨더	1994년 03월 25일	세가	153
유미미 믹스	1993년 01월 29일	게임 아츠	139
이시이 히사이치의 대정계	1994년 01월 28일	세가	151
자			
작호 월드컵	1993년 08월 27일	빅터 E	145
재규어 XJ220	1993년 03월 26일	빅터 음악 산업	140
전국전승	1993년 12월 28일	새미	149
전인 알레스터	1992년 11월 27일	컴파일	136
정령신세기 페이에리어	1992년 02월 18일	울프팀	133
쥬라기 공원	1994년 09월 30일	세가	157
진 여신전생	1994년 02월 25일	시무스	152
차			
천무 메가-CD 스페셜	1992년 12월 25일	울프팀	137
천하포무 영웅들의 포효	1991년 12월 28일	게임 아츠	131
카			
캡콤의 퀴즈 영주의 야망	1992년 12월 25일	시무스	137
캡틴 츠바사	1994년 09월 30일	테크모	157
코즈믹 판타지 Stories	1992년 03월 27일	일본 텔레넷	133
퀴즈 스크럼블 스페셜	1992년 05월 29일	세가	134
타			
타임 걸	1992년 11월 13일	울프팀	132
톰캣 얼레이	1994년 12월 22일	세가	159
파			
파렌하이트	1995년 09월 01일	세가	161
파이널 파이트 CD	1993년 04월 02일	세가	140
팝플 메일	1994년 04월 01일	세가	154
페르시아의 왕자	1992년 08월 07일	빅터 음악 산업	134
폭전 언밸런스 존	1994년 04월 22일	SME	155
푸른 늑대와 흰 사슴 원조비사	1993년 09월 24일	코에이	146
프라이즈 파이터	1995년 03월 24일	세가	160
프로 야구 슈퍼 리그 CD	1992년 10월 30일	세가	136
하			

타이틀	발매일	발매사	페이지
헤비 노바	1991년 12월 12일	마이크로넷	130
헤임달	1994년 03월 18일	빅터 E	153
혹성 우드스톡 펑키 호러 밴드	1991년 12월 20일	세가	131
환영도시 -ILLUSION CITY-	1993년 05월 28일	마이크로 캐빈	142

슈퍼 32X 가나다순

타이틀	발매일	발매일	페이지
A-Z			
DOOM	1994년 12월 03일	세가	164
GOLF MAGAZINE PRESENTS 36 GREAT HOLES STARRING FRED COUPLES	1995년 02월 24일	세가	167
NBA 잼 토너먼트 에디션	1995년 09월 01일	어클레임	169
NFL 쿼터백 클럽 '95	1995년 07월 14일	어클레임	168
TEMPO	1995년 03월 24일	세가	168
WWF RAW	1995년 09월 01일	어클레임	169
마			
메탈 헤드	1995년 02월 24일	세가	167
모탈 컴뱃II 궁극신권	1995년 05월 19일	어클레임	168
바			
버추어 레이싱 디럭스	1994년 12월 16일	세가	164
버추어 파이터	1995년 10월 20일	세가	166
사			
사이버 브롤	1995년 01월 27일	세가	167
삼국지IV	1995년 07월 28일	코에이	169
스타워즈 아케이드	1994년 12월 03일	세가	164
스텔라 어설트	1995년 04월 26일	세가	166
스페이스 해리어	1994년 12월 03일	세가	165
아			
애프터 버너 컴플리트	1995년 01월 13일	세가	167
카			
카오틱스	1995년 04월 21일	세가	168
파			
파라스쿼드	1995년 07월 14일	세가	169

마크III(마이카드) 가나다순

타이틀	발매일	발매일	페이지
A-Z			
F-16 파이팅 팔콘	1985년 12월 22일	세가	187
가			
고스트 하우스	1986년 04월 21일	세가	188
그레이트 베이스볼	1985년 12월 15일	세가	187
그레이트 사커	1985년 10월 27일	세가	186
그레이트 테니스	1985년 12월 22일	세가	188
사			
새틀라이트 7	1985년 12월 20일	세가	187
스파이 VS 스파이	1986년 09월 20일	세가	189
아			
아스트로 플래시	1985년 12월 22일	세가	187
우디팝 신인류의 블록 깨기	1987년 03월 15일	세가	189
이상한 성의 핏폿	1985년 12월 14일	세가	186
차			
청춘 스캔들	1986년 01월 31일	세가	188
카			
코미컬 머신 건 죠	1986년 04월 21일	세가	188
타			
테디보이 블루스	1985년 10월 20일	세가	186
하			
행온	1985년 10월 20일	세가	186

마크Ⅲ(골드 카트리지) 가나다순

타이틀	발매일	발매일	페이지
A-Z			
R-TYPE	1988년 10월 01일	세가	208
SDI	1987년 10월 24일	세가	200
SHINOBI 忍	1988년 06월 19일	세가	205
가			
갤럭틱 프로텍터	1988년 02월 21일	세가	203
검성전	1988년 06월 02일	세가	205
공작왕	1988년 09월 23일	세가	207
그레이트 골프	1986년 12월 20일	세가	194
그레이트 바스켓볼	1987년 03월 29일	세가	196
그레이트 발리볼	1987년 03월 29일	세가	195
그레이트 풋볼	1987년 04월 29일	세가	196
극악동맹 덤프 마츠모토	1986년 07월 20일	세가	192
나			
나스카 '88	1987년 09월 20일	세가	199
닌자	1986년 11월 08일	세가	193
다			
더 서킷	1986년 09월 21일	세가	193
더 프로 야구 페넌트레이스	1987년 08월 17일	세가	198
더블 드래곤	1988년 10월 01일	세가	208
더블 타겟 신시아의 잠	1987년 01월 18일	세가	195
두근두근 펭귄 랜드 우주 대모험	1987년 08월 18일	세가	198
라			
로드 오브 소드	1988년 06월 02일	세가	205
로레타의 초상	1987년 02월 18일	세가	195
록키	1987년 04월 19일	세가	196
마			
마계열전	1987년 05월 17일	세가	197
마스터즈 골프	1987년 10월 10일	세가	199
마왕 골베리어스	1988년 08월 14일	세가	207
마작 전국시대	1987년 10월 18일	세가	200
메구미 레스큐	1988년 07월 30일	세가	206
메이즈 워커	1988년 01월 31일	세가	202
바			
별을 찾아서…	1988년 04월 02일	세가	204
봄버 레이드	1989년 02월 04일	세가	209
북두의 권	1986년 07월 20일	세가	192
붉은 광탄 질리온	1987년 05월 24일	세가	197
블레이드 이글	1988년 03월 26일	세가	204
사			
솔로몬의 열쇠 왕녀 리히터의 눈물	1988년 04월 17일	사리오	204
슈퍼 레이싱	1988년 07월 02일	세가	206
슈퍼 원더보이	1987년 03월 22일	세가	195
슈퍼 원더보이 몬스터 월드	1988년 01월 31일	세가	202
스케반 형사Ⅱ 소녀 철가면 전설	1987년 04월 19일	세가	196
스페이스 해리어	1986년 12월 21일	세가	194
스페이스 해리어 3D	1988년 02월 29일	세가	203
스포츠 패드 사커	1988년 10월 29일	세가	208
썬더 블레이드	1988년 07월 30일	세가	207
아			
아르고스의 십자검	1988년 03월 25일	사리오	204
아수라	1986년 11월 16일	세가	193
아스트로 워리어	1986년 12월 14일	세가	194
아웃런	1987년 06월 30일	세가	197
안미츠 공주	1987년 07월 19일	세가	198
알레스터	1988년 02월 29일	세가	203
알렉스 키드 BMX 트라이얼	1987년 11월 15일	세가	201
알렉스 키드 더 로스트 스타즈	1988년 03월 10일	세가	203
알렉스 키드의 미라클 월드	1986년 11월 01일	세가	193
애프터 버너	1987년 12월 12일	세가	201
액션 파이터	1986년 08월 17일	세가	192
에일리언 신드롬	1987년 10월 18일	세가	200

엔듀로 레이서	1987년 05월 18일	세가	197
열구 코시엔	1988년 09월 09일	세가	207
오파오파	1987년 12월 20일	세가	202
월드 사커	1987년 07월 19일	세가	198
이스	1988년 10월 15일	세가	208
자			
잭슨 3D	1987년 11월 07일	세가	200
차			
천재 바카본	1988년 06월 02일	세가	205
초음전사 보그맨	1988년 12월 01일	세가	209
카			
캡틴 실버	1988년 07월 02일	세가	206
타			
트라이 포메이션	1987년 12월 13일	세가	201
파			
파이널 버블보블	1988년 07월 02일	세가	206
판타시 스타	1987년 12월 20일	세가	201
판타지 존	1986년 06월 15일	세가	192
판타지 존 II 오파오파의 눈물	1987년 10월 17일	세가	199
패밀리 게임즈	1987년 12월 27일	세가	202
패사의 봉인	1987년 10월 18일	세가	199
하			
하이스쿨! 기면조	1986년 12월 15일	세가	194

당신은 언제나 옳습니다. 그대의 삶을 응원합니다. ― 라의눈 출판그룹

메가 드라이브 컴플리트 가이드 With 마크Ⅲ

초판 1쇄 2019년 8월 1일

지은이 레트로 게임 동호회　옮긴이 최다움
펴낸이 설응도　편집주간 안은주
영업책임 민경업　디자인책임 조은교

펴낸곳 라의눈

출판등록 2014 년 1 월 13 일 (제 2014-000011 호)
주소 서울시 강남구 테헤란로 78 길 14-12(대치동) 동영빌딩 4 층
전화 02-466-1283　팩스 02-466-1301

문의 (e-mail)
편집　editor@eyeofra.co.kr
마케팅　marketing@eyeofra.co.kr
경영지원　management@eyeofra.co.kr

ISBN : 979-11-88726-38-7　13500

이 책의 저작권은 저자와 출판사에 있습니다 .
저작권법에 따라 보호를 받는 저작물이므로 무단전재와 복제를 금합니다 .
이 책 내용의 일부 또는 전부를 이용하려면 반드시 저작권자와 출판사의 서면 허락을 받아야 합니다 .
잘못 만들어진 책은 구입처에서 교환해드립니다 .

メガドライブコンプリートガイドｗｉｔｈマークⅢ

©Shufunotomo Infos Co., LTD. 2018
Originally published in Japan by Shufunotomo Infos Co.,Ltd.
Translation rights arranged with Shufunotomo Co., Ltd.
Through TUTTLE-MORI AGENCY, INC. & Double J Agency

이 책의 한국어판 저작권은 더블제이 에이전시를 통해 저작권자와 독점 계약한 라의눈에 있습니다 .
저작권법에 의해 한국 내에서 보호를 받는 저작물이므로 무단 전재와 무단 복제를 금합니다 .

촬영 | 이시다 준(石田潤)
자료협력 | 사케칸(酒缶)「사케칸의 게임 통신」http://www.sakekan.com/
미야다 유우야(宮田裕也)「TV게임을 각별히 사랑하는 잉여 인간의 블로그」http://blogs.yahoo.co.jp/mytdeco